Hugh J. Schonfield

DIE POLITIK GOTTES

Titel der englischen Originalausgabe
„THE POLITICS OF GOD"
erstmals veröffentlicht 1970 in England
bei Hutchinson & Co. Ltd.
und 1971 in den USA bei Henry Regner & Co

Deutsch von Willi Haller und Gertrud Gauger
Copyright © 1970 Hugh J. Schonfield

Alle Rechte der deutschen Ausgabe:

© 1974 Mondcivitaner Republik, Aldingen, Germany

Diese Ausgabe © 2022 durch:
The Hugh & Helene Schonfield World Service Trust
78609 Tuningen, Germany
www.schonfield.org

ISBN: 978-3-949197-89-5

Titelbild: „Jasaja" - Fresko, gemalt von Michelangelo und seinen Assistenten für die Sixtinische Kapelle im Vatikan zwischen 1508 und 1512 *für*

H. HUGH HALLER

*der zur Welt kam, als das letzte Kapitel
dieses Buches fertig wurde, und dessen
Eltern ihn nach mir benannt haben.
Es ist mein Wunsch und meine Hoffnung,
dass der Inhalt dieses Buches eines Tages
Anregung und Ansporn für ihn und seine
Generation sein wird.*

Inhalt

VORWORT

Erster Teil

1 Gott und Mensch	13
2 Der Weg zum Gottesreich	27
3 Zorn und Verzweiflung	43
4 Messianismus	53
5 Das priesterliche Volk	65
6 Der heilige König	75
7 Ansprüche im Widerstreit	87
8 Die Zeiten der Heiden	99
9 Nachlese	111

Zweiter Teil

1 Der Mensch im zwanzigsten Jahrhundert	127
2 Krieg und Gesetz	139
3 Die Einheit der Welt	151
4 Absturz oder Aufstieg?	165
5 Die Zeit der Prüfung	179
6 Die dritte Phase	193
7 Der Plan macht Fortschritte	209

Nachwort

Anhang

Die Mondcivitaner Verfassung Präambel und Grundsätze	231

Notes

VORWORT

Die heutige Welt ist reich an Wissen und Kenntnissen, doch fehlt es ihr an Weisheit. Die technischen Fähigkeiten des Menschen sind erstaunlich hoch entwickelt; seine Einsicht in die Folgen seines Wirkens hat aber damit nicht Schritt gehalten. Während auf einer Seite sehr viel geleistet wird, Leben und Gesundheit zu erhalten, wird andererseits mit erschreckender Brutalität Gewalt angewendet, und die Zerstörung von Leben in jeder Form vollzieht sich täglich vor unseren Augen. Obwohl die Möglichkeiten gewachsen sind, Verhalten und Charakter zu vervollkommnen, bietet sich der heranwachsenden Generation das Bild einer Gesellschaft, die von Egoismus, Machthunger, Gerissenheit und Doppelzüngigkeit geprägt ist. Wo Frieden und Eintracht herrschen könnten, erleben wir Streit und Krieg. Schädliche Abgase, Gedanken und Programme vergiften Geist, Körper und Umwelt. Was ein Garten Eden sein könnte, wird in eine Hölle verwandelt.

Ist dies das traurige Ende einer langen und schmerzhaften Entwicklung? Waren all die Hoffnungen und Träume, die Leiden und mutigen Opfer für eine bessere Welt vergeblich und sinnlos? Muss unsere Spezies abgeschrieben werden als eine Fehlentwicklung, die unfähig ist, ihre Ideale zu verwirklichen? Wenn die Wirklichkeit nicht über das hinausgeht, was wir mit unseren Sinnen und den Mitteln der Wissenschaft erfassen können, dann besteht allerdings Anlass zu Pessimismus. Wenn wir selbst als Gott und Richter auftreten, dann werden sicher nur wenige unsere Rasse nicht zum Untergang verurteilen. Selbst viele spirituell eingestellte Menschen verzweifeln an der menschlichen Bosheit und Widersprüchlichkeit und geben den

Glauben an ein zukünftiges Paradies auf Erden auf. Bis zu einem gewissen Grad haben sie natürlich recht. Innerhalb der uns gesteckten Grenzen von Raum und Zeit können wir die Vollkommenheit nicht erreichen. Trotzdem sollte es möglich sein, entscheidende Fortschritte zu erzielen, wobei ein Teil der Menschheit beispielhaft vorangehen könnte. Es sollte möglich sein, dass eine Gruppe fortschrittlicher Menschen zum Auslöser eines evolutionären Schubs wird, der die Menschheit ihren Idealen näher bringt.

Wir dürfen nicht übersehen, dass es in der Geschichte der Menschheit viele gegeben hat, die sich um den Menschen verdient gemacht haben, darunter auch solche, die die Überlieferung vergessen hat. Solche Menschen gibt es auch heute noch.

Wir sollten uns deshalb durch das, was Schlagzeilen macht, nicht entmutigen lassen. Wir sollten uns davor hüten, das was an Gutem und Positivem vorhanden und wirksam ist, zu unterschätzen. Unsere Lage ist nicht aussichtslos, denn die Mächte, die unsere Erlösung verhindern wollen, sind nicht unüberwindlich.

Mit diesem Buch möchte ich darauf hinwirken, dass wir unsere Lebensumstände mit größerer Zuversicht beurteilen. Ich gehe dabei nicht von einer höheren akademischen Bildung aus, sondern von Erkenntnissen, die mein ganzes Leben beeinflusst haben und die durch wissenschaftliche Arbeit und Erfahrung bestätigt wurden.

Mein Anliegen ist der Messianismus für den modernen Menschen. Diese Botschaft ist nicht gerade populär, obwohl sie zu bestimmten Zeiten in der Vergangenheit eine große Rolle gespielt hat. Sie wurde allerdings so sehr missverstanden, dass sie in Verruf kam und deshalb vernachlässigt wurde. Und doch bietet das, was von den meisten verachtet und verworfen wurde, den einzigen Weg zur Rettung.

Um zu erklären, wie ich zu diesen Einsichten und zu meiner Lebensaufgabe kam, muss ich gewisse Erfahrungen offenlegen, die bislang nur wenigen und nur zum Teil bekannt waren. Sie beziehen sich auf spirituelle und übernatürliche Erlebnisse, die ich auch heute nur so weit veröffentlichen kann, als sie zum Verständnis meines Anliegens notwendig sind. Ich wollte und will unter allen Umständen vermeiden, dass die Faszination des Geheimnisvollen auch in meinem Fall kultische Blüten treibt. Die

VORWORT

Botschaft, die mir aufgegeben war, verlangte die nüchterne und verantwortliche Tat. Dabei ging es nicht um die Frage, wie es zu der Offenbarung kam, sondern ob sie logisch zwingend war. Hätte man mich für einen Scharlatan oder für überspannt gehalten, so hätte es dem Anliegen nur schaden können. Ich versuche deshalb mit diesem Buch, an Vernunft und Intelligenz zu appellieren. Dazu werde ich mich bemühen, meine Aussagen logisch zu unterbauen. Sie sollen ihr Gewicht nicht dadurch erhalten, dass der Kern auf ungewöhnliche Weise empfangen wurde.

Wenn ich heute nach mehr als dreißig Jahren das Schweigen breche, so geschieht dies nur, weil mir mit fortgeschrittenem Alter wichtig geworden ist, dass all die, für die meine Aussage bestimmt ist, einen Anspruch darauf haben zu erfahren, aus welchen Wurzeln sie kommt. Vielleicht stärkt es sie bei ihrem Entschluss, sie anzuhören und danach zu handeln. Hinzu kommt mein Wunsch, vor aller Öffentlichkeit meine Dankbarkeit zu bekunden für die Erleuchtung, durch die ich geführt und erhalten wurde und zu einem schöpferisch erfüllten Leben gekommen bin. Mehr als ich je erwarten konnte, habe ich mich an der Welt und der Gesellschaft meiner Mitmenschen in Liebe und zuversichtlichem Glauben erfreuen dürfen.

So will ich beginnen und Sie mit einer gewissen Schüchternheit mit einem kleinen jüdischen Buben in London bekannt machen. Schon als kleines Kind erstaunte er seine Eltern durch seine ernsthaften Fragen und seine seltsamen Träume. Er war ein fröhliches Kind. Er fragte ganz natürlich, und Gott war für ihn sehr real. Er trug den hebräischen Namen Joseph, und wie sein biblischer Namensvetter beunruhigte er seine Familie mit dem, was er im Schlaf erlebte.

Oft träumte er von einem unbekannten Ort an der Küste. Über Jahre hinweg. Manchmal reiste er dabei mit dem Zug dorthin, manchmal durch die Luft, manchmal ging er zu Fuß. Im Laufe der Zeit lernte er den Ort so gut kennen, dass er Zeichnungen davon anfertigte, und doch ließ sich der Ort nicht feststellen. Als der Junge erwachsen wurde und heiratete, fuhr er mit seiner Frau einmal nach Folkestone, um dort die Ferien zu verbringen. Zu seiner Überraschung erwies sich Folkestone als der Ort seiner Träume. Er überprüfte seine Erinnerungen und war in der Lage, seiner Frau jeweils im voraus genau zu sagen, welche Gebäude und sonstige Einzelheiten in Sicht kommen würden. Seine Familie hatte keinerlei Beziehung zu Folkestone, und es gab keinen erkennbaren Grund, weshalb dieser Ort so regelmäßig in den Träumen des Jungen aufgetaucht war. Schließlich kam etwas ans Licht, von dem er als Kind noch nichts gewußt hatte. An der Grenze zwischen Folkestone und Sandgate stand ein Haus, in dem ein Schriftsteller jahrelang gelebt und viele Bücher geschrieben hatte. Einige dieser Bücher sollten später einen großen auf das Denken des jungen Mannes ausüben. Der Schriftsteller hieß Herbert George Wells.[1]

In einem anderen Traum tauchte ein weiterer Ferienplatz an der Küste auf. Bei der Auswahl für den Ferienaufenthalt kannten meine Frau und ich weder Hotel noch Ort. Als wir mit unserer kleinen Tochter ankamen, erweckte das Hotel den Anschein eines reizenden Hauses aus dem späten 19. Jahrhundert, in dem uns ein Zimmer im Erdgeschoß zugewiesen wurde. In jener Nacht träumte mir von einem Hohlraum unter uns, in dem Mönche auf- und abgingen. Der Traum war so deutlich, dass wir uns entschlossen, am nächsten Morgen den Manager zu fragen. Es stellte sich heraus, dass das Hotel an einem Platz erbaut worden war, wo früher ein Kloster gestanden hatte. Dabei war ein unterirdischer Gang blockiert worden, der früher von den Mönchen benutzt wurde und der zur Küste führte. In der kurzen Beschreibung des Hotels, die wir gesehen hatten, war nichts davon erwähnt.

Solche Erfahrungen sind keinesfalls ungewöhnlich. Ich habe aus verschiedenen Erlebnissen — darunter einige bei vollem Bewußtsein am Tage — zwei ausgewählt um darzulegen, dass zu meinem Wesen eine psychische Empfindsamkeit gehört, die ich in meiner Kindheit als mein eigentliches Ich empfand. Natürlich war ich von diesen Fähigkeiten beeindruckt. Sie führten dazu, dass ich mich für das ganze Gebiet der psychischen Phänomene und übersinnlichen Wahrnehmungen interessierte. Ich habe midi allerdings nie ernsthaft damit beschäftigt. Nur einmal, es war vor zwanzig Jahren, habe ich Versuche mit automatischem Zeichnen angestellt. Ich saß an meinem Schreibtisch mit einem Bleistift lose in meiner Hand über einem leeren Blatt Papier und verbannte alle Bilder aus meinem Denken. Nach einigen Minuten begann sich der Bleistift zu bewegen und mit großer Schnelligkeit entstand eine bemerkenswerte und vollkommen zusammenhängende Zeichnung. Insgesamt entstanden auf diese

VORWORT

Weise bei verschiedenen Gelegenheiten fünf Zeichnungen. Dann hörte ich damit auf. Sie waren alle unterschiedlich im Stil, doch alle hatten symbolischen Charakter.[2]

Es gibt noch so Vieles, was nicht fassbar und verständlich ist, und die Geheimnisse unseres eigenen Seins sind so groß, dass wir niemals einen Punkt erreichen, an dem wir sagen könnten: Jetzt haben wir den tiefsten Punkt erreicht. Staunend müssen wir gestehen, dass wir ein Teil des Unendlichen sind. Diese Feststellung kam mir ganz natürlich im Alter von sechs Jahren, als ich in meinem Schlafzimmer am offenen Fenster stand und in den Nachthimmel hinaufsah. Ohne Vorbehalt lieferte ich mich Gott aus. Natürlich war dies eine kindliche Geste. Sie zeigt aber meine Empfindsamkeit und meine Aufnahmebereitschaft für alles, was mit dem Wunder des Lebens Zusammenhänge So hatte ich Freude an Sport und Spiel. Ich hatte ein empfängliches Gemüt und war wohl deshalb für meine Aufgabe geeignet.

Schon als Schuljunge empfand ich die Führung zur Vorbereitung auf eine Aufgabe, die mir eines Tages offenbart würde. Ich hielt dies nicht für etwas Außergewöhnliches, und dieses Wissen belastete mich in keiner Weise. Ich wurde dadurch keineswegs zu einem verschlossenen Einzelgänger, dafür aber zu einem nahezu unersättlichen Leser. So erweiterte ich mein Wissen auf Gebieten außerhalb des Lehrplans. Geschichte faszinierte mich besonders, und nachdem ich Schüler von St. Paul geworden war, begann ich in der Farrington Street antiquarische Bücher zu kaufen, um mich mit den ägyptischen Hieroglyphen vertraut zu machen. Später nahm ich an einem Wettbewerb für öffentliches Reden teil, weil ich wusste, dass ich es einmal brauchen würde. Ich muss allerdings gestehen, dass ich meine Sache damals nicht gerade gut machte.

Um was es bei meiner Aufgabe ging, war mir nicht klar, doch ging mir auf, dass sie messianischen Charakter haben würde. Meine spätere Frau, die ich von Kindheit an kannte, war einer meiner wenigen Vertrauten.

Ich betrachte diesen auf mein Leben als etwas ganz Natürliches, das meine Aufmerksamkeit nicht ständig in Anspruch nahm. Aber als ich zum Mann heranwuchs, stellte ich immer wieder fest, dass viele Lebensumstände zu einem notwendigen Teil meiner Vorbereitung wurden. Meine Frau und ich sprachen ohne großes Aufheben darüber.

Mit sechzehn las ich das Neue Testament zum ersten Mal, weil ich gelernt hatte, dass die Christen Jesus für den Messias hielten. Ich kam schließlich zu derselben Überzeugung, und da ich vom Christentum nicht viel wusste, war ich geneigt, vieles in gutem Glauben anzunehmen. Als ich meinen Eltern meinen Glauben gestand, brach eine Leidenszeit an, die gnädiger weise nach einigen Jahren zu Ende ging. In diesen Jahren wurde ich erwachsen. Je mehr ich dann Gelegenheit hatte, mit Christen zu sprechen und ihre Lehren ernsthaft zu betrachten, desto mehr wurde mir klar, dass das Christentum aus einem Kern und einer Hülle bestand. Der Kern war jüdisch und bezog sich auf die messianische Bedeutung von Jesus. Die Hülle dagegen war weitgehend nichtjüdisch, also heidnisch, enthielt aber die wesentlichen Lehrsätze der Kirchen. Sobald im Gespräch der Kern verlassen wurde, traten Probleme auf, denn die Christen, die ich kannte, zu denen auch getaufte Juden gehörten, verwendeten die Sprache ihrer Kirchen und erwarteten, dass man ihren Glauben einfach übernahm und auch ihre Terminologie verwendete. Ihre Hingabe und Anbetung galt in Wirklichkeit einem anderen Jesus, einem Jesus, der für sie wichtiger schien. Für sie war die Tatsache, dass er der Messias war, eine nicht unbedeutende Nebensache, während sie für mich entscheidend war.

Ich fühlte, dass an der christlichen Lehre irgend etwas grundverkehrt war, das damit zusammenhing, dass der Messianismus aufgegeben worden war. Aber ich konnte nicht ohne weiteres erkennen, wie es zu dieser Fehlentwicklung gekommen war, und wie sie korrigiert werden könnte. Dazu war es notwendig, die christlichen Anfänge in langwieriger und aufwendiger Forschungsarbeit zu untersuchen. Diese Aufgabe wurde mir aufgetragen, als ich an der Universität von Glasgow studierte. Einzelheiten darüber finden sich in der Einführung zu meinem Buch „Planziel Golgatha".

Nach Abschluss meines Studiums heiratete ich. Ich nahm eine Stellung an und führte meine Forschungsarbeit in den Abendstunden weiter. Ich veröffentlichte eine Reihe von Büchern über verschiedene Eli einen, aber da ich immer noch nicht genau wusste, welche zentrale Lebensaufgabe auf mich wartete, konnte ich mich nicht unmittelbar darauf vorbereiten. Ich nahm deshalb jede Gelegenheit wahr, mein Wissen und meine Fähigkeiten zu erweitern.

VORWORT

Meine Arbeit wurde in den dreißiger Jahren zielstrebiger, als Faschismus und Nazismus mehr und mehr in den Vordergrund drängten und die Gefahr eines zweiten Weltkrieges wuchs. Wie konnte diesen Gefahren begegnet werden? Ich musste etwas unternehmen, und ich glaubte, durch die Gründung eines Verlags für die Erhaltung des Friedens mit angeschlossenem Buchclub meinen Beitrag leisten zu können. Diese Arbeit führte zu einer ganzen Reihe von Veröffentlichungen bekannter und unbekannter Autoren. Ich selbst las jede Zeile davon, was mir später sehr zugute kam. Doch fand ich nirgends einen Vorschlag, der nicht allein auf die damalige Situation ausgerichtet war, sondern Grundlegendes bot.

Später ging mir auf, wie sehr diese Tätigkeit meinen geistigen Horizont erweitert hatte. In dieser Zeit ereignete sich das, worauf ich so lange gewartet hatte. Und trotzdem kam es als Überraschung.

Ich war siebenunddreißig Jahre alt. Wir hatten 1938 ein Haus in Staines unweit von London gemietet. Es war am 26. September, nachmittags um halb drei. Ich ging gerade im Garten spazieren. Plötzlich stand ich inmitten eines Stroms von Licht, der in allen Farben des Regenbogens von allen Seiten auf mich zufloß, so dass meine Umgebung völlig verschwand. Im Innern hörte ich Worte aus dem Buch des hebräischen Propheten Sacharia „Nicht durch Macht oder Stärke sondern durch meinen Geist." Gleichzeitig wurde mir deutlich, dass zur Errettung der Menschheit eine Dienende Nation notwendig war. Meine Aufgabe sollte darin bestehen, den Aufbau dieser Nation einzuleiten.

Ich war zunächst bestürzt und fragte mich, wie man wohl damit beginnt, eine Nation aufzubauen. Es war mir klar, dass die Bereitschaft zum Dienst die einzige richtige Antwort auf Herrschaftsansprüche war, aber um eine Nation ins Leben zu rufen, dafür fühlte ich mich völlig ungeeignet. Und doch war die Offenbarung unmissverständlich, und ich begann zu glauben, dass auch der Weg zur Verwirklichung dieser ungewöhnlichen Offenbarung zu gegebener Zeit erkennbar würde. Ich ging ins Haus und erzählte alles meiner Frau mit der Bemerkung: „Du weißt, was dies bedeutet. Wir werden in Zukunft kein Privatleben mehr haben."

Natürlich erwartete ich nicht, dass sich unser Leben schlagartig verändern würde. Ich war vielmehr von dem Erlebnis so überwältigt, dass ich mir nicht vorstellen konnte, was auf mich zukam.

Wie sich meine Aufgabe entwickelte, darüber berichtet in groben Zügen das letzte Kapitel dieses Buches.

Dies war der Anstoß, der mich dazu brachte, meinen Weg in dieser Richtung zu beginnen. Bald begriff ich, dass das Unternehmen seinen Ausgangspunkt in der Bibel hatte, in der Geschichte des jüdischen Volkes und in der messianischen Aufgabe von Jesus. Es wurde mir weiterhin klar, weshalb ich in meiner Jugend jene Vorahnungen hatte und weshalb ich Beziehungen zum Christentum hatte anknüpfen und dessen Anfänge hatte untersuchen müssen.

Ich erkannte nun, weshalb mich die Geschichte der Menschheit und die Probleme der Welt so sehr beschäftigten. Die mir übertragene Aufgabe war nicht im Einzelnen Umrissen. Ich musste deshalb meine Studien fortsetzen, um ein klares Bild dessen zu bekommen, was hinter den Worten der Botschaft lag, und was sie in unserer Zeit zu bedeuten hatten. Es war mir sehr wichtig, die Aufmerksamkeit nicht auf mich selbst zu lenken. Deshalb schien es mir ausreichend, nur die Ergebnisse meiner Forschungsarbeit zu veröffentlichen, ohne zu versuchen, Nutzen daraus zu ziehen, dass ich auf ungewöhnliche Art mit meiner Aufgabe betraut worden war. Ich vertraute auf die Überzeugungskraft von sachlich vorgetragenen Argumenten. Natürlich konnte ich weder damals noch heute den Anspruch erheben, meine Ausführungen seien mehr als nur die Früchte meiner eigenen Suche nach Erkenntnis und Erleuchtung. Aber ich muss darauf hinweisen, dass der Schlüssel zu allem nicht von mir stammt. Nur deshalb habe ich jetzt die Einzelheiten offengelegt.

Bei meiner Aufgabe geht es weder um Eigennutz noch um einen Kult. Meine Aussage wendet sich an sensible, kompetente und praktisch denkende Menschen mit klarem Kopf. Da sie wegen der Grundlage ihres Glaubens vor allem die Christen anspricht, musste ich erst den Weg ebnen mit zwei als Vorläufern gedachten Büchern, nämlich mit „Planziel Golgatha" und „Unerhört, diese Christen". Beide Bücher haben im englischen Sprachraum eine große Verbreitung gefunden und in kirchlichen Kreisen positive und negative Kommentare ausgelöst. Wenn auch meiner Forschungsarbeit keine polemische Absicht zugrunde lag, war es unvermeidlich, dass sich die Konservativen durch deren Ergebnisse verletzt fühlten.[3] Es mag sein, dass ich nun weitere Angriffe zu erwarten habe. Und doch darf ich auf Verständnis und Nachsicht hoffen, wenn das Buch sorgfältig gelesen und überdacht wird, denn wer den Anspruch erhebt, Christi Geist zu haben, sollte mithelfen, die nächste Stufe der messianischen Aufgabe zu verwirklichen.

Wer sich mit der Politik Gottes identifiziert, muss mit Spott und Leid rechnen. Ich unterschätze die Schwierigkeiten nicht, denn es braucht Liebe, Geduld und Entschlossenheit und insbesondere Einigkeit unter den Mitarbeitern. Hauptsächlich im Innern wird es der Charakterstärke bedürfen, um den Zusammenhalt zu wahren, der Versuchung zu widerstehen, bei Angriffen zurückzuschlagen, niemals am Erfolg zu zweifeln oder sich abzuwenden, um anderen Zielen nachzujagen, die schneller zum Erfolg zu führen scheinen. Immerhin haben die, die sich heute anschließen, den Vorteil, dass die Grundlagen schon geschaffen sind.

Dieses Buch konnte nicht geschrieben werden, bevor die Zeit dafür reif war. Vieles musste durchdacht werden, und vieles musste vorher geschehen. Der Weg dafür wurde auch geebnet durch das große Interesse der Öffentlichkeit, das mir seit dem Erfolg meiner Bücher im englischen Sprachgebiet entgegengebracht wird. Ich wurde dadurch Millionen bekannt, die vorher nie etwas von mir gehört hatten. Dadurch wird es möglich, mit dem jetzt vorliegenden, entscheidenden Buch die große Zahl von Menschen anzusprechen, für die es bestimmt ist.

Ich bemühte mich, die Politik Gottes dem Stil der Zeit entsprechend logisch und rational zu formulieren und zu begründen und dabei auch die Ereignisse und Entwicklungen der jüngeren Vergangenheit zu berücksichtigen. Im ganzen ist dieses Buch weder eine religiöse noch eine politische Abhandlung. Wenn es das eine oder andere hätte werden sollen, so hätte ich es ganz anders schreiben müssen. Ich hielt mich an die überlieferte Auffassung, dass Religion und Politik miteinander verbunden sind, und dass der Geschichte des Menschen ein göttlicher Plan zugrunde liegt. Nicht jedermann wird diese These uneingeschränkt bejahen, aber ich bin zuversichtlich, dass schon Teile des Ganzen nützlich sein können. Ich habe mich ganz besonders darum bemüht, die verschiedenen Ausgangspunkte der Leser auf dem Weg zu einer gemeinsamen Bestimmung zu berücksichtigen.

Wenn auch geistig inspiriert, so ist doch das ganze Werk wie seine Auswirkungen pragmatischer Natur. Es legt dar, was getan werden muss, um das Ziel zu erreichen, und es ruft auf zu einem Aufstand der Vernunft.

Dieses Buch ist wichtig. Es darf nicht, nachdem es nun einmal geschrieben ist, schwimmen oder untergehen, wie das Glück und die Rezensenten es wollen. Alle, die es anspricht, sollten wie der Autor zu Boten werden und das Wort weitertragen zum Wohl der Menschheit in dieser entscheidenden Stunde.[4]

Ehrlicherweise muss gesagt werden, dass diese Arbeit eine ganze Reihe von Autoren hat, denn die Überlegungen vieler haben dazu beigetragen. Wenn bei der Auswahl dieser Beiträge vorwiegend englischsprachige verwendet wurden, so soll dies nicht heißen, dass keine vergleichbaren Beiträge in anderen Sprachen oder von anderen Autoren entstanden seien. Die möglicherweise einseitige Auswahl ergab sich Großteils durch direkten persönlichen Kontakt oder besondere Vertrautheit durch Lesen. Ich bestätige dankbar, wie sehr sie mir geholfen haben.

Es liegt in der Natur der Dinge, dass ich nicht damit rechnen kann, die Verwirklichung der Botschaft, die mir aufgetragen wurde, in größerem Umfang selbst zu erleben. Die Erfüllung braucht den Einsatz vieler und nicht nur eine Einzelleistung. Ein Volk von der ganzen Welt und für die ganze Welt zu schaffen, braucht viele Hände, jetzt und in der Zukunft. Diese Gemeinschaft von Menschen dieser Erde fordert den ganzen Einsatz in dieser Zeit, in der der Mensch sich anschickt, den Himmel zu erobern.

Erster Teil

1
Gott und Mensch

Nach herkömmlicher Auffassung sind Politik und Religion nicht zu vereinbaren. Diese Meinung beruht zum Teil auf dem jahrhundertelangen Machtkampf zwischen weltlicher und geistlicher Herrschaft, aber sie beruft sich auch auf einen grundlegenden Unterschied zwischen Politik und Religion. In der Politik – so argumentiert man – geht es um die praktischen Fragen des gegenwärtigen Lebens, während der Religion der außerweltliche und außer zeitliche Bereich Vorbehalten ist. Eine Politik, die das Gesetz von der Unvollkommenheit alles irdischen Lebens außer acht lässt oder bewusst zu überwinden versucht, ist zum Scheitern verurteilt. Ideale sind schön und gut; sie erfüllen eine bestimmte Funktion in der Gesellschaft, aber zwischen dem Möglichen und dem Vollkommenen bleibt eine Kluft.

Diese Argumentation rechtfertigt und entschuldigt ein Leben außerhalb der Gebote Gottes, die die Religion dem Menschen als verbindlich auferlegt, und trägt in jedes religiöse Bekenntnis – bei Priestern und Laien – einen häufig unbewussten Zug von Heuchelei hinein. Es kommt entweder zu einer Religion mit Kompromissen oder zu ausgeprägten Formen von Bewusstseinsspaltung; der einzelne kann so mit Überzeugung widersprüchliche Prinzipien vertreten; er kann Gott und den Mammon lieben, er kann seine Mitmenschen lieben und unterstützen, aber er kann sie auch hassen und umbringen. Wer diese Situation aber durchschaute, für den gab es bisher zwei Entscheidungsmöglichkeiten, entweder sich aus der Gesellschaft zurückzuziehen, menschlich zu handeln im Widerspruch zu den unmenschlichen Forderungen der Gesellschaft oder die Religion als wirklichkeitsfremde Konstruktion abzulehnen. Einige wenige aber glauben an die Religion, an ihren Auftrag zur Befreiung der Politik aus dem Gesetz der Unvollkommenheit. Deshalb glauben sie auch an eine klare, kompromisslose Politik der Religion, die dem vorgegebenen Plan Gottes folgend den Menschen Frieden und Freiheit bringen soll. Die Religion hat sich zwar nicht ausdrücklich von der Politik losgesagt, doch ihr kann nicht befreiend genannt werden. Vertreter der großen Religionen, – Hinduismus, Buddhismus, Judaismus, Christentum und Islam – haben sich in die politischen Parteien eingeschaltet, mehrfach wurden auch in ihrem Namen politische Parteien für sehr weltliche Zwecke gebildet, doch die Religionen haben sich – weder einzeln noch in Zusammenarbeit miteinander – nicht für eine Weltordnung eingesetzt, die ihrer großen Lehre entsprechen würde. Die Anweisungen der Religionen bedeuten eine dauernde, zuweilen unverständliche Forderung, doch die Religionen richten sich selbst in dem Maße, in dem ihre Anhänger vor dieser Forderung versagen. Sicher haben die Religionen viel bewirkt; sie haben vielen Menschen geholfen und ihr Leben verändert. In diesem Sinn haben sie eine Dienstleistung erbracht, die von Nutzen für die Menschheit war; sie haben sich aber als unfähig erwiesen, auf Rangstreitigkeiten untereinander zu verzichten und sich uneingeschränkt für das Wohl der ganzen Menschheit einzusetzen. Immer wieder hat sich der Autoritätsanspruch verbündet mit zweckmäßiger Unterwürfigkeit, um Privilegien und eigene Überlebensmöglichkeiten zu sichern.

Es ist ein schwaches Argument, dass die Religion durch die Veränderung des einzelnen wirke und dass es deshalb den einzelnen überlassen werden könne, die Gesellschaft zu verändern. Danach müßten die heutigen Lebensbedingungen unvergleichlich besser sein. Auch steht keineswegs fest, dass der Fortschritt, der auf gewissen Gebieten tatsächlich erreicht wurde, wirklich in erster Linie der Religion zuzuschreiben ist. Dagegen lässt sich leicht nachweisen, dass die Religion oft eine entscheidende Rolle spielte, wenn es galt, eine aufgeklärte Entwicklung zu verzögern. Dadurch, dass die persönliche Vorbereitung auf ein Leben nach dem Tode in den Mittelpunkt gerückt wurde, war jeder ernsthafte Versuch, die irdische Bühne zu verändern, zum

Scheitern verurteilt. Es gibt zwar Religionen und Religionsgemeinschaften, die sich für eine Welt des Friedens und der Gerechtigkeit einsetzen, aber kaum eine richtet sich dabei nach einem zielbewussten Plan. Ohne Plan ist jedoch ein zielstrebiger Einsatz nicht möglich.

Es muss deshalb mit Nachdruck die Frage gestellt werden, ob die Religionen wirklich im Namen Gottes sprechen, ob seine Schöpfung sinnvoll ist und ob Gott in der Geschichte wirkt. Die Menschheit braucht dringend eine Neuorientierung in einer Zeit, in der sich durch den nie dagewesenen Fortschritt in Wissenschaft und Technik die Probleme vervielfacht haben. Den Religionen, die so viel von der Begegnung und dem Gespräch mit Gott reden, fehlt eindeutig das Zukunftsbild. Sie haben keine klare Botschaft, der zuzuhören sich lohnen würde. Sie stehen selbst verwirrt vor den Ereignissen und dem wissenschaftlichen Fortschritt. Ihre Theologie ist aus dem Gleichgewicht geraten, und ihre Dogmen sind gefährdet. Ihre Hauptaufgabe muss daher sein, das Bedrohte vor dem Untergang zu bewahren und in einer Neuinterpretation seine Weiterexistenz zu rechtfertigen, um so ihre kritisch gewordenen Anhänger neu zu überzeugen. Diese Lage ist nicht gerade beneidenswert. Das Urteil über die institutionalisierten Religionen muss lauten: gewogen und zu leicht befunden.

Geht nun aber mit den Vertretern der Religionen auch Gott zugrunde? Für die großen Massen bedeutet ein Angriff auf die Religion sicher auch ein Angriff auf Gott. Daher die Zunahme atheistisch-humanistischer Bewegungen. „Wir müssen der Wirklichkeit ins Auge blicken. Wir wollen dem Unsinn ein Ende machen" – so hört man oft. Der Mensch braucht nur über sich selbst nachzudenken, nur auf sich selbst kann er sich verlassen. Nicht ohne Grund haben sich Humanisten und bürgererschreckende Kommunisten für den menschlichen Fortschritt eingesetzt, für ein Ziel, vor dem die Religionen zurückscheuten. In gewisser Weise steht deshalb der Atheismus dem Geist und Willen Gottes näher als der Theismus. Es wäre denkbar, dass in dieser Entwicklung, in der der Mensch mehr und mehr erkennt, dass es seine Aufgabe ist, zu planen und zu arbeiten für eine bessere Zukunft, unerkannt Gott wirkt. Ein Gott, der nicht handelt, ist nicht denkbar.

Die Religionen sind entstanden aus dem menschlichen Suchen nach dem Sinn des Lebens und nach dem richtigen Verständnis seiner irdischen und außerirdischen Umwelt und der Phänomene von Raum und Zeit. Der Mensch hat versucht, das Wirken des Unbekannten wenigstens teilweise in verschiedenen Gottesvorstellungen zu erfassen. Wie unzureichend sie sein können, ist ersichtlich aus der Geschichte des religiösen Denkens, in der seit jeher primitive Vorstellungen und Ausdrucksformen der Entwicklung angepasst wurden. Das religiöse Wissen ist denselben evolutionären Weg gegangen wie andere Wissenszweige. Die Gründe für bestimmte religiöse Formulierungen können durch den Anthropologen und jetzt auch durch den Psychologen benannt werden. Die Wissenschaft aber kann nichts aussagen über den Wert des religiösen Strebens und sie kann nicht urteilen, ob dieses Ausgreifen aus dem Innern nutzlos ist oder aber einer höheren Absicht entspringt. Alle Neigungen des Menschen sind auf ein Ziel ausgerichtet, und es gibt keinen Hinweis darauf, dass seine religiösen Neigungen grundsätzlich anders seien. Die Sinne, die wir am häufigsten gebrauchen, dienen uns oft als Beweis für die Richtigkeit einer Annahme. Wir können deshalb ohne weiteres das Gesetz der Schwerkraft akzeptieren, ebenso die Fähigkeit des Menschen, mit den von ihm geschaffenen Maschinen über große Entfernungen hinweg in Verbindung zu bleiben, sie zu steuern und zu überwachen. Das alte Schlagwort „Was ich sehe, glaube ich" zieht heute nicht mehr. Es wäre deshalb kurzsichtig, die Möglichkeit von vornherein auszuschließen, dass nichtbestimmbare Mächte den Menschen beeinflussen und mit ihm in Verbindung stehen, oder dem Menschen die Fähigkeit abzusprechen, das Wirken dieser Mächte wahrzunehmen. Die Religionen haben zwar unterschiedliche und vielfach umstrittene Glaubenssätze und Dogmen, sie bezeugen aber gemeinsam, dass solche Botschaften außerirdischer Natur vermittelt und empfangen werden können.

Die Religionen selbst sind unwichtig geworden. Ihren Zweck, den religiösen Bedürfnissen der Menschheit im Kindheitsstadium Rechnung zu tragen, haben sie erfüllt. Ihre Gesetze und ihre Mythen stellten einen wichtigen Beitrag zur Erziehung der Menschheit dar. Sie werden auch weiterhin von Nutzen sein für die weniger Fortgeschrittenen und in ihrer Entwicklung stehengebliebenen. Ihre Aussage über unsere Stellung innerhalb eines

Gott und Mensch

Weltplans, der unsere Existenz erforderlich macht, ist immer noch von Bedeutung. Wir müssen sie auf eine neue Ebene verlagern, sozusagen von der einfachen Arithmetik zur höheren Mathematik übergehen. Uber diesen Punkt wird noch mehr zu sagen sein. Wir sollten einsehen, dass wir mit Gott rechnen müssen, ebenso wie wir mit der Größe Null rechnen müssen. In unserer Aussage über Gott müssen wir nur viel behutsamer werden, damit wir nicht einem falsch verstandenen Rationalismus Vorschub leisten. Wenn ich den Begriff Gott gebrauche, so meine ich damit innerhalb der dem Menschen gesteckten Grenzen das, was der Mensch mit seinen Sinnen erfassen und erfahren kann von dem Wesen, das überall wirkt, aber jeder Deutung und Beschreibung sich entzieht.

Die alten Israeliten vollzogen einen bedeutungsvollen Schritt in der Geschichte des religiösen Denkens, als sie erkannten, dass Gott völlig anders sein musste als alles, was in der beobachtbaren Ordnung der Natur zu erfassen war, so dass es sinnlos wurde, ihn schildern und bestimmen zu wollen oder innerhalb unseres Lebensbereiches nach Vergleichsmöglichkeiten für ihn zu suchen. Sein Anderssein wurde einfach als selbstverständlich hingenommen und so konnte von ihm nur gesagt werden „Ich bin der ich bin".

Ich muss gestehen, dass mich, als Juden, die Theologie nie gereizt hat. Es ist mir nie eingefallen, mir vorstellen zu wollen, wie Gott sein könnte. Was seine Existenz anlangt, so wäre mir jeder Zweifel lächerlich vorgekommen. Ich war mir seiner völlig bewusst, wie er mich beeinflußte, wie er jede Wahrnehmung meines Geistes und Körpers erhellte und mein Leben mit Spannung erfüllte. Für mich war die Liebe zu Gott und der Wunsch, ihm zu dienen, kein Gebot, das es zu erfüllen galt, sondern eine tiefe Freude, überhaupt der Sinn meines Daseins.

Vermutlich klingt dies wie ein ziemlich naives Glaubensbekenntnis; ich muss trotzdem dabei bleiben. Ich stimme Herberg bei, der meint: „Die Versuche der zeitgenössischen Wissenschaftler zu ‚beweisen', dass der Verlauf der organischen Evolution und die seltsamen Phänomene der subatomaren Physik auf die Existenz Gottes schließen lassen, liegen auf derselben Ebene wie die Bemühungen der älteren Philosophen, Gott aus der Natur des reinen Seins oder den Erfordernissen der Kosmologie abzuleiten. Diese ‚Beweise' sind im günstigsten Fall zweifelhaft, aber selbst wenn sie ihr Ziel erreichen würden, so wäre dies Ergebnis für unsere Zwecke völlig bedeutungslos... Falls das Wort ‚Gott' für uns Bedeutung hat, so müssen wir erkennen, dass Gott nicht ein ‚Etwas' ist, dessen Existenz festgestellt werden kann auf dem einfachen Weg, die wissenschaftliche Untersuchung oder die metaphysische Spekulation nur eben noch einen Schritt weiter zu treiben. Schon der Versuch ist ein falsches und täuschendes Unterfangen, denn im Grunde wird Gott dabei nur als ein Objekt in einer Welt von vielen Objekten behandelt und nicht als das transzendente Subjekt, das sich nicht erfassen lässt innerhalb des Raumes von Vernunft und Erfahrung. Weitgehend dasselbe kann gesagt werden über die Versuche, Gott abzuleiten aus der Geschichte oder den Tiefen des menschlichen Bewusstseins, in dem schließlich unsere eigenen Verwirrungen und Beschränkungen widerspiegelt werden. Gott schafft und erhält die Natur. Gott wirkt in der und durch die Geschichte. Der menschliche Geist enthält etwas, was über ihn hinausweist in die Dimension Gottes – aber all dies wird nur sichtbar für diejenigen, die Gott bereits erfahren haben.[5] "

Man kann sich auf den Standpunkt stellen – viele neigen dazu –, dass es dumm sei, Gott auch nur zu postulieren. Er ist eine Hypothese, eine Erfindung, die das, was der Mensch nicht erklären kann, in das Darüber oder Darunter, ins Jenseits verlegt. Eine Vaterfigur wird idealisiert, die die Verantwortung trägt und Macht ausübt, die die Kräfte des Menschen übersteigen. Der Mensch wird dadurch ermutigt, in der Not auszuharren und auf höhere Hilfe zu hoffen. Er kann die Not seiner Unfähigkeit, seine eigenen Lasten mannhaft zu tragen, zur Tugend machen.

Diese Auffassung kann als Bestätigung dafür dienen, dass jeder Versuch, Gottes Existenz zu beweisen, vergeblich ist, weil das, was bewiesen werden soll, die Grenzen des menschlichen Geistes überschreitet. Fortschrittliche Theologen sind mehr und mehr geneigt dies zuzugeben, und entsprechend geht nun der Trend zur Betonung des Gott-in-uns. Die christliche Doktrin der Inkarnation bekommt dadurch eine neue Bedeutung.[6] Die Humanisten und Theisten kommen einander näher; beide betonen die Fähigkeit des Menschen, Verantwortung zu übernehmen, seine eigene Entwicklung selbst zu fördern und den ihm innewohnenden Zwang zur Evolution zu erkennen. In Übereinstimmung damit lässt H. G. Wells einen seiner Helden sagen, dass die menschliche Rasse „notwendigerweise in der Richtung ihres angeborenen Drängens vorankommt".[7]

Sicher verfügt die menschliche Natur über Fähigkeiten, die über die elementaren Bedürfnisse hinausreichen und die als Möglichkeiten der Verbesserung und Selbsterfüllung verstanden werden können. Die Vorstellung vom Gott-in-uns bietet jedoch nur eine unvollständige Erklärung. Sie schließt die Möglichkeit aus, dass wir außerirdischen geistigen Einflüssen unterliegen, wie wir erwiesenermaßen außerirdischen physikalischen Einflüssen ausgesetzt sind. Als rationale Geschöpfe lehnen wir natürlich jeden Gedanken an das Unbestimmbare ab. Wir ringen mit Begriffen wie Zeit und Raum und dem Mehrdimensionalen und unsere Vorstellungskraft versagt bei dem Gedanken an das Unendliche. Es ist deshalb für manche eine Hilfe, wenn wir in der Theologie von dem Absoluten oder der Höchsten Wirklichkeit sprechen, weil Ganzheiten etwas sind, was unser Geist erfassen kann. Wie Koestler jedoch zum Ausdruck gebracht hat,[8] erweist sich jedes Ganze, das fassbar wird, als untergeordneter Teil einer größeren Einheit — Zusammenhänge, die sich in unübersehbarer Folge aneinander reihen. Das Geheimnis des Seins ist unendlich und kann nicht erfaßt werden. Gott ist nicht erklärbar. Das was erklärbar ist, zerstört gerade durch diese Erklärbarkeit die Hoffnung, Zugang gefunden zu haben zu dem, was Gott sein könnte.

Wenn auch die Spekulation über das Sein Gottes müßig ist, so können wir doch fragen, wie sich das Wirken Gottes innerhalb unseres Lebensraumes offenbart. Ich glaube an das Sein Gottes, aber erkennen kann ich es nur in dem Maße, wie es sich mir als Wirken offenbart.

Sofern wir also unsere Gotteserfahrung nicht als exakte Beschreibung Gottes verstehen, widerspricht die Vorstellung eines persönlichen Gottes, die von Gott selbst in uns gelegt wurde, keinesfalls den Regeln der Vernunft.

Andererseits wäre es unvernünftig, die zahllosen Anzeichen für das Wirken Gottes im Universum zu übersehen. Solange wir unsere Grenzen in unserer Gotteserfahrung erkennen, ist der Begriff Gott legitim und sinnvoll. Innerhalb dieser Grenzen können wir Gott Fähigkeiten und Absichten zuschreiben, denn in seinem erkennbaren Wirken in der Schöpfung begegnen wir Gott.

Wir dürfen daher ruhig von Gottes Eigenschaften sprechen, wir müssen uns nur vor der Vorstellung hüten, mit diesen Eigenschaften Gott genau erfaßt und erkannt zu haben. Wir schaffen uns Gott so in der Tat nach unserem Bild; denn wir brauchen ja Normen, Ziele und Aufgaben, um die wir uns bemühen müssen. In unseren Idealen und in unserem geistigen Streben wirkt Gott in uns. Je höher unser Bewusstseinsstand ist, desto weniger werden wir wohl versuchen, Gott auf unsere Ebene herabzuziehen. Wachsendes Wissen fördert unsere Einsicht. Deshalb können uns die alten Lehrsätze über Gott nicht länger zufriedenstellen.

Weder durch wissenschaftliche noch durch theologische Erklärung wird Gott je fassbar werden, weil wir ihn nur von unserem Standpunkt, einem sehr ungefestigten Standpunkt aus ansprechen können. Sobald wir uns zu weit vorwagen, geraten wir auf Gebiete, die für uns nicht begehbar sind. Im Universum scheinen sich die Himmelskörper mit ungeheurer Geschwindigkeit von uns hinweg in den Weltraum zu bewegen. Auf ähnliche Weise verschwindet Gott aus unserem Gesichtskreis. Wenn sich unser Horizont erweitert, werden wir ein wenig mehr erfassen, aber wir werden nie mehr von Gott erkennen, als unser Horizont zuläßt. Das Universum kann uns noch viele Wunder offenbaren. Doch auch dann wird der Mensch Gott nur gewissermaßen von hinten sehen, wie dies auf archaischen Bildern überliefert ist.[9]

Der Mensch beschäftigt sich seit langem mit vielen philosophischen und metaphysischen Fragen, und er wird mit wachsender Aufnahmefähigkeit größere Einsicht gewinnen, denn es liegt in seinem Wesen, weiter zu fragen. Aber auch wenn er die Grenzen seiner Körperlichkeit überwinden könnte und einen erweiterten Seinszustand erreichen würde, wie dies gewisse Religionen verheißen, so wird ihm doch versagt sein, mehr zu finden als winzige Teilwahrheiten.

Und doch ist dem Menschen die Annäherung an Gott nicht ganz verstellt, der Drang weiter zu forschen, würde sonst bald erstickt. Der Mensch hat nicht nur die Fähigkeit zu fragen und zu untersuchen, wodurch ihm äußere und innere Bereicherung zuteil wird. Ihm wurde außerdem die Kraft der Phantasie und des logischen Denkens gegeben, mit deren Hilfe er die Grenzen der Erscheinungen hinter sich lassen und das Reich der Ideen, des Geistes betreten kann. Seine schöpferischen Fähigkeiten machen ihn Gott verwandt. So ist es möglich, dass durch das Wirken Gottes ein irdisches Wesen an seiner Größe teilhat. Dies könnte auch das Phänomen des Bösen erklären. Gott würde so dem Menschen den Weg zur Ausschöpfung seiner Möglichkeiten öffnen, auf dem der Mensch zur größtmöglichen Übereinstimmung mit seinem Wesen kommen kann. Die Religionen haben sich in ihren Aussagen über Gott immer zu sehr in Einzelheiten ergangen, aber sie bezeugen das Anliegen Gottes, den Menschen zu helfen, indem er ihnen ihre Möglichkeiten zeigt und sie dazu aufruft, sich seiner Vollkommenheit zu nähern.

Wir können den Begriff Offenbarung nicht aus unserer Betrachtung ausschließen. Mystische Erfahrungen, Intuition, Vorahnungen, blitzartige Erkenntnisse und Erleuchtung waren immer ein Teil der Menschheitsgeschichte. Der Mensch ist auf irgendeine
Weise offen für die geheimnisvollen Ströme, die ihn umfließen. Er scheint mit einer Art Radarschirm ausgestattet zu sein, der Bilder und Erscheinungen aufnehmen kann, die außerhalb seines normalen Wahrnehmungsvermögens auf ihn zukommen. Der Mensch erfindet immer neue Hilfsmittel, um die Fähigkeiten und Möglichkeiten seines Geistes und seiner Sinne zu ergänzen, zu verstärken und zu erweitern, sei es auf mechanischem Wege oder mit Hilfe von Drogen und Rauschgiften. Dies ist aber nur möglich durch das Streben nach höheren Erfahrungen. Wir müssen deshalb eingestehen, dass der Mensch diese Möglichkeit des Zugangs zu Gott braucht, und dass er die Fähigkeit hat, diesen Weg zu Gott auch zu gehen, auch wenn er dabei oftmals Irrwege geht.

Wir wollen damit nicht sagen, dass die ganze Wahrheit jemals einem einzelnen Menschen zuteil geworden ist. Schon einfache Überlegungen scheiden eine solche Möglichkeit aus. Das schlagartige Sichtbarwerden von Zusammenhängen, das überraschende Ineinandergreifen der Dinge, das ein sinnvolles Bild der Welt entstehen lässt, kann oft zu der Illusion führen, die Wahrheit gefunden zu haben. Unsere Fassungskraft ist jedoch sehr beschränkt und geprägt von der individuellen Struktur unserer Persönlichkeit. Selbst im Bereich der menschlichen Beziehungen gibt es kaum zwei völlig übereinstimmende Meinungen zu einer angeblich gemeinsam vertretenen These.

Bei der Betrachtung des Menschen ergeben sich nicht nur Abweichungen zwischen dem Eigenbild und dem Fremdbild, sondern noch viel stärkere Unterschiede beim Erkennen der verschiedenen Spektren seiner Persönlichkeit, von denen jeweils das eine oder das andere oder eine Kombination von mehreren bei seinen Begegnungen sichtbar wird. Der Eindruck, den er dabei macht, wird noch weiter beeinflusst von der Denk- und Vorstellungswelt derjenigen, die mit ihm in ständigem oder gelegentlichem Kontakt sind.

Da unsere Betrachtungsweise immer in gewissem Umfang beschränkt und einseitig ist, sind wir nicht in der Lage, ein umfassend fundiertes Urteil über irgendwelche Ereignisse oder Umstände zu bilden. Wir sind einfach nicht dafür eingerichtet, in vollem Umfang die Bedeutung des Bösen und scheinbar völlig sinnlosen Leids zu erkennen und die oft daraus entstehende Frage nach der Existenz Gottes, und weshalb er – falls es ihn gibt – nicht eingreift. Wir müssen mit Jesaja sagen:

Nicht sind meine Planungen
eure Planungen,
nicht eure Wege
meine Wege,
ist Sein Erlauten.

Denn:
Hoch der Himmel über der Erde,
so hoch
meine Wege über euren Wegen,
mein Planen über eurem Planen.[10]

Wir müssen Paulus zustimmen: „O welche Tiefe des Reichtums und der Weisheit und der Erkenntnis Gottes! Wie unbegreiflich sind seine Gerichte und unerforschlich seine Wege!"[11]

Sicher ist es aber nicht ohne Sinn und Bedeutung, dass wir ausgestattet sind mit Urteilskraft und Einsicht, Eigenschaften, aus denen unsere Gefühle der Liebe, des Mitleids und des Verständnisses erwachsen und aus denen wir Verhaltensnormen entwickelt haben, die am Ideal der Vollkommenheit orientiert sind.

Wir sind uns dessen bewusst, dass wir in eine Richtung drängen, in der die Anforderungen an unsere Verhaltensweise wachsen, auch wenn wir über die Ursachen und die treibende Kraft

Gott und Mensch

dieses Dranges unterschiedlicher Meinung sein mögen. Der Weg zum Ziel ist möglicherweise länger und gefahrenreicher als die Optimisten annehmen, aber der Mensch drängt voran ohne Rücksicht auf Gefahr und Mühe. Es liegt in seiner Natur, vorwärts zu streben und ein vollkommeneres Glück zu erringen. Der Theist ist überzeugt, dass diese Anlagen nicht zufällig entstanden sind. Er ist der Meinung, dass sich der Mensch auf der Erde aufgrund eines göttlichen Planes entwickelte, eines Planes, der auf ein Ziel ausgerichtet ist, das schließlich doch erreicht werden wird.

Der Humanist wird gerne zugestehen, dass der Mensch ein zielstrebiges Lebewesen ist, dass er zweckvoll denkt und handelt und oft weit vorausplant. Er wird auch zugestehen, dass er bewusst auswählt, was ihm nützlich ist, nicht nur nach Maßgabe seiner Erfahrungen und Versuche, sondern auch, weil er sich das bislang nie Versuchte durch seine schöpferische Fähigkeit vorstellen kann. Atheisten und Humanisten würden dagegen verneinen, dass diese Eigenschaften auf ein Ziel schließen lassen, das zu erreichen der Mensch bestimmt ist. Für sie ist die Evolution nur ein Prozeß, der zufällig abläuft wie etwa ein Strom seinen Weg zum Meer findet und durch Nebenflüsse Kraft gewinnt, Widerstände zu überwinden oder zu umgehen.

Diese Auffassung wäre überzeugend, wenn der Mensch nicht zielstrebig vorwärts kommen wollte und nicht versuchen würde, seiner Existenz einen Sinn zu geben. Wir könnten dann mit H. G. Wells sagen, dass er „notwendigerweise in der Richtung seines angeborenen Drängens vorankommt". Aber selbst dann wäre die Evolution in unserem Fall nicht ziellos. Sie wäre vielmehr gesteuert durch eine Absicht und nicht dem Zufall überlassen. Was aber treibt den Menschen und warum treibt es ihn, da er nun einmal nicht nur ein zielstrebiges Wesen, sondern auch ein Wesen mit religiösen Neigungen ist?

Man kann über die Bildung des menschlichen Bewusstseins verschiedener Meinung sein, fest steht aber die Überzeugung des Menschen, dass er durch die Religion eine gewisse Kenntnis über seine Bestimmung erfahren hat.

Die Erfahrungen des Menschen haben ihn gelehrt, dass Wirkungen auf Ursachen zurückzuführen sind, und dass ein Zweck durch Mittel erreicht wird. Es geschieht nichts ohne Grund. Ständig hat sich die Zahl der möglichen Ursachen erweitert, ebenso die Zahl der Mittel. Manchmal hat sich die vermutete Ursache als falsch erwiesen oder ein Mittel musste durch ein besseres ersetzt werden, und ein neuer Zweck erforderte ein neues Mittel.

Daraus folgt, dass innerhalb und außerhalb des Rahmens der menschlichen Intelligenz eine planende und handelnde Kraft am Werk ist, verantwortlich für alle Phänomene. Der Mensch hat bereits einige Bereiche entdeckt, in denen eine Zielrichtung, die nicht vom Menschen kontrolliert wird, erkennbar ist. Diese zweckmäßige Ordnung beruht auf einer geistigen Kraft, und manche Menschen können zuweilen ihren in ihrem Leben feststellen. Diese Ereignisse lassen sich nicht als Zufall erklären. Darüber hinaus wird uns durch besondere Kanäle übermittelt, dass der, den wir unseren Gott nennen, bestimmte Absichten hat, in welcher Form auch immer sie sich zeigen, und dass die Gattung Mensch in einem Bereich ihres Wesens empfänglich ist für das, was diese geistige Kraft wünscht. Wir hängen an ihr wie an einer Nabelschnur, wir nehmen Inspiration und Weisung von ihr und werden angeregt, wahrzusagen oder für ein Ziel zu arbeiten, das nicht durch unsere eigenen Überlegungen aufgestellt worden ist, ja, das sogar direkt im Gegensatz stehen kann zu unseren Ansichten, Wünschen und kurzsichtigen Interessen.

Ausnahmen von der Regel gibt es oft, auch im menschlichen Verhalten. Exakte Wissenschaft lässt sich nicht in allen Bereichen anwenden. Auch das Denken und Handeln eines Menschen ist nicht berechenbar, weil er einen ziemlich hohen Grad von Autonomie hat. Der Mensch kann zwar beeinflusst und gesteuert werden bis zu einem erheblichen Maß, zum Beispiel durch Hypnose und Gehirnwäsche, so dass er Anweisungen befolgt, die seinem Willen widersprechen. Das Gehirn gibt dem Körper Anweisungen, und das Kind gehorcht den Eltern oder dem Lehrer. Doch eine absolute Diktatur gibt es selbst hier nicht. Wir dürfen daher auch dem Gott, mit dem wir in Verbindung stehen, keine diktatorische Autorität zuschreiben, so als ob seine Gebote blind befolgt werden müßten. Prädestination steht nicht im Konflikt mit dem freien Willen.

John Macmurray hat die Lage auf seine Weise beschrieben: „Gott handelt in der Geschichte als der Schöpfer des Menschen. Die Absicht dieser Schöpfung ist bekannt – eine weltweite Gemeinschaft von Menschen, mit Freiheit und Gleichheit als

Gott und Mensch 25

Grundlage der gegenseitigen Beziehungen. Und da Gott nicht daran scheitern kann, seine Absicht zu verwirklichen, ist dieser Wille zur Gemeinschaft eine Notwendigkeit. Wenn aber der Mensch frei sein soll, die Freiheit zu wollen, so muss er auch frei sein, sie abzulehnen ... Kann es sein, dass seine Ablehnung ewig dauert und zur Vernichtung des Menschen durch den Menschen führt? Nein. Dies ist unmöglich. Der negative Wille kann niemals den positiven Willen zerstören, denn er wird durch den positiven erhalten. Dieser Wille zur Gemeinschaft ist der wirkliche Wille des Menschen; seine Ablehnung ist unwirklich ... Die Negation ist notwendigerweise begrenzt.[12"]

Meine Auffassung lautet daher: Einmal, dass Gott am Werk ist in unserem Universum, und zum zweiten, dass dieses Werk einen Plan enthält, zu dessen Verwirklichung unsere aktive Mitarbeit erforderlich ist. Soweit dieser Plan die Menschheit betrifft, wird er Zug um Zug offengelegt. Vielleicht zeigt es sich, dass seine Ziele uns wie unsere eigenen erscheinen, wie sie unmittelbar aus der Menschheitsgeschichte erwachsen sind. Wir werden angespornt und mit den nötigen Mitteln versehen, um ihn auszuführen. Unser Zeitgefühl ist dabei kein Faktor bei der Bestimmung des Zeitpunkts, wann der Plan erfüllt werden wird. Einzeln oder in Gruppen können wir die Mitarbeit verweigern oder verzögern, und dies mag bereits berücksichtigt sein. Was der Mensch nicht verhindern kann, ist die Durchführung dieses Planes, denn zum Schluss wird er an seiner Verwirklichung mitarbeiten. Der Wille Gottes muss auf Erden erfüllt werden, denn der Mensch wird durch seinen eigenen freien Willen früher oder später Gottes Willen zu seinem eigenen machen.

2

Der Weg zum Gottesreich

Ich bin im Innersten überzeugt, dass mir Klarheit gegeben wurde über das, was jetzt zur Erfüllung von Gottes Plan getan werden muss. Es würde mir nicht schwerfallen, sofort Einzelheiten aufzuzählen, ohne erst meine Überzeugung zu begründen. Dies scheint mir jedoch nicht ratsam, denn der Verstand darf bei der Begegnung mit einer Offenbarung nicht ausgeschaltet werden. Diese scheint uns nur glaubwürdig, wenn sie uns vernünftig und sinnvoll erscheint. Da wir es sind, die den Willen Gottes auszuführen haben, sollte er uns nach den Gesichtspunkten der Vernunft überzeugen. Offenbarung Gottes fordert keineswegs blinden Gehorsam. Auch wenn wir dabei ganz neuen und ungewohnten Gedanken begegnen, sollten sie uns vertretbar und zwingend erscheinen, wie aus Wissen und Erfahrung abgeleitete Schlüsse. Die vor uns liegende Aufgabe soll keine religiöse Überzeugung erfordern. Auch wenn der Glaube Einsicht und Verständnis fördern kann, so sollte die Wichtigkeit dieser Aufgabe auch von dem erkannt werden, der nicht glaubt.

Gott ist für mich nicht ein Despot. Er will die Menschen dazu bringen, dass sie sich so entwickeln, wie es sein Plan vorsieht. Darum hat er den Menschen zum einen die Sehnsucht und die Möglichkeit, die Vollkommenheit zu erreichen, mitgegeben, zum anderen unterweist er sie ständig neu, so dass sie Antworten auf ihre Fragen finden. Einer früheren Zeit mag dies weniger einleuchtend gewesen sein. Wir wissen aber heute mehr von Programmen, nach denen die natürliche Ordnung abläuft und arbeiten mit Verfahren, die dem Wirken Gottes in der Welt, wie es die Religionen verstehen, in gewisser Weise vergleichbar sind. Wir haben Maschinen entwickelt, die nach unseren Anweisungen arbeiten können, und wir haben sie sogar mit der Fähigkeit zur Antwort ausgerüstet. Programmieren ist uns zur Selbstverständlichkeit geworden, selbst die Kommunikation über große Entfernungen hinweg, die Übertragung von Stimmen und Bildern gehört zu unserem täglichen Leben. So wird uns aus der Wissenschaft das Wirken Gottes verständlicher.

Der wichtigste Fortschritt des Menschen ist seine wachsende Fähigkeit, die Geheimnisse der Natur zu entschlüsseln, ihre Elemente und ihr Wirken zu durchschauen. So kann der Mensch heute künstlich Stoffe herstellen und die natürlichen Schätze ausbeuten, wie es seinen wachsenden Bedürfnissen entspricht. Er kann durch seinen Ideenreichtum und seine konstruktiven Fähigkeiten selbst schöpferisch tätig werden. Aber er kann nur das herstellen, wofür er in der Natur die nötigen Materialien findet. Die Bausteine sind lange vor dem Menschen entstanden, und ohne sie hätte er wenig ausrichten können.

Wir erkennen also im Menschen gottähnliche Fähigkeiten, die ihn bis zu einem gewissen Grad unabhängig machen, aber er kann sich doch nur in sehr beschränktem Umfang von den Gesetzen der Natur freimachen. Er kann seine Umwelt verwandeln, aber er kann sich keine neue Natur nach anderen und neuen Gesetzen schaffen.

Die hervorragende Eigenschaft des Menschen ist sein hoch entwickeltes Bewußtsein und die Selbständigkeit, die er dadurch erreicht hat. Er konnte so die Herrschaft über viele Bereiche der Natur übernehmen; dies unterscheidet ihn grundlegend von der Tierwelt. Es ist, als ob an diesem Punkt der Entwicklung eine neue Macht auf der Erde wirksam würde. Während der Mensch noch im Bereich des Kreatürlichen verhaftet bleibt und bleiben muss, haben doch schon höhere Mächte die Führung übernommen. Eine neue Triebkraft kam ihm zu Hilfe: neben dem Reichtum der Natur standen ihm die Gaben des Geistes zur Verfügung, durch die er vom Tierreich zwar unterschieden, jedoch nicht getrennt ist. Die Existenz des Menschen zeugt für die Existenz dieses Geistes; er könnte sonst nicht schöpferisch tätig sein. Sie beweist auch, dass er wenigstens zum Teil diese Gaben des Geistes anzuwenden versteht, so wie er die Gaben der Natur nutzbar gemacht hat, was ihm allerdings deutlicher bewusst ist.

Seine geistigen Gaben haben den Menschen gelehrt, die richtigen Fragen zu stellen, die richtigen Antworten zu finden und immer tiefer in die Welt der Abstraktion einzudringen.[13] Sie haben ihm gezeigt, dass er nicht nur innerhalb seines normalen Lebensbereiches Eindrücke aufnehmen kann, sondern auch offen ist für Wahrnehmungen und Erfahrungen von außerhalb liegenden Bereichen.

Betrachten wir kurz den Ablauf der Geschichte. In der modernen Zeit hat sich die Entwicklung auf sozialer, wirtschaftlicher, religiöser, kultureller und politischer Ebene geradezu überstürzt. Die Grenze des sogenannten historischen Zeitraums schob sich weit zurück und viele Lücken unseres Wissens schlossen sich. Gleichzeitig fand die Vorgeschichte neue Beachtung: das Auftauchen und die Entwicklung des Menschen, die Entwicklung des Lebens auf unserem Planeten, die Entstehung unseres Planeten und des Universums. Viele Wissenschaften sind an dieser Forschung beteiligt. Sie entdecken und interpretieren die historischen Fakten neu und verhelfen uns zu einem neuen Verständnis der eigentlichen Bedeutung unserer geschichtlichen Erfahrungen.

Es ist, als ob wir plötzlich auf einen Standpunkt gestellt würden, von dem aus wir nicht nur mit größerem Verständnis zurück, sondern auch nach vorne zu schauen vermögen. In sehr viel stärkerem Maße als früher sind wir heute in der Lage, die Möglichkeiten zur Gestaltung und Steuerung der Zukunft abzuschätzen. In der Vergangenheit schienen uns die geschichtlichen Ereignisse als unabwendbares Schicksal, aber jetzt fühlen wir immer deutlicher die Kraft, die Geschichte bewusst zu steuern. Diese Kraft war bislang verborgen und wurde nur von wenigen erkannt und genutzt. Heute aber wird die ernsthafte und systematische Nutzung dieser Kraft zu einer Aufgabe, der sich die Menschheit nicht entziehen kann und darf. Die neue Sicht von unserer Welt als Ganzem, auch ganz konkret durch die Aufnahmen von der Erde durch im Weltraum stationierte Kameras vermittelt uns neue Perspektiven.

Immer deutlicher erkennen wir die Gegenwart. Sie umfasst Vergangenheit und Zukunft, so wie das Spektrum alle Farben vom Infrarot zum Ultraviolett umfasst. Wenn wir unsere Gegenwart verstehen wollen, müssen wir Reisende in der Zeit und Abenteurer im Raum werden. Die Denker der Vergangenheit ahnten die Wahrheit voraus. Für sie bestand die Geschichte aus einer Folge von Weltzeiten, die dem Lauf der Erde durch die Zeichen der Sternbilder entsprach. Danach stehen wir heute im Übergang vom Sternbild der Fische zum Sternbild des Wassermanns. Jede Weltzeit hat dabei die besonderen Eigenschaften des sie beherrschenden Sternbildes, so wie die Teile des Spektrums durch ihre Farbe gekennzeichnet sind.

Das Verständnis der Zeitenabfolge ist ein sehr komplizierter Vorgang, den J. W. Dunne näher beschrieben hat. Nach seiner Auffassung beobachten wir zwar als Individuen die Zeiterscheinungen, aber wir sind gleichzeitig auch Teil der Gesamtheit der Beobachtenden, die alle Menschen umfasst. „Das Bild, das du zeichnest, zeigt die Welt bezogen auf dich, es zeigt sozusagen den der Wirklichkeit auf dich. Wenn das Bild jedoch die zusammengefaßten Bemühungen vieler Beobachter enthält, so zeigt es den der Wirklichkeit auf den menschlichen Geist im allgemeinen. Dabei ist wichtig, dass du dich als Teil eines ‚unvergänglichen Gesamtbeobachtenden' begreifst."[14]

Durch die Möglichkeit, uns zu einem Gesamtbeobachtenden zusammenzuschließen, wächst die Fähigkeit, uns mit dem allgemeinen Geist zu identifizieren. Auf diese Weise können sich Gott und unsere Einsicht in seinen Plan aufeinander zu bewegen. Die Vorstellung eines unvergänglichen Gesamtbeobachtenden, von dem wir ein Teil sind, hilft uns dabei weiter. Allerdings geht es nicht an, den kollektiven Geist des Menschen mit Gott gleichzusetzen, denn der all-gemeine Geist ist Gott und seiner unendlichen Kraft der Beobachtung untergeordnet. Wie der allgemeine Geist dem der Naturgesetze unterliegt, so unterliegt er auch den geistigen Gesetzen. Er ist so an allem, was geschieht, schicksalhaft gestaltend beteiligt.

Es ist deshalb denkbar, dass neben dem Gesamtplan ein untergeordneter Teilplan besteht, der ihn scheinbar aufhebt. Wenn dem so ist, so wird sich letztlich erweisen, dass das, was als Widerstand erscheint und hemmend wirkt, in Wahrheit ein Beitrag zur Erfüllung des Gesamtplans ist. „Wir wissen aber, dass denen, die Gott lieben, alle Dinge zum besten dienen."

Je mehr der einzelne Beobachter mit dem all-gemeinen Geist übereinstimmt, desto besser wird er die Welt verstehen, wenn

Der Weg zum Gottesreich

auch vieles unklar bleiben wird. Je bewusster er lebt, desto greifbarer wird ihm der Gesamtplan werden. Dieses erweiterte Bewußtsein wurde früher als Geist Gottes erklärt, der sich dem Seher mitteilte. Mystikern und Menschen unter dem bestimmter Drogen scheint das ganze Rätsel des Universums in einem blendend hellen Blitz gelöst. Einige Aufzeichnungen berichten darüber, wie es möglich ist, dass die Seele eines Menschen sich von seinem Körper trennen kann. Während der Körper bewusstlos in Trance liegt, konnte die Seele den Geschehnissen von außerhalb Zusehen. Menschen in Lebensgefahr erfuhren, wie sich ihr Leben blitzartig abspulte wie ein Film, der durch den Zeitraffer beschleunigt abläuft. Der Ablauf der Geschichte ist daher wahrscheinlich sehr viel bedeutungsvoller und sinnvoller als wir meinen.

Wir können im Geist mit großer Geschwindigkeit große Zeiträume überfliegen. Auf diese Weise wird uns ihre Bedeutung klarer. Als ein Bild von vielen können wir den Menschen in Beziehung zu seinen Werkzeugen sehen.

Die Werkzeuge des primitiven Menschen waren Gegenstände, die unbearbeitet benutzt wurden, Bruchstücke von Steinen, Holz, Fellstücke, Knochen und Sehnen. Später wurden sie bearbeitet und miteinander verbunden. So entstanden Werkzeuge für spezifische Aufgaben. Durch den Umgang mit Metall und mit den Grundregeln der Mechanik lernte er, im Laufe der Zeit für seine mannigfaltigen Aufgaben Maschinen in vielerlei Gestalt zu entwickeln und zu bauen. Auf diese Weise wuchs die Herrschaft des Menschen über die Natur und seine Fähigkeit, sein Leben in immer größerem Maße und Umfang selbst zu gestalten. Später entdeckte er die Dynamik, und seine Maschinen wurden in gewissem Sinn durch Eigenantrieb und Eigensteuerung lebendig. Die Konsequenz war die wachsende Meisterschaft des Menschen über Zeit und Raum. Der Höhepunkt der Entwicklung wurde erreicht, als die Maschinen mit Sensoren, also Fühlorganen und bestimmten Fähigkeiten des menschlichen Gehirns ausgerüstet werden konnten. Die Elektronik und die Kybernetik stecken zwar noch in den Anfängen, doch können Maschinen ihre Hersteller heute schon in vieler Hinsicht ersetzen. Werden sie schließlich zu einer Bedrohung des Menschen werden?

Für die Zukunft ist die Weiterentwicklung des Menschen unerläßlich, damit er seinen Schöpfungen einen Schritt voraus bleibt, so dass sie auf sein Geheiß arbeiten und nicht umgekehrt. Er muss in ein Gebiet eindringen, das nur ihm zugänglich ist und die so erschlossenen Kräfte dazu benutzen, seine Konstruktionen so auszurichten, dass sie nur Instrumente für das Gute sind. Pierre Teilhard de Chardin hat die Lage so beschrieben: „Wachsender gegenseitiger Druck, ausgeübt von den Elementen, im Schoß einer freien Energie, die gleichfalls ununterbrochen wächst. Muss man nicht in diesem doppelten Phänomen die beiden verketteten und immer gleichen Symptome sehen, die den Sprung ins „Radikale" kennzeichnen, das will hier besagen, einen neuen Schritt in der Genese des Geistes? ... Ein neuer Bereich psychischer Expansion: das ist es, was uns fehlt, und doch steht er dicht vor uns, wenn wir nur die Augen öffnen wollten."[15] Sicherlich erscheint eine solche Expansion besonders dringend angesichts der schrecklichen Waffen, die wir zu unserer eigenen Zerstörung entwickelt haben. Wir sind in den Weltraum vorgestoßen. Warum sollten wir nicht auch im geistigen Bereich Grenzen überwinden?

Die Evolution ist möglich, weil die Natur den Drang und die Fähigkeit hat, sich den Forderungen der Umwelt anzupassen, und so entstehen neue, vielseitigere Lebensformen. Bekanntlich ist die Notwendigkeit die Mutter der Erfindung. Die Untersuchung der Umweltanpassung ist ein wichtiger Bestandteil der modernen Verhaltensforschung. Der Biologe untersucht einfachere Lebensformen und liefert damit einen Beitrag zum Verständnis menschlichen Verhaltens. Sicher kann uns unser natürliches Erbe manches lehren; vergessen wir aber nicht, dass auch unser Bewußtsein, das uns befähigt, aufgrund unserer Einsicht selbständige Entscheidungen zu treffen, sich entwickeln kann.

Wir wollen hier nicht weiter auf die Entwicklung des Bewusstseins im einzelnen und in der Gesellschaft eingehen. Aber wir meinen, dass diese Entwicklung nicht zufällig ist, sondern vielmehr geplant in der Absicht, uns auf eine bestimmte Aufgabe vorzubereiten. In Gottes Plan erscheint das Leben des Menschen als ein Schritt zum Ziel; die Entwicklung wird weitergeführt und beschleunigt, weil sie in vielen Einzelheiten erfahren und verkörpert wird. Das Wissen, am Plan Gottes beteiligt zu sein, stärkt den Willen zu überleben und bewusst mitzuarbeiten. Der Mensch, der sich dessen bewusst ist, muss dieses Ziel im

Auge behalten, sonst erstarrt sein Leben und auch das Leben der Gemeinschaft und die von ihm geschaffenen Institutionen verhärten und sterben ab.

Für eine religiöse oder politische Gemeinschaft ist es sehr viel schwieriger, lebendig und offen zu bleiben, als für den einzelnen. Die Gefahr der Stagnation ist großer, weil sie meist an ein festes Glaubensbekenntnis oder ein starres Gesetzeswerk gebunden ist. Die Neigung ist groß, jede Neuerung als eine Gefahr für das System anzusehen. Aber der Geist weht, wo er will und lässt sich durch kein System aufhalten. Auch starre Fronten werden gebrochen durch neue Gedanken und durch ein neues Bewußtsein. In jeder Gemeinschaft müssen Menschen auftreten, die der Unbeweglichkeit der Institutionen Trotz bieten.

Wer bist du, großer Berg!
vor Serubaabel zur Ebene![16]

Fortschritt ist immer das Werk weniger. Wie am Prinzip der natürlichen Auslese sichtbar wird, vollzieht sich die Entwicklung nicht durch Massenbewegungen, so schwer es uns auch fallen mag, diese Tatsache anzuerkennen, in einer Zeit, die so sehr unter dem Eindruck großer Zahlen steht.

Schon in der Vorzeit, im Existenzkampf der Riesenreptilien, können wir diese Tatsache beobachten: die Fixierung auf die Verteidigung, der Aufbau von Barrieren, ist immer ein Zeichen der Dekadenz. „Wer sein Leben erhalten will, der wird's verlieren."[17] Mit den ungeschlachten, gepanzerten Lebewesen der Vorzeit hatte sich die Lebenskraft beinahe erschöpft. Die Zukunft unseres Planeten lag bei den unbedeutenden, schutzlosen kleinen Geschöpfen. Wachsam, flink und empfindsam waren sie, die Vorfahren der heutigen Säugetiere.

Gerald Heard verfolgt das Wirken des Evolutionsprinzips: „Wie sich die Tiere entwickelten und mit den Säugern die höchste Stufe erreichten, so vollzieht sich jetzt beim Menschen, nachdem er sich über die Tierwelt erhoben hat, derselbe Prozeß der Auslese. Die Mehrzahl der Menschen wird nach Sicherheit streben, sich verteidigen gegen ihre Mitmenschen und mehr noch gegen ihr eigenes Bewußtsein und ihre wachsende Empfindsamkeit. Sie wird sich abkapseln und schließlich aus der Defensive heraus zum Angriff übergehen und schließlich doch zugrunde gehen. Diejenigen aber, die nach besserer Einsicht handeln, werden, auch wenn sie scheinbar ihr Leben aufs Spiel

setzen, es gewinnen."[18]
Starrheit wird immer durch Bewegung überwunden werden. Der schwer bewaffnete und schwer bewegliche Riese Goliath wird besiegt durch den behänden Knaben David. Die schwache Pflanze dringt durch den Beton. Wind, Regen und das fließende Wasser tragen massive Felsen ab. Starre Formen und künstliche Sicherung bedeuten Tod. Das Leben gehört den Vorurteilsfreien und Wagemutigen, deren Denken und Handeln aus dem Geist Gottes geboren ist.

Gottes Geist bewirkt, dass die Welt nicht durch die Masse, sondern durch Einzelne gerettet wird. Wenn wir dies glauben, so sehen wir auch den Weg, auf dem der Menschheit Harmonie und Frieden gebracht werden kann. „Vielleicht findest du", schreibt Vera Brittain, „dass eine so kleine Minorität – von machtvollen entgegenstrebenden Kräften umgeben – kaum ihr Ziel erreichen kann, die große Masse mitzureißen. Aber denke daran, dass fast alle großen Veränderungen der Geschichte von einer kleinen Minderheit bewirkt wurden, die auch meist, selbst nach großen Wirkungen, klein blieb... So wird auch die Antikriegs-Bewegung wahrscheinlich, so wie sie begann, enden als Leistung einer Minderheit, die jedoch die Mehrheit überzeugt hat. Die Bekämpfung des Krieges und die Errichtung eines dauernden Friedens unterscheiden sich von den großen Befreiungsbewegungen der Menschheit nur dadurch, dass der Aktionsbereich wesentlich größer ist und die Probleme sehr viel komplexer sind."[19] Die bewegende Kraft einer Minderheit oder auch eines Einzelnen muss immer eine geistige sein. Das Bewußtsein, an einer Entwicklung zum Besseren mitzuarbeiten, macht auch dem Schwachen und Unbedeutenden Mut. Je deutlicher die Probleme des Lebens hervortreten, um so mehr gewinnt der Mensch Kraft für neue Anstrengungen zur Verbesserung der Lebensbedingungen. Die Ziele des Ichs dürfen dabei nicht egoistisch am eigenen Wohlergehen orientiert sein. Die Entwicklung des menschlichen Bewusstseins würde in die gleiche Sackgasse geraten, in der sich so viele Religionen heute befinden.

Das Leben und Schicksal des Einzelnen muss als ein Beitrag zur Entwicklung der Gemeinschaft verstanden werden. Entscheidend ist sein Verhältnis zu anderen Einzelnen, zur Gemeinschaft, denn die Verwirklichung der brüderlichen Gemeinschaft ist eine notwendige Bedingung jeder weiteren Evolution. Jede Ideologie, die das Wohl eines Einzelnen oder einer Gruppe als letztes Ziel anstrebt, führt in die Irre. Und doch ist das Leben des Einzelnen von entscheidender Bedeutung, weil nur Einzelne die Masse in Bewegung versetzen und dazu bringen können, im Plan Gottes für die Welt mitzuarbeiten. Wir müssen unser Leben danach ausrichten, dass wir unsere Aufgabe innerhalb dieses Planes erfüllen und in unserem Bereich als Einzelner und als Glied der Gemeinschaft die Weiterentwicklung der Menschheit auf ihr Ziel hin vorwärtstreiben. Dafür braucht es vor allem ein waches Bewusstsein für die Möglichkeiten des Einzelnen. Er wird sie um so deutlicher erkennen, je mehr er in seinem Lebensbereich die passive Grundhaltung in aktive Teilnahme verwandeln kann. Die Überlegenheit des Menschen beruht auf geistigen und seelischen Kräften, die auf die Dauer gesehen über physische Gewalt triumphieren werden.

Der einer neuen Epoche der Entwicklung ist heute bereits spürbar, und wer diesen Schritt nicht mitvollziehen kann, wird sich vergeblich dagegen sträuben und schließlich von der Entwicklung überrollt werden und untergehen. Die zum Untergang bestimmten Denkvorstellungen und Ideologien werden um ihre Machtstellung kämpfen, und die Kinder der neuen Zeit werden sich dafür einsetzen müssen, dass in dieser Auseinandersetzung nicht zu viel zerstört wird, denn „Die wahre Weisheit ist vor allem gerecht, dabei auch friedfertig, behutsam, einsichtig; sie stellt Nachsicht vor Recht und sucht das Gute; sie ist unvoreingenommen und kennt keine Heuchelei. Denen, die Frieden stiften, wird so auch Friede zuteil werden."[20] Ein waches Bewusstsein wird also von uns gefordert. Wir haben die Gaben dazu, aber bisher haben sie nur sehr wenige eingesetzt. Im gegenwärtigen, entscheidenden Punkt unserer Evolution müssen wir uns auf sie besinnen und sie aktivieren. Daraus muss eine tiefe Menschenliebe entspringen, der das Schicksal der ganzen Menschheit am Herzen liegt. Unsere kleinlichen Einschränkungen und Vorurteile widersprechen dem Willen Gottes, der in uns offenbar werden möchte.

Unser Weg wird hell und sicher, sobald wir dieses Gefühl von der Verbundenheit aller Menschen gewonnen haben. Lionel Curtis hat recht, wenn er sagt: „Keine Gesellschaft kann an sich glauben, wenn sie nicht an ihre Zukunft glaubt. Ebensowenig kann sie so Entwicklungsmöglichkeiten wahrnehmen und planvoll verwirklichen. Die wachsende Verwirrung unserer Welt ist auf dieses Versagen, dem fehlenden Glauben an die gemeinsame Zukunft, zurückzuführen. Nur wer sich klarmacht, wohin die Entwicklung tatsächlich geht und wohin sie eigentlich gehen sollte, kann die Welt aus der Verwirrung führen. Planung gilt heute als das große Allheilmittel, aber vernünftige Planung beginnt mit der Frage nach dem anzustrebenden Ziel für die menschliche Gesellschaft. Auch die täglichen Entscheidungen unserer Politiker müssen unter diesem Gesichtspunkt beurteilt werden. Eine Staatskunst, die ihr Ziel nicht kennt, kann auch die Menschheit nicht weiterführen."[21]

Ein genaues Bild der ganzen Welt und ihrer Zukunft zu entwickeln, ist sehr schwer. Wer vermag zu sagen, wie es auf der Erde nur wenige Generationen nach uns aussehen wird? Die Richtlinien aber, nach denen wir unsere Umwelt gestalten müssen, sollten uns deutlich sein. Unsere Entwicklung muss zur brüderlichen Gemeinschaft führen, weg von Zersplitterung und Gruppenbildung und hin zu Versöhnung und Frieden. Das ist unser Ziel, und je deutlicher uns Gottes Forderung ist, desto nachdrücklicher können wir an seiner Verwirklichung arbeiten.

Über alle Schranken und künstlich gezogenen Grenzen hinweg muss unser Geist offen bleiben. Diese Kraft des Geistes ist mehr als wir selbst; sie ist in uns, und wir alle ohne Ausnahme haben daran teil. Auf ihrer Grundlage bauen wir; sie verleiht unserem Handeln Tatkraft und Nachdruck. Es wäre zu wünschen, dass wir uns nicht so sehr gegen Fremdartiges, scheinbar Feindseliges auflehnen, sondern vielmehr gegen unsere eigenen Beschränkungen. Alles Einengende, Begrenzte in unserem Programm darf uns nicht in erster Linie beschäftigen. Das Umfassende und Allgemeine muss im Mittelpunkt stehen. Wir werden so kultivierter, das heißt, der Geist wird im Aufbau der Gemeinschaft sichtbarer werden.

Es gibt viele, die jede feste Organisationsform ablehnen und ihre Hoffnung auf eine ordnungslose Gesellschaftsstruktur setzen. Leider war in der Geschichte eine feste Organisationsform oft mit Dogmatismus und Unterdrückung verbunden. Aber es ist kurzsichtig, jede Ordnung deshalb zu verurteilen. Auch die Natur lehrt uns, wie sehr feste Lebensformen und Ordnungen Grundvoraussetzung für die höhere Entwicklung sind. Je höher die Entwicklungsstufe, desto komplexer und vielschichtiger sind die inneren Ordnungsstrukturen. Freilich ist mit der Weiterentwicklung auch ein erhöhtes Risiko für das einzelne Lebewesen und seine Umwelt verbunden. Durch die Wandlung des Instinkts in bewussten Willen ist die Fähigkeit zu leiden gewachsen, und nur durch die Umwandlung des eigenen Willens in den Willen des Geistes Gottes wird aus dieser Fähigkeit das Gute. Immer wieder wird es Rückfälle in menschliche Schwachheit geben, aber zu völligem Versagen wird es nicht kommen. Die Lektion wird schließlich doch gelernt werden, und sie wird die Anpassungsfähigkeit verbessern. Das Fundament einer Schönen Neuen Welt kann nicht auf schlammigem Grund erstellt werden.

Arthur Koestler, der gern die hierarchische Ordnung betont, schreibt: „Ein ‚Teil' bedeutet im allgemeinen Sprachgebrauch soviel wie: etwas Fragmentarisches und Unvollständiges, das aus sich selbst keine legitime Existenzberechtigung ableiten könnte. Andererseits betrachten wir ein ‚Ganzes' als etwas, was in sich vollkommen abgeschlossen ist und keiner weiteren Erklärung bedarf. Aber im Grunde *gibt es nirgendwo ‚Ganzes' und ‚Teile' in diesem absoluten Sinn des Wortes*, und zwar weder im Bereich der lebenden Organismen noch in dem der sozialen Organisationen. Was wir vorfinden, sind intermediäre Strukturen auf allen Stufen der Hierarchie, die mit jeder Stufe aufwärts komplexer werden: Sub-Einheiten, die – je nachdem, wie man sie betrachtet – gewisse Eigenschaften aufweisen, die ganzheitlich, und andere, die fragmentarisch sind... Die Sub-Einheiten einer Hierarchie haben – wie der römische Gott Janus – jeweils zwei Gesichter, die in entgegengesetzte Richtungen blicken; das den untergeordneten Teilen zugewandte Gesicht zeigt die Züge eines in sich geschlossenen Ganzen; das aufwärts zum Gipfel der Hierarchie gerichtete die eines abhängigen Teilbildes. Eines ist das Gesicht des Herrn und Meisters, das andere das des Dieners. Dieser *Janus-Effekt* ist ein fundamentales Charakteristikum der Sub-Einheiten in allen Arten von Hierarchien."[22] Es versteht sich von selbst, dass für uns der Endpunkt der Entwicklung nie festzusetzen sein wird. Immer wird es noch ein Darüberhinaus geben. Aber für alles Leben auf unserer Erde muss es, wie für sie selbst, einen Endpunkt geben, der erreicht ist, wenn es seinen Sinn erfüllt hat. Einer hierarchischen Ordnung muss immer ein letzter

Sinn zugrunde liegen. Wir können daraus schließen, dass auch der Sinn unseres Lebens einen umfassenderen Sinn widerspiegelt, dessen Wirken in der Natur offenbar wird und Entscheidungen in eine bestimmte Richtung lenkt.

Dies darf uns jedoch nicht einem Gefühl marionettenhafter Hilflosigkeit ausliefern. Ebenso falsch wäre der überhebliche Glaube, unser Leben ganz nach eigenem Willen und aus eigener Kraft lenken zu können. Wir sind verpflichtet, die Wirkungen zufälliger sowie künstlich gewollter Entwicklung auszuscheiden, um so den Plan der Welt zu erkennen, in den auch wir als verantwortliche Mitarbeiter einbezogen sind. Der Plan Gottes muss uns dabei immer deutlicher werden und ebenso unser Beitrag zu seiner Verwirklichung.

Jetzt wird uns allmählich klar, dass unsere täglichen Aufgaben nur einen kleinen Raum einnehmen innerhalb einer umfassenderen Aufgabe. Doch kann dies nur durch eine einbrechende Offenbarung geschehen. Es kommt vor, dass sich uns für eine schwierige Aufgabe oft plötzlich und unvermittelt eine einfache Lösung zeigt. Verschiedene Umstände mögen dieses Funktionieren unseres Gehirns bewirkt haben, aber es war erst möglich, als alle Daten zu einem sinnvollen Ganzen zusammengetragen waren. Wesentlich für das Ergebnis war die Ausrichtung der Teile auf das eine Ganze, das wir schaffen wollten. Es ist klar, dass wir Einblicke und Lösungen nur für unseren beschränkten menschlichen Bereich erwarten dürfen. Aber je genauer wir unsere Lage erkennen, um so besser ist die Aussicht, die richtige Lösung zu finden. Wenn dagegen falsch programmiert wurde, werden auch die Ergebnisse falsch sein.

Offenbarung entspringt aus dem Zusammenwirken aller dem Menschen zugänglichen inneren Ressourcen. Diese Ressourcen beinhalten die Vorstellung eines umfassenderen Ganzen. Deshalb ist dem Menschen die Möglichkeit gegeben, seine Lage zu durchschauen und so die gesellschaftlichen und politischen Verhältnisse zu verändern. Dabei ist es unerläßlich, dass es Menschen gibt, denen die Zukunft der Menschheit am Herzen liegt und die sich für die Gemeinschaft einsetzen; nur sie werden die Offenbarung empfangen und den Weg zum Ziel einer Welt des Friedens erkennen. Von der Mehrzahl unserer Politiker können wir allem Anschein nach entscheidende Beiträge für den Frieden in dieser Welt nicht erwarten. Machtstreben und egoistischnationale Interessen verbauen den Weg dahin. Das Versagen der Vereinten Nationen und des Völkerbundes zeigt, wie wenig die einzelnen Mitglieder das Wohl aller Völker anstreben. Befriedigende Ergebnisse waren nur dann möglich, wenn gemeinsame Interessen die nationalen überwogen.

Die Evolution ist verbunden mit der Vorstellung vom umfassenderen Ganzen, denn sie bedeutet die Weiterentwicklung zu einer höheren Daseinsform. Die Offenbarung als Mittel der Evolution tritt dann in Erscheinung, wenn dem Unbewussten Raum zu Entwicklung gegeben werden soll. Das Bewußte ist nur eine Daseinsstufe. Es hat der natürlichen Daseinsform die geistige hinzugefügt und diese erweitert. Auf der Stufe des menschlichen Lebens bedeutet Selektion eher ein aktives Auswählen als ein passives Gewähltwerden. Ein Teil des Evolutionsprozesses war die Veränderung der Umwelt und der Lebensbedingungen. Der Mensch hat immer mehr seine Umwelt ausgewählt und nach seinen Bedürfnissen umgeschaffen, so dass eher die Lebensbedingungen dem Menschen angepasst wurden und nicht der Mensch seiner Umwelt. Durch geistige Kraft konnte der Mensch zu seinen Gunsten Selektion betreiben. Sein Bewußtsein erweiterte sich durch wachsendes Wissen. Entsprechend wuchs die Vorstellung eines umfassenderen Ganzen auf geistiger und materieller Ebene. Trotzdem hat sich ungewollt immer eine Auslese vollzogen, denn es gibt Menschen und Gemeinschaften, denen die Vorstellung des umfassenden Zieles bereits deutlicher ist; es ist immer eine für das Neue aufgeschlossene Minderheit, die die Menschheit weiterführt.

Wir haben die Offenbarung als eine plötzlich auftretende Erfahrung betrachtet, die uns bei intensiver Beschäftigung mit unseren Fragen eine Lösung für sie zeigt. Wenn wir die Probleme der Welt lösen wollen, müssen wir uns daher intensiv mit ihnen beschäftigen, damit diese Erfahrung eintreten kann. Die Vorbedingung dafür ist aber ein dringendes Verlangen nach einer Lösung auf diesem Wege. Im irdischen Bereich zeigt sich dieser Wunsch in dem Streben, alle für das umfassende Ganze bedeutungsvollen Teile zusammenzutragen. Wir identifizieren uns so immer mehr mit dem Ganzen. Einigen wenigen Auserwählten wird dies schwerfallen. Sie sind von sich aus bereit dazu, aber ihre Bereitschaft bedeutet weder Macht noch Verdienst.

Hier stellt sich folgende Frage: Ist in der vom Menschen erfahrenen Offenbarung die Absicht Gottes spürbar, ihm immer klarer und bewusster Sinn und Zweck der Schöpfung vor Augen zu führen und ihn zu ihrer Verwirklichung aufzufordern? Wenn wir diese Frage bejahen, so erkennen wir schon aus dem Verlauf der Geschichte Hinweise Gottes auf seinen Plan. Und nicht nur das, wir können auch mit Hilfe unseres Wissens vermuten, wie er verwirklicht werden könnte. Die Religionen, besonders soweit sie durch die Bibel zu uns sprechen, haben Offenbarung immer in diesem Sinn verstanden.

John Macmurray sagt dazu: „Das Wissen über Gott und das Wissen über die Geschichte sind untrennbar verbunden... Sich Geschichte als Handlung Gottes vorzustellen heißt, sie sich als die Verwirklichung seiner Absichten vorzustellen. Weil Gott allmächtig ist, ist der Gedanke unvorstellbar, dass seine Absichten nicht verwirklicht werden würden. Aus diesem Grund bedeutet jede Feststellung der Absichten Gottes auch eine Vorhersage der sich tatsächlich ergebenden Entwicklung; dies gilt auch in Bezug auf die Zukunft des Menschen. Gottes Absicht und menschliche Geschichte ist ein und dasselbe; was uns aber meist fehlt, ist das Verbindungsglied zwischen beiden – die Einsicht, wie die Absichten Gottes in der Geschichte verwirklicht werden. Solange uns diese fehlt, können wir nicht bewusst Gottes Absicht verwirklichen. Wir können uns höchstens als Gottes Werkzeug betrachten, als sein Diener ohne Willen. Freie, mitverantwortliche Mitarbeiter können wir so nicht sein. Der Glaube, der sich dem Willen Gottes blind unterwirft, verzichtet auf den eigenen Willen, anstatt zu versuchen, ihn mit Gottes Absicht in Einklang zu bringen. Auf eine subtile Weise wird so der Mensch Gott ungehorsam, der ihn nach seinem Plan frei erschaffen hat."[23]

Dies ist ein überzeugendes Argument; wir müssen uns nur davor hüten, allzu wortgewandt von Gott und seinem Wirken zu reden. Es ist eine der Schwächen christlicher Theologie, dass sie Offenbarung ansieht als den Weg, auf dem Gott über sich selbst aussagt. Der Mensch kann aber nicht erfassen, wie Gott ist; er kann nur erfassen, wie Gott zu ihm und für ihn ist.

Was als Selbstoffenbarung Gottes angesehen wurde, bedeutet ein Offenbarwerden der Zukunft des Menschen, die er zu verwirklichen bestimmt ist, in dem Maße, wie sie ihm erkennbar wird. Dabei wird er Gott als Lenker des Universums erfahren.

In seiner Erklärung zu Abraham Heschel betont Arthur Cohen, dass die hebräische Bibel das Bemühen Gottes für die Menschen aufzeige. Sie sei nicht ein Dokument über menschliche Gottesvorstellungen: „Die Bibel spiegelt nicht in erster Linie Vorstellungen des Menschen von Gott, sondern Gottes Vorstellung vom Menschen wider. Die Bibel ist nicht die Theologie des Menschen, sondern die Anthropologie Gottes. Was der erleuchtete Mensch, der Prophet, erfährt, ist das Bewußtsein der Nähe Gottes und die Erkenntnis der Berufung."[24] Bei der Suche nach dem, was für uns gut ist, müssen wir fragen, was Gottes Wille für uns ist; wir müssen bereit sein für das, was Gott vorhat. Die Lösungen unserer menschlichen Probleme sind in Gottes Plan enthalten. Wir können ihn nur erkennen, wenn wir uns orientieren an Gottes Willen, uns hoffend ausliefern und uns einer weiterblickenden Einsicht verpflichten, die uns die Menschheitsgeschichte zumindest zum Teil zu übersehen erlaubt, so wie Gott mit der umfassendsten Einsicht das Leben der Menschen auf der Erde überblickt.

Der Hang zur Herrschaft ist uns eingeboren, aber wir müssen diese Kunst erst erlernen, indem wir Gottes Forderungen an uns begreifen. Voraussetzung dafür ist ein neues Verständnis für die Welt, das über jede wissenschaftliche Deutung hinausgeht. Nicht nur unsere physische Entwicklung strebt vorwärts; wir müssen wagen, auch im geistigen Bereich vorwärts zu streben im Vertrauen darauf, dass jede Erfahrung einen Beitrag zur Erhellung des Dunkels in der Welt bedeutet.

3

Zorn und Verzweiflung

Wenn nun tatsächlich der menschlichen Geschichte ein Plan Gottes zugrunde liegt, so ist dies für die Menschheit von größerer Bedeutung als alle wissenschaftlichen Entdeckungen. Wenn in allen unseren Angelegenheiten eine zielstrebige Intelligenz am Werk ist, dann müßten Zweifel und Dunkel aus unserem Denken verbannt sein, auch angesichts unseres Unverständnisses und unserer Unzulänglichkeiten und angesichts aller drohenden Gefahren. Wir könnten dann an das Überleben des Menschen glauben, denn ein allmächtiger Gott hat ihn dazu bestimmt. Diese Vorstellung entspricht unserem Wunschbild nur zu sehr. Sie leuchtet uns mehr ein als der langsame Evolutionsprozess, einem blinden und planlosen Funktionieren der Natur, das höhere Lebensformen sinnlos heranzüchtet. Wir sehnen uns nach einem festen Platz in der Welt, nach Heimat, Haus und Familie. Mit dem Einsamen und dem Ausgestoßenen haben wir Mitleid, ebenso mit denen, die nur dahinvegetieren können und die durch Unfall oder Krankheit vom vollen Leben ausgeschlossen sind. Ein Leben ohne Hoffnung scheint uns schrecklich. Eine Existenz, die für kurze Zeit sich kreisend in der schrecklichen Weite des Alls bewegt ohne ein Wesen, das von ihm Notiz nimmt: Dieser Gedanke ist uns unerträglich.

Ist dies nur ein Wunschbild? Können wir beweisen, dass unser Gefühl sich nicht irrt, dass wir tatsächlich mit einem wirkenden und teilnehmenden Wesen rechnen dürfen? Es gibt einige Argumente, die dafür sprechen. Viele religiöse Denker haben dazu einen Beitrag geleistet, und doch muss man ehrlicherweise zugeben, dass die Ungewissheit geblieben ist. Zweifel und Verzweiflung sind nicht überwunden. Theologie und Metaphysik können den meisten von uns die nötige Sicherheit nicht geben; wir brauchen eine realistische Vorstellung vom Wirken Gottes und seines Plans für die Menschen. Die Religionsgeschichte zeigt, wie leidenschaftlich der Mensch immer zum Glauben bereit war. Unser wachsendes Wissen stellte die vielfach auf unhaltbaren Auffassungen fußenden theologischen Dogmen immer mehr in Frage, ebenso die Überzeugung, dass Gott existiere und die Weltgeschichte nach seinem Willen lenke. Um das Leben zu ertragen, blieb der Menschheit nur – so schien es – eine atheistisch-humane Weltanschauung. Man musste ohne Gott weiterleben in einer Art vernünftiger Verzweiflung, denn Weiterleben ist für den Menschen die einzig mögliche Lösung.

Setzen wir aber mit dieser Feststellung nicht doch in uns eine Kraft voraus, die Gott ähnlich ist? Würden wir sonst weiter unsere Kräfte einsetzen für die Verwirklichung unserer Ideale? Wenn die Kraft des Menschen auch manchmal in Zeiten der Unterdrückung zu unterliegen scheint, lebt sie nicht immer wieder auf? Was bedeutet es, wenn immer wieder gesungen wird „We shall overcome?" Der Selbsterhaltungstrieb ist angeboren, doch stellt sich für uns auch die Frage nach dem Sinn aller Mühe zur Erhaltung und Verbesserung der menschlichen Existenz. Die bloße Tatsache, dass wir uns Ziele setzen, die uns eines unbedingten Einsatzes wert scheinen, deutet darauf hin, dass in uns mehr liegt als nur der Wille zur Selbsterhaltung. Wir werden nicht nur von physischen, sondern auch von geistigen Kräften bestimmt und bewegt. Wir sind mehr als die Summe unserer chemischen Bestandteile. Wir verfügen über Kräfte und erstreben Ziele, die ins Unbekannte führen. Wir setzen uns mit der Gegenwart auseinander und planen für eine Zukunft, die wir selbst nie erleben werden. Vielleicht werden wir einmal mehr wissen über diese Kräfte. Atheist kann nur bleiben, wer diese beunruhigende Tatsache umgeht, weil sie nicht in sein Weltbild passt. Er muss sich vorsichtig bewegen innerhalb seiner dreidimensionalen Welt und sich seines Unglaubens immer wieder versichern, während die Bewegung in unbekannte, noch zu erforschende Gebiete unseres Lebens bereits begonnen hat.

Freilich kann der Atheist von seinem Standpunkt aus sehr leicht rechtfertigen angesichts des oberflächlichen Dogmatismus

Zorn und Verzweiflung 45

der Religionen. Die Wirklichkeit widerlegte die Dogmen so gründlich, dass sie oft genug unglaubhaft wurden. Oft schien der Mensch eher in der Lage, die Welt zu ordnen als der Gott, den anzubeten er aufgefordert wurde. Zwar steht hinter jeder Religion eine hohe Meinung von den Möglichkeiten des menschlichen Geistes, aber die religiösen Institutionen waren immer in Gefahr, diese Möglichkeiten zu verleugnen, indem sie sich selbst als Verwahrer und Verwalter von Mysterien, als autoritäre Instanz definierten und präsentierten und so der Unwissenheit und Leichtgläubigkeit Vorschub leisteten. Verehrung und Verleugnung Gottes waren so ineinander verflochten, dass die Kritik leichtes Spiel hatte.

Gott als der unendlich Andere und Erhabene kann nicht mit Eigenschaften gedacht werden, die dem Menschen nach seiner Erfahrung verächtlich erscheinen müssen. Die alten Griechen wurden ihrer genießenden, zanksüchtigen und neidischen Götter müde. Ihre Philosophen versuchten, Gott lediglich in einem blassen Symbol auszudrücken, das die Bewegungen des Universums deuten sollte. Dem Menschen blieben nur seine Ideale, sein unerschütterlicher Vorsatz, glücklich zu werden und mit Würde zu leben und zu sterben. Was sonst neben Weltflucht und Kopflosigkeit an Lebensgefühl vorhanden war, entspricht der Formel: Haltet die Welt an, ich möchte aussteigen.

Der Rückzug auf die Vernunft und der Wunsch, aus dem Rennen auszuscheiden, sind verständlich. Es wird immer Menschen geben, die in der Beschränkung leben können und solche, die keinen Kampf wagen. Aber für das Schicksal der Menschheit im ganzen ist die Vorstellung der Sinnlosigkeit nicht denkbar. Sie wird immer daran festhalten, dass es eine Macht gibt, die sich für sie einsetzt, die ihr zu Hilfe kommt und sie zum Ziel führen wird.

Damit soll nicht gesagt werden, dass die alten Gottesvorstellungen völlig verfehlt sind, aber sie lenken die Erwartung des Menschen in verkehrte Bahnen. Gott sollte das erstrebte Ziel ohne Umschweife erreichen; er sollte kraft seiner Machtvollkommenheit herrschen und Ungerechtigkeit und Verfehlungen bestrafen. Was dem Menschen unerträglich scheint, muss auch ihm unerträglich sein. Dem Mythos von der Fleischwerdung liegt die Vorstellung vom unmittelbaren Eingriff Gottes zugrunde. Das Versagen des Menschen veranlasste quasi Gott dazu, entscheidend als Erlöser und Befreier in die Angelegenheiten der Welt einzugreifen:

> Ich blickte mich um:
> keiner, der hülfe!
> ich staunte umher;
> keiner, der stützte,
> so musste mein Arm mich befreien[25]

In den Bildern alter Mythen tritt Gott so in die Welt: Er wird gesät in Schwachheit und geerntet in Herrlichkeit, er erscheint als schwacher Mensch und offenbart sich doch als der unbezwingliche Herr.[26] Die christliche Lehre ist den Sagen vom Völkerbefreier und nationalen Wundertäter nahe verwandt, der immer erscheint, wenn die Not am größten ist.

Der Glaube, dass es Gottes Aufgabe sei, Wunder zu vollbringen, ist tief verwurzelt. Goethe meint im Faust ganz richtig: „Das Wunder ist des Glaubens liebstes Kind!" Die Auseinandersetzung zwischen Skeptikern und Glaubenden kreist noch häufig um diese Frage. Der Glaubende lässt sich das Wunder nicht ausreden. Es ereignet sich für ihn auch heute noch; dafür kann er Beweise erbringen. Sein Vertrauen auf helfende Mächte ist auch durchaus berechtigt, wenn auch zu sehr auf seine Gottesvorstellung zugeschnitten – aber Wunder können nicht Gottes einziges Wirken sein, und sie sind kein Beweis für seine Existenz.

Der Glaube, der von Gott in erster Linie magisches Wirken erwartet, steht auf einer niedrigen Stufe, wenn wir ihn auch nicht verachten sollten. Auch der Zusatz, dass Gott die Liebe ist und alle seine Handlungen von Liebe bestimmt sind, hebt ihn nicht weit über diese Stufe empor. Dabei taucht nämlich sofort das Bild des großen weisen Magiers auf, der, wenn er wirklich der ist, der er scheint, die irdische Szene verwandeln wird wie die gute Fee im Märchen. Danach dürfte es heute nur noch Liebe geben auf der Welt; Arme und Leidende wären erlöst und Hochmut und Selbstsucht bestraft. Die Vorstellung von Gott, als dem Allmächtigen, steht im Widerspruch mit dem immer erneuten Sieg des Bösen und mit dem Leiden der Menschheit. Die Kritiker haben es leicht in ihrer Ablehnung eines Gottes, der so blind, so mitleidlos ist, dass er seine Macht nicht ausübt.

Wir können uns nicht darauf berufen, dass die Macht Gottes

Zorn und Verzweiflung

nur wirksam werde, wo Glaube sei, und dass der Glaube eben ein Geschenk sei. Denn weshalb sollte das Geschenk nicht allen gegeben werden? Weil, so hören wir dann, jeder den Glauben in freiem Willensentscheid annehmen muss. Damit ist das Gleichgewicht wieder gewahrt. Gottes Geschenk muss erbeten sein, anders kann der Mensch nicht in den Genuß von Gottes Milde kommen. Wie verträgt sich dies mit der Würde des Menschen und mit seiner Achtung vor einem Gott, der nur dem bittenden Bettler gibt?

Wir stehen also vor der Schwierigkeit: Entweder gibt es einen Gott, der wohl etwas für den Menschen tun könnte, der aber nicht eingreift, bevor er nicht in aller Form darum gebeten wird, oder es gibt keinen solchen Gott und der Mensch muss für sich selber sorgen, wobei die Frage bleibt, wo er die Fähigkeit dazu hernehmen soll.

Aber diese Schwierigkeit löst sich von selbst. Wir müssen uns nur von unserem Machtdenken lösen, so sehr es auch unsere Vorstellung von Gott beherrscht. Die Verheißung der Schlange, „ihr werdet sein wie Gott", hat auch uns in die Irre geführt. Für uns bedeutet Gottsein soviel wie Macht haben. Deshalb haben wir Machtblöcke errichtet, politische, wirtschaftliche und militärische. Wir sind beeindruckt von der Macht der Massen, der Macht des Geldes, der Macht der Weißen, der Macht der Schwarzen, der Macht der Studenten usw. Und doch sollten wir gelernt haben, dass nur selten die Ausübung von Macht der Allgemeinheit zugute gekommen ist. Lord Acton sagte: „Alle Macht korrumpiert. Absolute Macht korrumpiert absolut." Unsere Abgötter haben ebenso versagt wie die Götter der Griechen auf dem Olymp. Sie haben mit diesen einige wenig anziehende Eigenschaften gemeinsam. Die Unmenschlichkeit des Menschen wuchs durch die Erkenntnis, dass die vorhandenen Möglichkeiten zur Verwandlung der Welt in einen Garten Eden nicht nur nicht genutzt wurden, sondern dass die Mächtigen ihre Macht dazu mißbrauchten, immer neue Kriege zu führen, ihre Konflikte rücksichtslos auszutragen und das Chaos noch zu vermehren. Kein Wunder, dass bei den Bedrohten Verzweiflung und Empörung wächst.

Wir sollten uns bedingungslos zum Atheismus bekennen, wenn der von uns gesetzte Gott ein Gott der Macht und der Wunder ist. Einer der „Götter" unserer Tage drückt dies so aus:

„Die Ausübung der Macht mit Waffengewalt, die kriegerische Lösung der Probleme ist unsere zentrale Aufgabe und die höchste Form der Revolution."[27] Wir sind damit in unserer Gottesvorstellung nicht viel weiter gekommen. Wir vergessen immer wieder, dass, wer sich auf die Macht verläßt, sich der Macht unterwerfen muss, und dass, wer herrscht, durch die Herrschaft umkommen wird. Macht mit Macht zu bekämpfen ist kein Weg zur Rettung; es ist der Weg zur Abhängigkeit für den Sieger wie für den Unterworfenen. Gott, und die, die ihn verehren, sollten nicht auf den Einsatz von Blitz und Donner bauen. Jakob Burkhardt schreibt: „Macht aber ist an sich böse, sie ist kein Beharren, sondern eine Gier und eo ipso unerfüllbar, daher in sich unglücklich und muss also andere unglücklich machen."

Aber Gott ist mehr als der Mensch in mehrfacher Potenz, unsere Lage wäre sonst hoffnungslos und die Menschheit der Selbstvernichtung ausgeliefert. Er hat sich auch zu keiner Zeit in die Bedingungen und Konventionen unserer Existenz gefügt. Aber er erweitert unseren Erkenntnisbereich, so dass wir uns mehr und mehr an ihm ausrichten können. Wir sind zwar noch weit entfernt von dem ersehnten Ziel, aber nicht weil wir vernachlässigt und vergessen worden wären, sondern weil wir noch zu wenig wissen von Gottes Wirken in uns, durch das unsere Zukunft verwirklicht werden soll.

„Nicht durch Macht oder Stärke, sondern durch meinen Geist, spricht der Herr."[28] Der Gott, der alles Lebendige umfasst und dem die Geschichte ein Weg zur Erlösung ist, wird uns zu größerer Vollkommenheit führen.

Diese Erkenntnis ist in gewissem Sinn älter als die Menschheit, denn die Wahrheit, die der Mensch nie anders als annäherungsweise ausdrücken kann, ist älter als der Mensch, älter als alles Leben auf der Erde, älter als die Sterne und das Universum. Diese Wahrheit lebt in uns und in den entferntesten Sternen und Sonnensystemen. Denn im Innersten ist unser Wesen und damit auch das der Sterne angelegt für das Leben, das heißt für den Weg der Vernunft, der Liebe und des schöpferischen Handelns. Das eigentliche Wesen des Menschen und jedes Seins der Welt strebt empor zur Erkenntnis dieser Wahrheit. Diese Überzeugung ist weder verstiegene Phantasterei noch haltloses Wunschdenken. Es ist die Überzeugung des gesunden Menschenverstandes. Wir müssen das Wesen des Geistes in seinen

Zorn und Verzweiflung

zahlreichen Erscheinungsformen als Einheit erkennen. Nur das kann uns davor bewahren, uns einseitig zu engagieren und damit das Ganze zu verraten. Wir müssen seine Wahrheit in allem Menschlichen erkennen, sein Wesen, das uns in jedem Mann und in jeder Frau jeweils persönlich geprägt, aber immer liebenswert gegenübertritt.

Im Laufe der Geschichte hat die Menschheit nicht nur auf dem Gebiet der Technik und der Naturwissenschaften Fortschritte gemacht. Auch die Auffassung über soziale und ethische Probleme hat sich mitentwickelt, ebenso die Überzeugung von der persönlichen und gemeinschaftlichen Verantwortung und der Verpflichtung, sich gegenseitig Hilfe zu leisten. Der Traum vom ewigen Frieden hat immer wieder zu neuen Bemühungen geführt Auch unsere Vorstellung von den Menschenrechten, die so oft unmenschlich gebrochen worden sind, hat sich entwickelt. Angesichts der Begrenztheit unseres Lebens verzweifeln wir oft an diesen Zielen. Wir sind unzufrieden, wenn wir keine Erfolge sehen. Wir setzen oft kurzsichtig falsche Mittel ein, um die richtigen Ziele zu erreichen. Wir haben die Macht benützt, um schneller ans Ziel zu kommen.

Am schwersten fällt uns die Einsicht, dass Gott sich nicht von uns unter Druck setzen lässt; er lässt sich nicht zu Wundertaten und zum unmittelbaren Eingreifen zwingen. Wenn wir dies von ihm erwarten – und dem Dogma von der Menschwerdung liegt diese Erwartung zugrunde, so belasten wir ihn mit unseren eigenen Beschränkungen und unterschieben ihm unser Zeitbewusstsein. Wir verstehen nur schwer, dass der Weg, der uns der rechte scheint, sehr wohl ein Umweg sein könnte. Ohne Glauben können wir nicht existieren, nicht weiterkämpfen. Wir müssen dabei mehr Einsicht gewinnen in den Plan Gottes; es muss uns deutlich werden, dass unsere Anliegen ein Teil seines Planes sind; und wir sind dafür ausgerüstet, immer mehr von diesem Plan erkennen zu können.

Klarheit über das Ziel der Geschichte bedeutet heute in dieser kritischen Periode eine enorme Chance. Die zu lösenden Probleme erscheinen dann in einem Licht, das uns neue Lösungsmöglichkeiten erkennen lässt.

Ich erinnere hier an die Äußerungen der Internationalen Beratergruppe in Genf über die Ursache des gescheiterten Friedens 1919-1939, die zu Beginn des Zweiten Weltkriegs veröffentlicht wurden. Diese Gruppe hat die geistigen Faktoren nicht übersehen und kam zu folgendem Schluss: „Es zeigt sich immer deutlicher, dass die Krise der westlichen Kultur im tiefsten Grund eine geistige Krise ist, die darauf zurückzuführen ist, dass es an großen gemeinschaftlichen und zwingenden Überzeugungen fehlt und dass keine der sich bekämpfenden Ideologien mächtig genug ist, eine echte Integration herbeizuführen. Überall blickt der Mensch aus nach einem neuen Verständnis der Welt. Die einzelnen Gesellschaftssysteme in den verschiedenen Ländern hängen so sehr voneinander ab, dass harmonisches Zusammenleben nur möglich ist, wenn eine geistige Grundlage gefunden werden kann, die auf den Menschenrechten basiert und auf einer von allen akzeptierten Gesellschaftsform, so verschieden die Völker sonst auch sein mögen ... Die Schwierigkeit der gegenwärtigen Situation besteht im Grunde darin, dass wir keinen Weg sehen zu einer geistigen Einheit."[29]

Wenn der menschliche Geist an der Grenze seiner Möglichkeiten angelangt ist, wie H. G. Wells es ausgedrückt hat,[30] verhallt dann sein Hilferuf unbeantwortet im unendlichen Raum? Stehen wir wirklich als letztes Glied in der Kette jahrtausendealter geistiger Tradition dem Nichts gegenüber?

Die Vorstellung, dass Gott an einer bestimmten Stelle irgendwo im Weltraum thront, können wir nicht mehr aufrecht erhalten. Wir müssen zu neuen Vorstellungen kommen, nur dann können wir auch Neues über sein Wirken in unserem Lebensbereich erfahren. Die Menschheit hat auch die Vorstellung überwunden, dass die Erde eine Scheibe sei und die Sonne sich um sie drehe. Weshalb sollten wir nicht auch althergebrachte theologische Vorstellungen überwinden?

Wir müssen daran glauben, dass die Antwort auf den Hilferuf des menschlichen Geistes schon vorhanden war, bevor er an die Grenze seiner Möglichkeiten geraten war. Gott unterliegt nicht unserem Zeitgefühl. Er lebt nicht wie wir von Tag zu Tag; er entscheidet und handelt nicht erst, wenn es die Umstände erfordern. Sein Leben verläuft nicht parallel zu dem unseren. Wenn wir sagen, dass Gott hört und antwortet, so meinen wir damit, dass wir aus geistigen Quellen Kraft schöpfen, die er uns zugänglich macht. So erfahren wir auch, wie wir das ersehnte neue Verständnis der Welt und ihrer Geschichte erreichen. Die Forderungen, die Gott an uns stellt, und unsere Aufgabe in der

Zorn und Verzweiflung

Geschichte werden uns auf diese Weise deutlich. Wenn wir so Gott befragen, eingedenk des Wohles der ganzen Menschheit, eingedenk seines Willens und eingedenk unserer Aufgabe, seinen Willen zu erfüllen, so wird uns offenbart werden, was wir zu tun haben. Das Bild, das den Menschen zeigt, wie er trotzig die Faust gegen einen ehernen und machtlosen Himmel erhebt, mag dramatisch wirkungsvoll sein, aber es entspricht nicht der Wahrheit, wie jeder schöpferisch tätige Mensch, jeder Erfinder und Entdecker weiß.

Sicher besteht eine Beziehung zwischen Bedürfnissen und der Entdeckung der Mittel, um sie zu befriedigen. Das Wirken der Natur vollzog sich lange bevor der Mensch auf der Erde erschien, und erst mit der fortschreitenden Entwicklung der menschlichen Gesellschaft tauchten immer neue Bedürfnisse auf, die den Menschen zur Forschung antrieben. Auch die Zeiten großer sozialer Veränderung erbrachten unter dem Druck der Notwendigkeit neue Ideen. Wenn die etablierte Ordnung ins Wanken gerät, wenn Zweifel und Unsicherheit herrschen, dann werden neue Lösungsmöglichkeiten entwickelt. Von dieser Einsicht zum Glauben ist nur ein kleiner, wenn auch ein entscheidender Schritt nötig: Der Glaube erkennt im Ablauf der Geschichte einen göttlichen Plan, nach dem uns neue Entdeckungen geschenkt und ermöglicht werden, wenn wir sie am dringendsten brauchen.

Vielleicht fragt sich mancher, was an diesem Schritt so bedeutsam ist. Wenn uns die Probleme dieser Welt bewegen und wir ernsthaft nach Lösungen suchen, dann ist dieser Schritt von entscheidender Wichtigkeit auch in unserem persönlichen Leben. Der Glaube schenkt uns eine neue geistige Einstellung. Die Hinwendung zu Gott hilft uns, die Dinge nicht nur von unserem Standpunkt aus zu sehen; sie macht uns frei von Egoismus, Feindseligkeit und Vorurteilen. Unser Streben ist nicht mehr vergiftet durch Abneigung, Hass und Eigennutz. Wir begnügen uns nicht mehr mit oberflächlicher Hilfe, die die Not bestenfalls lindern, im schlimmsten Fall aber auch vergrößern kann. Keine der herrschenden Ideologien kann eine echte Integration herbeiführen, weil jede Idee, die Gewalt, Zwang, Lüge und Verleumdung toleriert, die eine Gruppe, Partei, Nation oder Rasse zum Nachteil anderer privilegiert, sich auf diese Weise der Möglichkeit beraubt, eine echte und umfassende Lösung zu finden. In

Gottes Plan gibt es weder Gewalt noch Vorurteile. Da keiner von uns vollkommen ist, können wir auch keine vollkommene Antwort auf unsere Fragen erwarten. Aber wir können unsere Schwächen weitgehend überwinden, wenn wir unser Denken auf unser Ziel ausrichten. So wird uns vielleicht klar werden, was zum gemeinsamen Wohl der Menschheit getan werden muss. Damit würden wir ein Stück vorankommen auf dem Weg des Geistes innerhalb unserer Grenzen, die uns in unserer Erfahrung und unserem Wissen gesetzt sind. Die Stufen von Gottes Plan werden nur allmählich offenbar werden, so wie die Evolution sich stufenweise vollzieht, wie das Bewußtsein des Menschen sich stufenweise ausweitet und entwickelt. Wir erkennen, wie einige Menschen ihrer Zeit voraus waren, auch wenn sie durch ihre Zeit geprägt erscheinen. Propheten, Reformer und Wissenschaftler gehören dazu. Wir können uns bemühen, ihre Gedanken zu verstehen, bis die Zeit zu ihrer Verwirklichung da ist. Die Weltlage, die keine Abkapselung mehr erlaubt und die lange Geschichte, auf die wir zurückblicken können, ermöglichen es uns, den Plan Gottes und seine Forderungen deutlicher zu erkennen. Unsere verzweifelte Lage einerseits und unsere Bereitschaft andererseits verhilft uns dazu.

Die Geschichtsphilosophie hat große Anstrengungen unternommen, die Menschheitsgeschichte zu verstehen und ihre Zukunft zu sichern. Letztere ist durch die Gefahr der Selbstausrottung in Frage gestellt. Dieses Problem beschäftigt besonders die Jugend, die sich jedoch oft leichtgläubig jeder Glaubensbewegung anschließt, allzu leichtfertig zum Aufstand aufruft, in Gleichgültigkeit und Drogensucht oder in verzweifeltes Sich-Ausleben flüchtet. Die Religionen sind für viele als Teil des Systems unglaubwürdig geworden. Aber in allen Alters- und Gesellschaftsgruppen gibt es noch die ernsthaft Suchenden, und wer vermag zu sagen, dass, was sie suchen, nicht doch zu finden ist?[31] Wo aber finden sie Führung? Sicher nicht bei irgendeiner geschichtsfremden Lehre, denn im Bereich des Geschichtlichen müssen wir die Rettung finden. Wir müssen einen Ausweg entdecken und zwar im Diesseits, nicht erst im Jenseits. Dies führt uns zum Volk der Hebräer, dem Volk, das vor allen anderen Völkern an Gottes Wirken in der Geschichte geglaubt hat und an seinen Plan, zu dem sie sich bekennen und der die Welt zum Frieden führen wird.

4

Messianismus

Ein neues Verständnis der Welt kann nicht im luftleeren Raum erworben werden. Wir müssen dabei unsere Erfahrung der Geschichte als die eines Evolutionsprozesses auswerten. Die Geschichte der Naturwissenschaft und Technik erscheint uns als ein solcher Entwicklungsprozess. Wir spüren gerne der Entwicklung einzelner Dinge durch die Jahrhunderte hindurch nach. Schwieriger wird es, wenn wir die Geschichte als Ganzes betrachten; hier scheuen wir uns, ihren Verlauf unter das Gesetz der Evolution zu stellen, denn das bedeutet, dass sie auf ein bestimmtes Ziel, auf irgendeine Erfüllung zustrebt. Das bedeutet auch, dass uns die Geschichte des Menschen als Teil eines Planes erscheint, und dies ist nur denkbar, wenn wir an die Existenz Gottes glauben. Die Geschichte hat Sinn und Ziel, weil in ihr Gott am Werk ist.

Berdjajew schreibt: „Die Griechen hatten kein eigenes Geschichtsbewusstsein entwickelt. Ihr Geschichtsbegriff ging auf das Bewusstsein und den Geist des alten Israel zurück. Die Juden haben den Begriff des Historischen in die Weltgeschichte gebracht."[32] Herberg geht auf diesen Punkt noch näher ein: „Der hebräische Geist, wie wir ihn in der Schrift vorfinden, sieht die Geschichte als einen großen und bedeutsamen Prozeß, der von Gott, dem Gott der Geschichte, gelenkt wird... Die Geschichte ist ein fortlaufendes Theaterstück, ein einziges großes Drama, unter einem Gott; so entwickelt sich die Idee von der Einheit der Geschichte als Weltgeschichte. Weil die Geschichte von Gott gelenkt wird, hat sie Sinn und Ziel. Die Ziele

Gottes werden im Laufe der Zeit in der Geschichte verwirklicht; die verheißene Erlösung, der endgültige Sieg des Lebens, liegt zwar außerhalb der Geschichte, aber nur weil sie zugleich die Erfüllung und Vollendung der Geschichte ist. Sie ist nicht die Negation der Zeit, sondern eine ‚neue Zeit', in die das historische Leben erlöst und verwandelt eintritt. Von hier aus erhält der Geschichtsbegriff Ernst und Bedeutung, überall da wo hebräischer zu spüren ist. Nur das lebendige Empfinden für die Zukunft ermöglicht ein lebendiges Geschichtsbewusstsein."[33] Diese Wachheit für die Zukunft war, wie Herberg meint, das Verdienst der hebräischen Propheten. Die Propheten waren die ersten eigentlichen Geschichtsphilosophen. Das hebräische Zukunftsbild war aber im allgemeinen nicht auf das Unerreichbare und Phantastische ausgerichtet. Es enthielt nichts, was nicht aus der Geschichte, aus den Traditionen und Überlieferungen vergangener Erfahrungen und dem Verständnis der Gegenwart abgeleitet werden konnte. In erster Linie orientierte es sich also nicht am Unberechenbaren, sondern an begangenen Fehlern, die wieder gesühnt werden mußten und die den Menschen von Gott und seinem Ziel entfernt hatten. Das soziale und politische Bewußtsein wurde so gestärkt, denn Gottes Ziel war die Verwirklichung von Gerechtigkeit und Barmherzigkeit. Die Herrschaft dieses Gottes in der Welt wird bejaht, weil der Mensch dieses Ziel bejaht. So könnte das Reich Gottes verwirklicht werden, wenn Gottes Wille auf der Erde erfüllt würde. Dies wäre der Höhepunkt der Geschichte, aber nicht ihr Endpunkt.

Die Hebräer verdankten ihre Überzeugung von der Einheit und vom Sinn und Ziel der Geschichte nur ihrem Glauben an Gott als dem Vater aller Menschen. Dieser Glaube gab der Geschichte Sinn und Bedeutung. Geschichte war ihnen aber nicht nur Evolution nach vorgegebenen Gesetzen. Der Mensch sollte sich nicht blind, angeborenen Instinkten folgend, auf sein Ziel zu entwickeln. Sein höherer Bewusstseinsstand bedurfte der Führung und Erleuchtung; doch musste er wählen und sich in Freiheit aus eigener Einsicht für das Gute entscheiden. In fortschreitendem Maße war der Mensch genötigt und befugt, sein Ziel zu erkennen, so dass er an seiner Verwirklichung mitarbeiten konnte. Er musste Einsicht darin gewinnen, welche Mittel ihm dazu gegeben waren. Der Plan Gottes sollte in wachsendem

Messianismus

Maße deutlich werden und gleichzeitig die Erkenntnis für die Art seines Wirkens wachsen.

Wir können uns fragen, ob es Zufall war, dass gerade die Hebräer diesen Geschichtsbegriff gefunden haben. Könnte er ihnen nicht gegeben worden sein, damit Gottes Plan für die Menschheit durch sie gefördert werde? Viele Nichtjuden glauben daran, dass das Geheimnis Israels der Schlüssel für die Lösung unserer heutigen Probleme sein könnte.

„Die Geschichte Israels", sagt Joseph Jacobs, „ist der große lebende Beweis für das Wirken Gottes in der Welt. Als einzige Nation hat Israel an allen großen geschichtlichen Bewegungen teilgenommen. Wenn der langen Geschichte Israels kein Plan Gottes zugrunde liegt, suchen wir im Leben des Menschen vergeblich danach."[34]

Die ganze jüdische Geschichte ist so eigenartig, so ungewöhnlich, dass keine rationale Deutung sie erschöpfend erklären kann. Die Juden wirkten auf ihre Umwelt immer wie eine ständige Herausforderung, und keine Gesellschaft, die auf Vorurteilen, Intoleranz und Ungerechtigkeit aufgebaut war, konnte dies verkraften. Ihr Anderssein, ihr Anspruch, Vollzieher eines göttlichen Auftrags zu sein, machten sie notwendigerweise zu Außenseitern und zu einem ständigen Unruheherd. Als ein einzigartiges Volk sind sie durch die Zeiten gegangen. Sie haben die Gegenwart ertragen um der Zukunft willen, eine Zukunft, die nicht nur ihnen, sondern mit ihnen der ganzen Menschheit Gerechtigkeit bringen sollte. Ihr einziger Imperialismus war ihr Anspruch auf die Welt, nicht in ihrem Namen, nicht im Namen einer Partei oder einer Gruppe, sondern im Namen Gottes, der sie geschaffen hat, dem sie Rechtens gehört.

Ein Jude konnte deshalb frei von Nationalismus, ganz natürlich und objektiv schreiben: „Als die Harfe Judas erklang, aufgeweckt durch Gottes Eingebung, waren unter den Stimmen, die sie erweckte im menschlichen Herzen, jene süßen Laute, die die Seele in das Reich der Glückseligkeit bringen. Diese Melodie war die Quelle unseres Mutes, unser Trost und unsere Stärke, und auf allen unseren Wanderungen haben wir sie gesungen. Es ist die Musik des messianischen Zeitalters, das Siegeslied, das eines Tages von der ganzen Menschheit angestimmt werden wird, der wahre Lebenspsalm, den alle Menschen singen werden, wenn Israels Aufgabe als Lehrer der Welt erfüllt ist. Seine

Harmonie ist die Harmonie der Familien der Erde, die endlich im Frieden, endlich vereinigt in Brüderlichkeit, endlich glücklich zu dem einen großen Vater zurückgekehrt sind."[35] Als ein Bewohner vieler Länder, ein Bürger vieler Staaten, muss ein Jude, der seinem Judentum gerecht wird, vor allem Weltbürger sein. Seine Vorstellungs- und Ideenwelt ist auf das Wohl der ganzen Weltgemeinschaft gerichtet. Wenn wir einen Beweis für die Existenz Gottes und seines Planes für die Menschheit brauchen, dann müssen wir ihn in der hebräischen Geschichte suchen, die in eigenartiger und besonderer Weise unseren Glauben bestätigt.

In den alten Überlieferungen finden wir jedoch nicht nur die Erkenntnis vergangener Zeiten. Die Propheten sahen manches unter den bestimmten Bedingungen ihrer Zeit und haben es im Namen Gottes entsprechend verkündet und weitergegeben. Wir müssen das Zeitlose in ihrer Verkündigung heraushören und ihre Forderung an uns verstehen. Die Weissagung der Propheten ist keine genaue Zukunftsvorhersage. Sie erfüllt sich nicht wörtlich und zwangsweise. Dies widerspräche der von Gott gegebenen Selbstbestimmung des Menschen und würde den Glauben zum Aberglauben degradieren, wogegen sich auch die Propheten gewandt haben.[36] Was sie erkannten, war ein geschichtlicher Ablauf, sein Ziel, Gottes Absicht in den Veränderungsprozessen und die Mittel zur Verwirklichung des Planes. Wir finden heute in ihrer Verkündung manches, was sie nur halb oder falsch verstehen konnten. Jede Erkenntnis wird durch die Persönlichkeit des Verkünders geprägt und beeinflusst.

Wenn wir die hebräische Geschichtsphilosophie unter einen Begriff stellen sollen, so ist dies der Messianismus, d. h. die Lehre von der Politik Gottes.

Es ist kein Zufall, dass in unserer krisenhaften Zeit das Interesse am Messianismus sehr stark gewachsen ist. Dies ist zum Teil auf die christliche Eschatologie zurückzuführen, die durch die katastrophale Lage in dieser Welt neu belebt wird. Der Glaube an die Wiederkehr Christi hat auch in anderen Religionsgemeinschaften Anhänger gefunden. Aber bei Juden wie Christen fehlt ein positives, d. h. aktives Verständnis des messianischen Gedankens. Seit der Zeit des Nationalsozialismus beschäftigt die Juden vor allem die Frage des Überlebens und alle Kräfte konzentrieren sich auf die Schaffung und Erhaltung des Staates

Messianismus

Israel, während die Christen mit theologischen Problemen ringen und sich um einen neuen Zusammenhalt bemühen, der das Christentum vor dem Untergang bewahren kann.

Hier möchte ich Pater Lev Gillet zitieren, einen tiefschürfenden christlichen Denker der russisch-orthodoxen Kirche, der sich ganz besonders der messianischen Frage gewidmet hat. Dies sind seine Worte:

„Die christliche Einstellung zum Messianismus ist ziemlich eigenartig. Die Christen glauben an die Person des Erlösers. Trotzdem wirkt sich dieser Glaube bei ihnen viel weniger aus als bei den Juden. Ihr Mangel an messianischem Bewußtsein entwickelt zwei Formen. Der Glaube daran, dass Jesus der Messias war, ging weitgehend verloren, ebenso die Erwartung des kommenden Messias. Der griechische Name Christos bedeutet ‚Gesalbter' und ist die wörtliche Übersetzung des hebräischen Meschiah. Nun ist aber die Vorstellung von einem Gesalbten ausgesprochen jüdisch. Sie rückte entscheidend in den Hintergrund, als die Christenheit ihre palästinensische Heimat verließ und eine nichtjüdische Religion wurde... Christen, die von Christus reden, vergessen meist das semitische Wort und die Vorstellungen, die sich damit verbinden. Sie vergessen, dass Jesus vor allem der Messias war. Diese Vorstellung ist ganz aus ihrem Denken verschwunden... Da sie die ursprüngliche Bedeutung des Wortes ‚Christus' verloren haben, haben die meisten Christen auch die messianische Perspektive verloren, d.h. die Erwartung der Zukunft Gottes, die Ausrichtung auf das ‚was kommt'... Tatsächlich hat die christliche Eschatologie in der letzten Zeit im theologischen Denken entscheidende Impulse erhalten, aber diese Neubelebung hat die christlichen Massen und ihre praktische Frömmigkeit kaum beeinflusst.

Trotzdem wäre eine Verständigung im Rahmen des messianischen Gedankens zwischen Juden und Christen möglich, wenn beide von einer gemeinsamen messianischen Hoffnung und Erwartung getragen würden... Und vielleicht leichter noch als durch das Medium der Gedanken könnte sich diese Verständigung ausdrücken durch den Weg der praktischen Zusammenarbeit. Viel könnte erreicht werden durch Juden und Christen, die in der Erwartung der Erlösung gemeinsam denken und handeln."[37]

Für uns ist die Erkenntnis wichtig, dass die Probleme der

Welt deshalb so ausweglos erscheinen, weil die beiden auf die Zukunft ausgerichteten Glaubensgemeinschaften, Judentum und Christentum, weitgehend den Glauben an einen Messias und die daraus resultierenden Aufgaben und Verpflichtungen ablehnen. Sie denken egozentrisch und finden kein Wort des Trostes und der Hilfe für die Menschheit, weil sie vergessen haben, was ihnen in Wirklichkeit zu tun aufgegeben war. Sie haben jetzt die letzte Gelegenheit, zu ihrer Aufgabe zurückzufinden. Dies bedeutet, dass sie sich zusammenschließen müssen, nicht als Fusion zweier Religionen, sondern als Bekenntnis zu dem Volk Gottes. Wenn sie jetzt versagen, so wird dies nicht den Plan Gottes in Frage stellen, aber es würde bedeuten, dass ihr Anteil daran denen übertragen wird, die besser für diese Aufgabe geeignet sind.

Die Spaltung des Gottesvolkes geht zurück auf die frühen Tage der Christenheit. Ich habe sie in meinen vorangehenden Büchern „Planziel Golgatha" und „Unerhört, diese Christen" ausführlich beschrieben. Man sollte sie kennen, um den Charakter des messianischen Gedankens zu verstehen, wie ihn Jesus empfunden und ausgedrückt hat, und um zu sehen, wie die christliche Kirche diesen Gedanken verworfen und durch eine neue Religion ersetzt hat, in der er als Gott angebetet wird. Auch die Juden verwarfen den Messianismus, wie ihn Jesus bezeugt hatte, den Messianismus, der uneingeschränkte Liebe zur ganzen Menschheit forderte und damit die Überwindung von Nationalismus und Feindseligkeit gegenüber jeder Art von Provokation.

Diese Vereinigung wird sicher auf große Schwierigkeiten stoßen. Das Christentum als Religion muss überwunden werden, ebenso der jüdische Nationalismus. Nur die Neuentdeckung des messianistischen Gedankens und die Einsicht, dass durch ihn ein Weg zur Rettung der Menschheit vor der Katastrophe gefunden werden kann, kann dazu verhelfen. Der leidenschaftliche Wunsch zu helfen muss so stark sein, dass dem Plan Gottes nichts im Weg stehen darf. Die Wiederherstellung der Einheit des Gottesvolkes und das Bekenntnis zu der übertragenen Aufgabe beginnt mit einer radikalen Abkehr vom bisherigen und einer Umkehr zu neuem Denken. Sowohl Juden als Christen tragen den Messianismus als Erbe mit sich und damit, wenn sie es nur wollen, die Fähigkeit, ihn neu zu verstehen. Sie können ihn verwirklichen oder beiseite schieben wie seither. Die Entscheidung liegt bei ihnen.

Der uralte Glaube an ein Reich Gottes unter den Menschen wird sich trotzdem verwirklichen, denn er hat eine Kraft, die die Schranken von Staat und Kirche sprengen und den Menschen bewegen kann, sich für den Fortschritt der Menschheit mit dem Ziel einer geeinten und verwandelten Welt einzusetzen.

Aber weil dieser Glaube und seine Verpflichtung so lange im Hintergrund stand, muss er wieder deutlich gemacht werden, damit klar wird, was er heute von uns fordert. Wenn wir von einem Plan Gottes reden, so müssen wir sein Wesen kennen. Wir müssen seine Eigenarten und seine Entwicklung kennenlernen.

Der Messianismus geht auf den Begriff des Messias zurück, einem jüdischen Führer, der zu einem bestimmten Zeitpunkt einen notwendigen Beitrag zum Fortgang dieses Planes leistet. Aber der Plan war niemals auf ihn allein ausgerichtet. Der Messias war nie der einzige und einzigartige Retter der Welt. Der Plan besteht aus vielen Teilen, ausgerichtet auf das Volk Gottes, durch das alle Völker mit dem Willen Gottes in Einklang gebracht werden. Der Messias steht zu seinem Volk in einer bestimmten Beziehung, so wie das Volk selbst zur ganzen Menschheit in einer bestimmten Beziehung steht.

Zwischen Christen und Juden hat es in der Auffassung von dieser Sache viele überflüssige Konflikte gegeben: die Juden verstehen unter „Messias" mehr einen kollektiven Begriff, die Christen eine bestimmte Person. Der messianische Gedanke soll eigentlich bei seinem Volk das Bewußtsein der Verpflichtung zum Einsatz für das Reich Gottes wieder erwecken. Er soll in Israel den Glauben an den Auftrag Gottes fördern, der die Rettung der Menschheit zum Ziel hat. Auf diese Weise ist der Messias der Retter der Menschheit, aber nur durch den Einsatz von Gottes Volk. Er ist für sein Volk eine Einzelperson und sein Volk ist für die Menschheit ein messianisches Volk.

Die Stufen des Planes lassen sich bereits in der Bibel erkennen. Diese Sammlung von Büchern führt uns in seinen Charakter ein. Hier hören wir Menschen verschiedener Zeiten im Namen Gottes sprechen, im festen Glauben, dass ihre Erfahrungen und Erkenntnisse auf einer Beziehung zwischen dem Unsichtbaren und dem Sichtbaren, zwischen Gott und Israel beruhten. Aus der Erfahrung, das auserwählte Volk zu sein, wuchs eine

Gemeinschaft, eine Verpflichtung, an der Verwirklichung der Absichten Gottes auf der Erde mitzuarbeiten. Dies machte die Aussage der Bibel so erregend:
Hört, die Welt erwacht,
suchend, unruhig, erregt.
Ein neues Jahrhundert erwacht
zu neuen Hoffnungen und neuen Visionen.
Menschen hören auf den Bergen
seltsame und lebensspendende Stimmen.
Jede Seele scheint zu warten
und von jenem Buch wird das Signal
für den neuen Tag kommen.[38]

Die Bibel unterscheidet sich von den schriftlichen Zeugnissen der großen Religionen durch die einzigartige Mischung von Religion und politischer Geschichte, durch ihr Verständnis der Welt und ihre Spannweite, vom Beginn bis zum Ende der Zeit. Es hat im Vorderen Orient andere Völker gegeben, die zwischen Religion und dem Lauf der Geschichte einen Zusammenhang sahen, aber sie und ihre schriftlichen Dokumente haben nicht überlebt wie Israel und seine Bibel.

Es war ein großes Unheil, dass die Verehrung der Bibel oft zu Götzentum führte. Sie durfte weder Fehler noch Mängel, weder Irrtümer noch Widersprüche enthalten. Selbst heute verschließen sich viele den zwingenden Beweisen, die sich im Lauf der Zeit angesammelt haben und aus denen hervorgeht, dass die Bibel alle Zeichen menschlicher Schwäche und menschlichen Versagens trägt. Sie ist kein einheitliches Werk, sondern eine Sammlung von Büchern, die aus verschiedenen Zeiten stammen und unterschiedlichen Wert haben, mit zahlreichen Überlieferungsfehlern. Sie sind oft überarbeitet und redigiert worden. Jedes Dokument in der Sammlung muss spezifisch untersucht und bewertet werden. Man findet darin Legendenhaftes und Tendenziöses, ja sogar Verfälschtes.

Die Bedeutung der Bibel liegt nicht darin, dass sie die ewige Wahrheit Gottes ein für allemal ausspricht, sondern vielmehr darin, wie in ihr ein Zweck und ein Ziel enthüllt wird, der der Geschichte der Menschheit Sinn gibt. Der Glaube an diesen Sinn, auf den hin von einer Generation zur anderen die geschichtlichen Ereignisse bezogen und gedeutet wurden, kennzeichnet die hebräische Überlieferung.

Messianismus

Offenbarung vollzieht sich in der Erkenntnis, dass ein Gott in allen menschlichen Belangen wirksam ist. Dieses Wissen gibt die Gewissheit, dass der Mensch für ein großes Ziel bestimmt ist, und dass seine zögernden Schritte immer deutlicher darauf zu geführt werden. Das verstehen wir unter Messianismus, und diese Idee gibt der Bibel Zusammenhang und Bedeutung.

Von einem Plan Gottes zu reden bedeutet also, an den Willen Gottes zu glauben, nach dem die Menschheit ihr vorbestimmtes Ziel erreichen soll, zu dem ihr der Weg gezeigt werden wird. Dieser Weg kann nicht mit der Bibel enden, weil wir das Ziel noch lange nicht erreicht haben. Ebenso kann das Phänomen der Offenbarung nicht vor etwa zweitausend Jahren sein Ende gefunden haben. Wir können heute mehr wissen als die Propheten, mehr sogar als der Messias Jesus. Der Plan hat seine Gültigkeit nicht verloren, aber die Bedingungen für seine Verwirklichung haben sich gewandelt. Wir müßten eingestehen, von den Verheißungen der Bibel in die Irre geführt worden zu sein, wenn wir nicht zu erkennen vermöchten, wie sie in unserer Zeit sich erfüllen können. Eingedenk dieses Planes müssen wir unsere heutige Notlage meistern und dabei die Geschichte der letzten zweitausend Jahre zu Rate ziehen.

Die Erkenntnisse der biblischen Zeit dürfen uns nicht verleiten, sie als langfristige Zukunftsvoraussagen zu verstehen. Die Bibel ist kein Schicksalsorakel, wie immer wieder geglaubt wurde und wird. Dieser Mißbrauch der Bibel mag denen, die sich mit ihr in dieser Weise beschäftigen, eine gewisse Befriedigung vermitteln; er zeigt aber im Grunde nur, wie schwer es für viele ist, über den Aberglauben hinauszuwachsen. Das wahre Sehertum der Bibel ist völlig anderer Art. Es liegt in der Zusammenschau von Ereignissen der Zeitgeschichte und den Zielen von Gottes Plan. Soweit es dabei Aussagen über die entfernte Zukunft wagte, geschah es meist in Bildern, die dem Volk und seinen Führern als Verheißung vor Augen geführt wurden. Offenbarung besteht nicht in einer bestimmten Weisung Gottes, sondern in der Hinführung unseres Geistes zum besseren Verständnis der Welt und des Willen Gottes. Wir können es uns deshalb ersparen, die biblischen Texte als exakte und beständige Vorhersage genau nach ihrem möglichen Vollzug zeitlich zu ordnen. Von den hebräischen Propheten können wir etwas lernen von der großen Linie des Geschehens, von der unaufhaltsamen und zielbewussten Entwicklung der Menschheit und dem Zusammenhang mit den Trägern der Verpflichtung, Gottes Absichten zu fördern.

Der Messianismus taucht zum ersten Mal auf in der Zeit der hebräischen Monarchie, einem Zeitabschnitt, der etwa vierhundert Jahre andauerte (von etwa 1000 bis 586 v. Chr.). Als er begann, hatten sich die Stämme Israels gerade zu einer Nation zusammengeschlossen, wenn auch untereinander nur lose verbunden. Erst unter König David wurde ein Staat geschaffen mit der Hauptstadt Jerusalem. Das Vereinigte Königreich hielt sich nicht lange und nach Davids Sohn Salomo wurde es in zwei Königreiche, Israel und Juda, aufgeteilt. Israel wurde vernichtet im Jahr 722 v. Chr., aber Juda bestand bis 586 v. Chr.

Das monarchische System und die religiöse Zentralisierung führte zu einer inneren Festigung, so dass sich die hebräischen Reiche mit anderen politischen Bildungen im Mittleren Osten messen konnten. Handel und Diplomatie steigerten die Kommunikation und schafften die Voraussetzung für die Schaffung nationaler Archive und Bibliotheken. Dies führte zu gesteigerter literarischer Aktivität und zur Pflege der Überlieferung. Gesänge, Hymnen und Sprichwörter wurden gesammelt, die Niederschrift der Geschichte vorbereitet, die Gesetze aufgezeichnet; die Regierungszeiten der Könige wurden festgehalten, ebenso die Aussagen der Propheten. Es gab Reste schriftlicher Überlieferung aus der Vergangenheit, daneben ein Reichtum an mündlicher Tradition und Hilfsquellen aus den Nachbarvölkern, die verwertet werden konnten.

So brachte die Zeit der hebräischen Monarchie eine blühende Literatur. Ein Großteil der hebräischen Bibel einschließlich der Bücher Mose nahm in dieser Zeit Gestalt an.[39] Die Worte des Pentateuch sind daher nicht unbedingt sehr viel älter als die Worte Jesajas oder anderer Propheten. Die messianische Idee wurde unterstützt durch die Lage des kleinen, zwischen den Großmächten wie Ägypten und Assyrien eingezwängten hebräischen Königreichs. Die Israeliten sahen sich einer Welt gegenüber, die durch Macht und Aggression, Hochmut und Arroganz sowie große Klassenunterschiede bestimmt wurde.

Mit den vielseitigen Problemen eines Staatswesens waren die Hebräer nicht vertraut und an das Zeremoniell und die vielschichtige Struktur einer Zivilisation nicht gewöhnt. Sie waren im Grunde immer noch Nomaden, denen die aufgeklärte und kultivierte Lebensweise der Stadtbewohner fremd war. Ihr Erbe war das Gesetz der ungezähmten Natur, der schlichte Glaube und die Sorge um jedes Stammesmitglied. In der religiösen und politischen Umgebung einer seßhaften Existenz ergaben sich Versuchung und Ablenkung. Die Absicht, eine Nation wie andere zu werden, stieß auf Rückschläge und unerwartete Schwierigkeiten. Die Hebräer entdeckten, dass sie, trotz aller Bemühungen, sich doch nicht in diese Umwelt einfügen konnten.

Ihre Form des Monotheismus paßte nicht zu der Mythologie und dem rituellen Kult ihrer polytheistischen Nachbarn, auch wenn sie manches von ihnen übernahmen. In den überlieferten Erzählungen waren die Helden nicht große Herren und Herrscher, sondern Menschen, die sich durch ihre einfache Frömmigkeit auszeichneten. Ihre Taten spielten sich meist im Rahmen des Stammeslebens und seiner Bräuche ab. Sie waren deshalb sehr viel wirklichkeitsnaher, viel persönlicher, unverwechselbar verschieden zu den Stadtbewohnern. Dieser Gegensatz tritt in ihren Beziehungen zu anderen Kulturen zutage. Die hebräischen Berichte von der Schöpfung und den Anfängen der Nation zeigen eine erfrischende und ergötzliche Vertrautheit mit Gott und eine ehrliche Beurteilung des menschlichen Verhaltens.

Zwingend notwendig war es für die Hebräer, sich Rechenschaft zu geben über ihren Platz in der Welt. Ihre volkstümlichen Erzählungen deuteten darauf hin, warum sie anders waren als die übrigen Völker. Gott hatte sie dazu auserwählt, seine Ziele in der Welt zu verwirklichen. Sie hielten sich nicht für besser als andere, aber sie glaubten, dass sie einen einzigartigen Beitrag für das Wohl aller Nationen zu leisten hätten. Ihre Stärke lag nach ihrer Meinung in ihrer Schwäche, ihr Ruhm in dem, was sie von Gott und seinen Wegen lehren konnten. *

In den Zeiten, in denen die messianische Idee Gestalt annahm, kämpften die umliegenden Nationen um die Vorherrschaft, oder sie schlossen sich zu Bündnissen zusammen, um der Eroberungssucht Widerstand zu leisten. Auch die Herrscher der hebräischen Königreiche wurden in diese Auseinandersetzungen verwickelt.

Ständig waren Kriegsheere in Bewegung; erbitterte Schlachten wurden gekämpft. Die hebräischen Propheten verkündeten, dass dies nicht Gottes Plan für die Menschheit war. So entstand ein Zukunftsdenken, das in seinen Forderungen noch heute den Menschen als Leitbild dienen kann.

5

Das priesterliche Volk

Die Bibel bedeutet dem Juden insofern etwas Besonderes, als er in ihr die Geschichte seines Volkes und alte Elemente seiner Religion und seiner Kultur bewahrt findet. Sie gehört ihm auf eine Weise, wie sie niemand anderem gehören kann. Für Christen ist sie in erster Linie der Bericht vom Werden und Wachsen der Beziehung zu Gott, der in der Offenbarung Gottes in Christus gipfelt, ein Bericht über den Prozeß der Erlösung durch den Glauben, durch den das verlorene Paradies wiedergewonnen wird. Die Juden spielen in dieser Entwicklung zwar eine besondere Rolle, aber sie bereiten nur den Weg für die übrige Menschheit. Die alte Religion muss der neuen weichen.

Dieser unterschiedliche Ansatz wirkt sich aus auf das, was Juden und Christen in der hebräischen Bibel, im sogenannten Alten Testament, suchen und finden. Auf der einen Seite handelt es sich um soziale und politische Lösungsversuche, durch die die Menschheit zu einem friedlichen Zusammenleben geführt wird, während auf der anderen Seite der einzelne für ein himmlisches Leben vorbereitet werden soll. Die Fragestellungen sind jedoch nicht ganz gegensätzlich, in mancherlei Hinsicht überschneiden sie sich; aber die Schwerpunkte sind doch grundsätzlich verschieden.

Als Jude hat mich die Bibel in meiner Jugend gefesselt als Dokument des göttlichen Planes, durch den mein Volk zu einer Sendung für die Menschheit geschult wurde, deren Ziel es war, unter der Führung eines Messias den Krieg zu beenden und die Welt unter Gottes Herrschaft zu vereinigen. Ich war von Anfang an vom messianischen Gedanken überzeugt. Aus diesem Grund begann ich, das Leben Jesu zu studieren und lernte ihn schließlich auf eine Weise zu verstehen, wie es wenige Juden und auch wenige Christen tun. Er war für mich nicht der Jesus des Christentums, der seine messianische Sendung vergessen hatte, sondern er war ein Jude, der die Wurzel, das Herz und den Geist des Messianismus in sich trug. Er faszinierte mich so, dass ich mich mit Freude seiner Gefolgschaft anschloß, ohne aber den christlichen Glauben anzunehmen, denn in ausgedehnten Untersuchungen wurde ich mit dessen Irrtümern immer besser vertraut. Das Zeugnis Jesu allein war es, wodurch mir immer deutlicher wurde, was der messianische Gedanke heute von uns verlangt; es machte mich bereit für die Erkenntnis: hier ist das Bild eines Volkes gezeichnet, das zum Dienen und Helfen bereit ist. Diese Vorstellung will ich, so gut ich kann, weitergeben.

Nach meinem im Vorwort beschriebenen Erlebnis wandte ich mich zunächst an die Bibel und machte dabei einige Beobachtungen, die mir bislang nicht aufgefallen waren. Ich war nicht voreingenommen, denn ich war vertraut mit den Erkenntnissen der modernen Naturwissenschaft und der Archäologie. Haltlose Phantastereien lagen mir fern. Der geschichtlichen Lage und den damaligen Lebensumständen galt mein besonderes Interesse. Ich stützte mich bei dem, was ich zu sagen hatte, nach Möglichkeit auf verfügbare Daten.

Auch Nationen haben so etwas wie Persönlichkeit. Sie äußert sich in ihrem Selbstverständnis und in besonderen Charaktereigenschaften, die auch unterschiedlichen Stimmungen unterworfen sind. Eine kleine Nation kann von sich mit dem gleichen Stolz reden wie eine große. Auch sie kann ehrgeizige Pläne entwickeln. Sie kann andere beherrschen, wenn sie die Macht dazu hat, und sie wird ihren Ansprüchen Nachdruck zu verleihen versuchen, indem sie diese als gottgewollt darstellt oder aus einer Ideologie herleitet. Das verstehen wir unter Imperialismus.

Die dreißiger Jahre dieses Jahrhunderts, die Zeit, in der ich um Klarheit rang, wurden beunruhigt durch drei Formen nationaler Selbstüberschätzung: Das faschistische Italien nährte den Traum, den Glanz des alten römischen Kaiserreiches wiederherzustellen und hatte eine neue Staatsideologie verkündet. Benito Mussolini schrieb: „Für den Faschisten liegt alles Heil beim Staate; es gibt außer ihm nichts Menschliches oder Geistiges;

nichts zählt außerhalb des Staates. In diesem Sinn ist Faschismus totalitär, und der faschistische Staat, die Synthese und Einheit aller Werte, gibt dem ganzen Leben des Volkes Kraft, indem er es zu sich selbst führt und ihm zum Sieg verhilft."[40] Deutschland hatte unter Adolf Hitler die Herrenvolk-Doktrin des Nazismus hervorgebracht. Ein christlicher deutscher Theologe konnte sagen: „Eine neue Bewegung, voll Leben, ist in unserer Mitte aufgebrochen, die nicht nach Weltbürgertum und universaler Kultur strebt, sondern nach einer Kultur, die mit dem Volk verbunden ist... Was es an geistigen Werten hervorbringen kann, ist nur möglich durch die Entwicklung seiner ureigenen Kultur, die aus Blut und Boden stammt, und durch die Vernichtung dessen, was dem widerspricht und sich als Gift erweist."[41]

Im Fernen Osten verkündeten die Japaner eine Große Japanische Weltlehre. „Das Volk und die Götter, die in der Doktrin des Kodo Omoto zusammengefaßt sind, arbeiten nur darauf hin, diese größte und erhabenste Aufgabe zu erfüllen, die Welt unter der Herrschaft des Kaisers von Japan zu vereinigen... Wir zielen einzig darauf ab, den Kaiser von Japan zum Herrscher der ganzen Welt zu machen, denn er ist der einzige Herrscher in der Welt, der eine geistige Mission innehat, die ererbt ist von den entferntesten Vorfahren in der göttlichen Welt."[42]

Nach der Bibel geschieht jedoch das Wirken Gottes in der Geschichte, so wie es die Hebräer verstanden, auf ganz andere Weise. Es bedeutet nicht rassische Überlegenheit oder durch Krieg und Unterwerfung errungene Herrschaft. Die Sprecher Israels protzten nicht mit den Tugenden ihres Volkes: sie verdammten seine Laster, weil sie für die Verwirklichung von Gottes Plänen für die Menschheit fürchteten. Dieses Volk war auserwählt nicht dazu, andere Völker zu tyrannisieren, sondern um sie zu dem einen Gott und Vater der ganzen Menschheit zu führen. Wenn Israel seine Aufgabe erfüllen würde, so würden die Völker aus freiem Willen nach Zion kommen, um auf den Weg zu Frieden und Gerechtigkeit gewiesen zu werden.[43]

In der Zeit der Monarchie sahen die Weisen Israels in den Anfängen der Nation den Beweis eines einzigartigen Ziels. Es war erstmals ausgesprochen worden in der Weisung Gottes an den Vorfahren Abraham, Mesopotamien zu verlassen und ins Land Kanaan zu ziehen. Es wurde ihm verheißen, der Stammvater eines großen Volkes zu werden, durch das „alle Nationen der Erde gesegnet würden".[44] In früher Zeit tritt hier ein Plan zu Tage, der ein Volk, dessen Größe im Dienen liegen sollte, in priesterliche Pflichten zum Wohle der Menschheit einsetzte. Er wurde bekräftigt durch Gottes Wort an Mose auf dem Berg Sinai: „Ihr werdet mir sein ein Königreich von Priestern und ein heiliges Volk."[45] Israel unterscheidet sich von anderen Nationen durch sein Auserwähltsein zum Dienen. Deshalb führte die Staatsgründung zu der bitteren Erfahrung der Knechtschaft unter einer der Großmächte der alten Welt. Es war eine harte Lehrzeit, aber sie lehrte, dass der Dienst vor Gott anders ist als Dienstbarkeit unter Menschen, nicht degradierend und beschämend: er zeigt sich in uneigennütziger Liebe. Es war in den Gesetzen Israels ausdrücklich festgelegt: „Du sollst einen Fremden nicht unterdrücken."

„Den Gastsassen quäle nicht:
ihr selber kennt ja die Seele des Gasts,
denn Gastsassen wart ihr im Land Ägypten."

„Wenn ein Gastsasse bei dir in eurem Lande gastet,
plackt ihn nicht,
wie ein Sproß von euch sei euch der Gastsasse,
der bei euch gastet,
haltet lieb ihn, dir gleich,
denn Gastsassen wart ihr im Land Ägypten."[46]

Wenn wir unter diesem Aspekt die wirtschaftliche Organisation des alten Israels betrachten, so erkennen wir darin eine Struktur, die für das Zusammenleben der ganzen Welt von Bedeutung ist. Sie ist in den Büchern Mose beschrieben. Israel erscheint hier als eine Welt im kleinen.

Wir erfahren, dass einer der zwölf Stämme Israels, der Stamm Levi, dem Mose angehörte, für priesterliche Aufgaben ausgewählt war. Um die Zahl der Stämme wieder auf zwölf zu ergänzen, wurde der Stamm Joseph aufgeteilt in Ephraim und Manasseh, die Stämme der Söhne Josephs. Wie Israel als priesterliches Volk für die Nationen ausgewählt war, so wurde Levi auserwählt zum priesterlichen Stamm für Israel. Grundzüge des messianischen Denkens zeichnen sich schon in dieser Aussonderung ab. Aaron und seine Söhne wurden so für ihr Priesteramt *gesalbt*.[47] Israel wird Gottes geliebter

Das priesterliche Volk

Sohn und sein Erstgeborener genannt, und alle Erstgeborenen sollten Gott geweiht werden. Anstelle dieser Erstgeborenen wählte Gott aber die Leviten aus, den Gottesdienst im Heiligtum zu leisten. Im Gegensatz zu den anderen Stämmen sollten die Leviten im versprochenen Land keinen Grund und Boden besitzen:

> „Zu jener Frist hat ER auch den Lewizweig
> ausgeschieden
> zu stehn vor IHM, ihm zu amten und mit Seinem
> Namen zu segnen,
> bis auf diesen Tag,
> deshalb wurde dem Lewi nicht Anteil und Eigentum
> bei seinen Brüdern,
> Er ist sein Eigentum, wie Er dein Gott ihm geredet
> hat."[48]

Wenn das heilige Zelt der Versammlung in der Wüste aufgeschlagen wurde, schlugen die Leviten ihr Lager darum auf, während von den anderen Stämmen drei nach Norden, drei nach Süden, drei nach Osten und drei nach Westen lagerten.[49] Auch diese Anordnung kann eine messianische Bedeutung haben: Levi entspricht Israel, dem erwählten priesterlichen Volk, die übrigen Stämme Israels entsprechen den Bewohnern der Erde, die nach allen Himmelsrichtungen hin gesegnet werden.

An anderer Stelle schaut Balaam, der heidnische Seher, herunter von den Hügeln auf die Zelte Israels und ruft aus:

> „Da, ein Volk, einsam wohnt es,
> unter die Erdstämme rechnet sich nicht."[50]

Es ist eine seltsame Vorstellung: ein von allen anderen Völkern isoliertes Volk, das mit einer Aufgabe betraut ist, die nicht ihm selbst gilt, sondern allen anderen Völkern, die zu segnen es berufen ist.

Eine heilige Nation und ein Volk von Priestern zu sein, in einem heiligen Land wie in einem Tempelbezirk zu wohnen, geheiligt durch den Gehorsam gegenüber den göttlichen Geboten und dazu ausersehen, der Menschheit Gottes Willen mit Liebe und Redlichkeit zu übermitteln: dieses Bild wurde den Kindern Israels immer wieder vor Augen geführt. Auf diesem Hintergrund stellte sich auch der Plan Gottes zuerst dar.

Seine Forderungen waren berechtigt, aber seiner Verwirklichung standen große Schwierigkeiten entgegen. Israel lebte unter kriegerischen, dem Götzendienst huldigenden Völkern. Die Beziehungen mit den Nachbarvölkern führten in große Versuchungen, und der Existenzkampf kostete viel Kraft. Die Forderung, ein isoliertes, ein von allen anderen grundverschiedenes Volk zu sein, schien manchmal unerfüllbar.

Wir lesen in der Bibel, wie die Hebräer zu dem bejahrten Propheten und Richter Samuel kamen und einen eigenen König forderten. Auch nachdem sie darauf hingewiesen wurden, wie die nichtjüdischen Könige ihre Untertanen behandelten und was sie zu erwarten hätten, bestanden sie auf ihrem Wunsch:

„Nein,
sondern ein König sei über uns,
dass wir werden, auch wir, wie die Erdstämme alle,
richten soll uns unser König,
ausfahren soll er vor uns her und unsren Kampf kämpfen."[51]

Das Volk bekam, was es verlangt hatte, aber die Chronisten erkannten darin eine Abkehr von Gott. Sein Plan musste sich in seinen Zielen unverändert unter anderen Bedingungen weiter entwickeln.

Zur Zeit der großen Prüfung Israels unter den Monarchien Israel und Juda sahen auch die Propheten keine Möglichkeit, das Volk für die Aufgabe, die Gott ihm übertragen hatte, aufzurufen. Voll Trauer berichtet der Chronist: „Ebenso begingen alle höchstgestellten Priester und das Volk Sünden auf Sünden in der Weise der heidnischen Götzengreuel und entweihten das Haus, das der Herr in Jerusalem geheiligt hatte. Zwar sandte der Herr, der Gott ihrer Väter, durch seine Boten..., weil er Erbarmen mit seinem Volke fühlte und seine Wohnstätte ihm leid tat, aber sie verhöhnten die Boten Gottes und verachteten seine Drohungen und trieben ihren Spott mit seinen Propheten, bis der Grimm des Herrn gegen sein Volk so hoch stieg, dass keine Heilung mehr möglich war."[52]

Die Vorstellung, das Volk Gottes zu sein, war nahe daran unterzugehen. Wie sollte sie unter solchen Umständen überleben? Die Klage des Propheten Elia ist typisch für die resignierende Stimmung dieser Zeit:

„Eifrig geeifert habe ich für DICH, den Umscharten Gott

Das priesterliche Volk

—
verlassen haben die Söhne Jissraels deinen Bund,
deine Schlachtstätten haben sie zerscherbt,
deine Künder mit dem Schwert umgebracht,
ich allein bin übrig
so trachten sie mir nach der Seele, sie hinweg zu nehmen."
Aber ihm wurde geantwortet:
„Siebentausend in Jissrael lasse ich als Rest,
alle Knie, die sich vor dem Baal nicht bogen,
allen Mund, der ihn nicht küßte."
Siebentausend waren tatsächlich eine Minderheit! Aber dieser Rest von Getreuen wog die Resignation auf. Er stand dafür, dass der alte Glaube nicht untergehen würde. So meint ein anderer Prophet:
„Denn noch ist es Schau auf die Frist,
doch es haucht dem Ende zu,
es täuscht nicht."[53]
Wenn Gott für die Menschheit einen Plan hatte, so durfte auch der Glaube der Menschen daran niemals verschwinden. Das Wissen darum musste erhalten bleiben, bis einmal ein Volk bereit war, seine Forderungen auf sich zu nehmen.

Die Seher sprachen nun von einem Reich im kleinen, das aus dem geduldigen, gläubigen und leidenden Rest Israels bestand. Seine Aufgabe war, als ein Volk von Priestern beispielhaft zu leben, die Überzeugung aufrechtzuerhalten, dass die Umkehr Israels die Rettung bringen musste, und in überzeugendem Ton und erhabener Sprache Gottes endlichen Sieg verkünden. Ihnen zu Hilfe und als ihr eigentlicher Sprecher und Führer sollte dann ein edler König aus dem Geschlecht Davids, des Dieners Gottes, kommen.

Die Lehre vom Restvolk entwickelte sich nach der Rückkehr der Juden aus der babylonischen Gefangenschaft. Sie kam als Trost und Ermutigung zu einer Zeit, als Tausende niedergeschlagen und mutlos, von den medopersischen Königen freigegeben, in ihre Heimat zurückkehrten. Der Hauptträger der Lehre war Deutero-Jesaja.[54] Sie entwickelte sich in den folgenden Jahrhunderten weiter und erreichte, wie wir sehen werden, ihren Höhepunkt in einem Messianismus, der auf einem umfassenden Konzept auserwählter messianischer Persönlichkeiten und den Heiligen des Höchsten als dem auserwählten Volk aufbaute.

Diese Lehre ist als „Offenbarung des Messianismus an die Gesellschaft" und als „das Gegenteil einer Massenbewegung" verstanden worden. T. W. Manson meint: „Das Restvolk – das ist die Idee des Menschensohnes als kollektiver Ausdruck für den verbliebenen Kreis der Getreuen – ist in dieser Situation verpflichtet zum Dienst und zum Opfer, nicht als passives Überleben, sondern als aktive Leistung, die allein eine bessere Zeit herbeiführen kann."[55] Die Lehre entwickelte sich so vom Statischen zum Dynamischen; aber wie vor Zeiten hält sie daran fest, dass die Errettung von den Juden ausgehen wird.

Bei Deutero-Jesaja tritt die seltsame und eindrucksvolle Gestalt des leidenden Dieners Gottes sowohl einzeln als auch kollektiv auf. Der Mann der Schmerzen ist vom Volk der Schmerzen nicht zu trennen. „Ich glaube", schrieb Max Margolis, „dass Israel von Gott als sein gesalbter Diener dazu erwählt wurde, den Völkerfamilien die Wahrheit zu verkünden, und – auch verachtet und verschmäht von den Menschen – dazu berufen ist, als Zeuge Gottes zu wirken, bis das Königreich des Friedens, die sittliche Höhe, die wahre Erkenntnis Gottes und die Gemeinschaft aller Kinder des lebendigen Gottes verwirklicht ist."[56]

Was können wir daraus schließen? Die Juden stehen bis auf den heutigen Tag unter dem Eindruck der Lehre vom Restvolk. Sie haben in dieser Haltung jahrhundertelang Qualen, Hass, Verfolgung und Zerstörung erduldet, ohne die Hoffnung aufzugeben, denn sie wussten, dass ihr Überleben notwendig zu Gottes Erlösungsplan für die Menschheit war. Immer sahen sie vor sich das Bild einer erlösten Welt, dessen Verwirklichung all die endlosen Leiden rechtfertigen würde.

Es gibt jedoch auch eine Kehrseite dieser Lehre, und auch diese ist in der Bibel belegt, nämlich der Protest gegen das Auserwählt-sein, gegen das Schicksal, anders als andere Völker sein zu müssen. Immer wieder haben Juden versucht, ihr Judentum als eine untragbare Bürde abzulegen und immer wieder sind sie durch die Ablehnung der Umwelt wieder zurückgezwungen worden. Rational ist das Auserwählt-sein kaum zu erfassen. Weshalb sollten Juden anders sein als Nichtjuden, anders als die übrige Menschheit? Warum dieses Anderssein? Nur eben um

Das priesterliche Volk 73

des Besonderen willen, etwa nur als Musterfall eines lebenden Anachronismus? Auch für die Nichtjuden war das Überleben des Judentums ein Problem, insbesondere seit das Christentum mit dem Anspruch auftrat, die Juden als das Volk Gottes abgelöst zu haben. Es mußten Konflikte entstehen, wenn die Juden immer noch daran festhielten, das Geheimnis der Erlösung der Menschheit von allem Bösen bei sich zu bewahren.

Die Juden sollten ihren Anspruch unter Beweis stellen im gemeinschaftlichen Einsatz bei der Lösung der Menschheitsprobleme! Sie haben auf vielen Gebieten im individuellen Bereich ihre Fähigkeiten bewiesen, wo aber bleibt heute bei der Schaffung eines israelischen Staates ihre Weisheit und ihre Humanität? Sie benehmen sich so kurzsichtig, so aggressiv wie jedes Volk. Man kann den Völkern der Erde nicht länger vormachen, dass die Juden als Volk mehr wollen, als in Ruhe, nicht durch Vorurteile eingeengt, ihren eigenen Weg gehen zu können. Doch werden sie nie Ruhe finden, solange sie den Anspruch, eine entscheidende Rolle im Erlösungswerk der Menschheit zu spielen, nicht verwirklichen.

Der Antisemitismus wurzelt nicht nur in der Tatsache des Andersseins der Juden, sondern auch in der Enttäuschung über ihr Versagen, das Anderssein zu rechtfertigen, indem sie die Völker auf den Weg des Friedens führen. Die Welt, so schien es, blieb ihrem Schicksal überlassen, als das Opfer eines unerfüllten Versprechens. Die Juden malten der Menschheit das Bild einer erlösten Welt, aber dann schreckten sie zurück vor ihrer Verpflichtung und entzogen sich der an sie gestellten Forderung.

Man kann die Dinge aber noch anders sehen. Wir müssen feststellen, dass der Ruf an Israel, wie er in der Bibel dargestellt ist, nicht zum Ziel hatte, eine Religion namens Judaismus zu schaffen. Der göttliche Plan, dem Israel verpflichtet war, forderte nach der Schrift, den Nichtjuden ein Licht zu sein, ein priesterliches Volk, das den Völkern dienen und ihnen den Willen Gottes für das Schicksal der Menschen übermitteln und vorleben sollte. Die Geschichte beschreibt das Versagen des jüdischen Volkes vor der Verantwortung. Auf eine Ausnahme werden wir später zurückkommen. Dieses Versagen spricht nicht gegen den Plan, aber er kann nicht verwirklicht werden, solange nicht ein Volk bereit ist, ihn auszuführen. Israel bleibt das Volk, dem der

Plan zuerst mitgeteilt wurde, und wenn die Bereitschaft zum Handeln gegeben wäre, so könnte Israel auch heute noch bei aller Ausdehnung und Kompliziertheit der Weltprobleme dazu beitragen. Das Überleben der Juden war von wesentlicher Bedeutung und entscheidend dafür, dass das Wissen um Gottes Plan nicht untergehen konnte.

Auch die Christenheit war in die Weiterführung des Planes einbezogen; auch sie hat in der Praxis versagt. Sie hat zwar einen großen Beitrag zur weltweiten Verbreitung der Bibel geleistet, aber ohne das Fortbestehen des jüdischen Volkes wäre die Bibel nicht so aufgenommen worden. Weil die Juden als eine zeitgenössische Realität existierten, konnte die Bibel nicht als etwas abgeschlossen Vergangenes missverstanden, sondern als eine lebendige Kraft erfahren werden, die immer gegenwärtig war und sein würde. Man konnte Juden begegnen, sie beobachten, verabscheuen oder bewundern, und ihr Schicksal war immer interessant, gelegentlich sogar mit dem Nimbus prophetischer Zeichen umgeben. Mochte die Kirche auch das Jenseitige in den Mittelpunkt stellen, so würde sie stets an die irdischen Pläne Gottes für die Menschheit gemahnt werden, solange es Juden gibt. Die Juden waren und sind stets der eindringliche, erregende Beweis dafür, dass die Wirksamkeit einer geheimnisvollen Vorsehung, das Schicksal des Menschen betreffend, mehr als ein altes Ammenmärchen ist. Sie erinnern, unbequem aber heilsam, auch an die Tatsache, dass Jesus, der Christus, ein Jude war.

6

Der heilige König

Die Rückkehr der Juden aus der babylonischen Gefangenschaft war kein großartiges Ereignis, wie es in der Sicht der Propheten erschienen war. Ihr Land war ein Teil des medo-persischen Reiches. Trotz eines beträchtlichen Maßes an Autonomie war es nicht unabhängig. Die Stimmung des Volkes war gedrückt und bei allem Mut, bei aller Zähigkeit, die es beim Wiederaufbau Jerusalems und des Tempels bewies, blieb die schmerzliche Erinnerung an die untergegangene große Zeit lebendig. Propheten, Priester und Schriftgelehrte versuchten eine religiöse Erneuerung, aber die Verzagtheit des verbliebenen kleinen Volkes war zu groß. Es war keine Zeit mitreißender Überzeugungen und großer Hoffnungen. Das Joch des persischen Herrschers war leicht, materieller Wohlstand war unschwer zu erringen, doch gab es nichts, was ein gemeinsames zielgerichtetes Streben hätte wieder erwecken können. Die alten Träume und Visionen standen in den heiligen Büchern, die nun liebevoll zusammengestellt und als nationales Erbe weitergegeben wurden. Die Sammlung wurde durch neue Schriften ergänzt; die hebräische Bibel nahm Gestalt an. Die Gestaltung der Zukunft aber wurde vernachlässigt.

Es verging ein Jahrhundert, dann ein zweites. Die Juden lebten zufrieden mit ihrer priesterlichen Herrschaftsordnung. Man pflegte Wissenschaft und Literatur, kulturelle Belange und philosophische Spekulationen. Das jüdische Denken bereicherte sich durch Gedanken aus Ost und West. Im religiösen Bereich wurde mehr aufgenommen als weitergegeben. Der Missionsgedanke war fast ganz vergessen, und die Mahner, die den großen und schrecklichen Tag des Herrn ankündigten, wurden kaum beachtet.

Für das Walten Gottes in der Geschichte war diese Zeit keineswegs unfruchtbar. Sie glänzte durch neue Weisheit, Wissenschaft und neues menschliches Selbstverständnis. Zarathustra und Gautama wirkten aus dem Osten. Griechenland und Ägypten gaben ihr Wissen und ihre Kunst. Der Gesichtskreis der Juden erweiterte sich wie nie zuvor. Ein erweiterter, weniger isolierter Lebensraum entstand. Das enge Stammesdenken trat in den Hintergrund.

Das medo-persische Reich zerbrach, aber es hatte Ost und West in einer neuen Synthese vereint. Da erschien wie ein Meteor Alexander der Große, der universalistische Geist und große Eroberer. Plutarch schrieb über ihn: „Alexander wollte die ganze Welt unter ein Gesetz der Vernunft bringen, unter eine Herrschaft, und alle Menschen zu einem Volk zusammenschließen. Danach richtete er sein Leben aus. Und wenn die Gottheit, die die Seele Alexanders in diese unsere Welt gesandt hatte, ihn nicht schnell zurückgerufen hätte, so würde ein Gesetz die ganze Menschheit regieren, und sie würde zur Herrschaft der Gerechtigkeit auf sehen wie zu einem Stern, der allen leuchtet."[57] Sokrates sah sich selbst als Weltbürger, denn Weisheit machte an nationalen Grenzen nicht halt; aber Alexander wollte mehr, nämlich die politische Einigung der Menschheit in einer demokratischen Weltordnung.

Die Welt war noch lange nicht reif für diese Entwicklung. Aber im Hellenismus wandte sich das jüdische Denken nachdrücklich nach außen. Es nahm die Leistung anderer Völker wahr und das, was den Wert und die Würde des Menschen ausmachte. Diese Zeit hielt die Idee der Tugend des einzelnen hoch und versuchte die Definition eines guten Menschen. Die Betonung des Ethischen kam den Juden entgegen, deshalb legten sie Wert darauf, mit den Griechen nicht nur religiöse Vorstellungen zu teilen, sondern auch voll und ganz an ihrer Kultur teilzuhaben.

Die Juden hatten Alexander unterstützt, er war ihnen wohlgesonnen und hatte sie dazu ermutigt, in seinen Herrschaftsbereichen zu siedeln, insbesondere in seiner neuen Stadt Alexandria. Der Hellenismus brachte so den Juden eine Erweiterung ihrer

Verbindungen und konnte schon zu dem Glauben verführen, dass die jüdische Sendung verwirklicht werden könnte, einfacher und müheloser als die Thora es vorschrieb. Wozu sollte es ein priesterlich geführtes, abgesondertes Volk bleiben, wenn die Anpassung an andere auch Gelegenheit bot, eine schöne neue Welt zu bauen?

Die Wendung nach außen bot Vorteile, aber es waren trügerische Vorteile. Bis auf den heutigen Tag betrügen sich die Menschen, wenn sie glauben, dass es einfachere Wege gibt, das Ziel, die Einheit der Menschheit zu erreichen, als die opferwillige Hingabe und das Übernehmen höchstpersönlicher Verantwortung. Die menschliche Natur war immer bereit, einen Ausweg vor der Belastung des totalen Einsatzes zu suchen und immer wieder führte solche Hoffnung in die Irre.

Die Rettung der Menschheit kann nur auf Gottes Wegen geschehen, diesen Weg aber wollen die Menschen unter allen Umständen vermeiden. Sie schauen immer nach Methoden aus, die schneller, lohnender und weniger mühsam erscheinen. Besonders verführerisch ist die Idee der Massen, denn für viele bedeutet Masse Macht.

Um ihren Weg als Zeugen weitergehen zu können, stand den Juden eine schwere Erschütterung bevor, unter einem Nachfolger Alexanders, Antiochus IV, genannt Epiphanes. Für ihn war zur Einigung der Menschheit eine einzige universale Religion unerläßlich, die nach seinem Willen nur die gemeinsame Anbetung von Zeus Olympus sein konnte. Das Land der Juden war Teil des hellenistischen Syrien; deshalb sollten die Juden ihren althergebrachten Glauben und ihre Sitten aufgeben. Der Tempel in Jerusalem sollte in einen Zeustempel umgewandelt werden. Viele Juden fügten sich, aber andere leisteten Widerstand und erlitten schwere Verfolgung.

Wir lesen, dass die Knechte des Königs Altäre in den Straßen Judas bauten, und vor den Haustüren und in den Straßen Weihrauch verbrannten. Die Bücher des Gesetzes, die sie fanden, wurden in Stücke gerissen und verbrannt. Bei wem das Buch des Bundes gefunden wurde, oder wer dem Gesetz anhing, wurde durch Gebot des Königs zum Tod verurteilt. Aufgrund dieses Gesetzes wurden Frauen umgebracht, die ihre Kinder beschneiden ließen, ebenso ihre Familien und alle, welche die Beschneidung vollzogen hatten, und sie hängten die Kinder ihren

Müttern an den Hals. Aber viele in Israel gaben nicht nach und waren entschlossen, nichts Unreines zu essen. Sie zogen es vor, eher zu sterben, als sich durch Essen zu verunreinigen oder den heiligen Bund zu verletzen. So starben sie. Und große Not kam über Israel.[58] In dieser Krise des Jahres 167 v. Chr. entwickelte, organisierte die Familie der Hasmonäer erfolgreich einen bewaffneten Widerstand unter der Führung von Judas Makkabäus und seiner Brüder. Dem Aufstand schlossen sich die puritanischen Chassidim an, eine Gemeinschaft jüdischer „Pietisten", die schon immer die hellenistischen Abtrünnigen in Israel verdammt hatte. Nach blutigen Auseinandersetzungen wurde Jerusalem zurückgewonnen und der Tempel gereinigt. Aber es brauchte viele Leidensjahre, bevor die Juden ihre religiöse und ihre politische Freiheit wiedergewannen. Die Hasmonäer begründeten eine neue Dynastie, die sowohl den Hohepriester als auch die politische Führung stellte und die ihren Höhepunkt erreichte unter der Herrschaft von Johannes Hyrcanus I. (134 bis 104 v. Chr.).

Der erbitterte Kampf brachte eine religiöse Erneuerung, die ich in meinem vorhergehenden Buch beschrieben habe. Ich zitiere daraus die folgenden Absätze:

„Extremistische Sekten blühten. Treue gegen Gott und die Thora wurde wichtiger als alles andere, und mit dieser Treue erschien auch die Frage, was es bedeute, dem Erwählten Volk anzugehören, in einem neuen Licht. Das Gesetz und die Propheten wurden eingehend studiert, um die Besonderheit der jüdischen Aufgabe, die Voraussetzungen des Jüngsten Tages und des Anbruchs des messianischen Zeitalters zu erkennen, in dem aller Götzendienst ein Ende haben würde und die Völker zur Verehrung Gottes bekehrt sein würden.

Von da an wurden die Juden zu glühenden Missionaren. Viele Stellen der Schrift sprachen von der Erleuchtung der Heiden, und man verstand sie nun in dem Sinn, dass den Juden eine wichtige und aktive Aufgabe zukäme, indem sie die Heiden für Gott gewinnen sollten. Fromme Körperschaften wie die Pharisäer setzten sich besonders dafür ein."[59]

So gottergeben die Juden auch gewesen sein mögen; in ihren Beziehungen nach außen versagten sie. Während viele Nichtjuden bereit waren, ihren Glauben anzunehmen, entwickelten sich doch vielerorts antisemitische Gefühle, die vielleicht durch de-

Der heilige König 79

mütige Liebe vermieden oder wenigstens abgeschwächt worden wären. Der Schwerpunkt lag viel zu sehr bei Gott als einem zornigen Richter und zu wenig bei seiner Forderung nach Barmherzigkeit und Menschlichkeit. Der göttliche Plan verlangte die Dienste eines auserwählten Volkes, doch musste es ein Volk der Liebe für alle Menschen sein, wie auch in dem heiligen Buch zu lesen war. Das Gegenteil wurde getan; es wurde streng zwischen Israel und den anderen Nationen unterschieden. Das Buch Daniel zum Beispiel setzt die Heiligen des Allerhöchsten in Gegensatz zu den heidnischen Imperialisten. Diese werden mit reißenden wilden Tieren verglichen, während die Heiligen dem „Menschensohn" (homo sapiens) gleichgestellt sind. Ihm im Kollektiv ist gegeben „Macht, Ehre und Herrschaft, so dass alle Völker, Volksstämme und Zungen ihm untertan werden".[60]

Nach Daniel entstand eine Flut eschatologischer Literatur voller Ermahnungen und Voraussagen, ausgehend hauptsächlich von den Essenern und den Pharisäern, wobei die Ereignisse so dargestellt wurden, wie sie sich den rechtgläubigen Auserwählten der Letzten Zeit darboten. Als sich die Lebensbedingungen in Judäa im ersten Jahrhundert v. Chr. wieder verschlechterten, verschärften sie ihre Warnungen und Ermahnungen. Der Aufstieg der Römer zur Macht und ihr Eingreifen in jüdische Belange im Jahr 63 v. Chr., konfrontierte die Heiligen mit einer neuen Weltmacht und einem Feind des Königtums Gottes. Entsprechend konzentrierte sich nun die an die Heiden gerichtete Propaganda besonders auf die Römer. Sie prophezeite einen Tag des Gerichts, wenn der Götzendienst nicht aufgegeben würde.

Die Unterstützung, die Herodes d. Gr. als Nachfolger der hasmonäischen Herrscher durch die Römer erfuhr, war eine weitere Strafe für das Versagen Israels, das den Weg der Gesetze Moses nicht eingehalten hatte. Es war nur folgerichtig, dass ein neuer Tyrann erstand. So wurde geschrieben: „Und ein unverschämtes Kind (nämlich Herodes) wird ihnen folgen (den Hasmonäern), das nicht priesterlicher Abkunft ist, ein Mann dreist und schamlos, und wird sie richten wie sie es verdienen. Und wird ihre Führer mit dem Schwert umbringen und wird sie zerstören an geheimen Plätzen, so dass niemand wissen wird, wo ihre Leichen sind. Er wird die Jungen und die Alten umbringen, und er wird nicht schonen. Dann wird die Furcht vor ihm bitter sein im Land. Und er wird Gericht üben über sie wie die Ägypter dreißig und vier Jahre, und er wird sie bestrafen."[61] Die Heiligen betonten, dass die Not des Volkes entstanden war durch die leichtsinnige Nichtachtung der Gebote. Die Lehre vom Restvolk lebte wieder auf; der verbliebene Rest des Volkes sollte durch Gehorsam gegenüber der Thora ein sühnendes Werk vollbringen und die Erlösung ermöglichen. Die Lage forderte messianische Persönlichkeiten, einmal um die alten prophetischen Worte zu erfüllen, die nun neu interpretiert wurden, zum anderen auch, weil nur einer solchen Führerpersönlichkeit Erfolg zugetraut werden konnte. Es wurde an den dauernden Bund mit Levi und Juda erinnert, der das Auftreten solcher Gestalten beim Herannahen des Großen Tages verheißen hatte. Seit die Römer sich die Weltherrschaft anmaßten und Herodes als ihre despotische Marionette auf dem jüdischen Thron saß, richtete sich die Erwartung des Volkes auf die Ankunft eines heiligen Königs aus dem Geschlecht Davids, der am Wendepunkt der Geschichte Israel zum heiligen Volk machen und im Namen Gottes die Lenkung des Weltgeschehens übernehmen sollte.

So ließen die jüdischen Propaganda-Schriftsteller die Sibylle sagen: „Wenn aber Rom über Ägypten herrschen wird, so wird, wenn auch vielleicht verzögert, das große Königtum des unsterblichen Königs (das ist Gott) unter den Menschen erscheinen, und ein heiliger König wird kommen, der für alle Zeiten über die ganze Erde herrschen wird.

Eine Beschreibung des heiligen Königs findet sich in den vorchristlichen Psalmen Salomos: „Und ein gerechter König von Gott selbst unterwiesen, der über sie (die Juden) herrscht, und es wird keine Sünde geben, denn alle werden heilig sein, und ihr König ist der Herrscher, der Messias. Denn er wird sein Vertrauen nicht setzen auf Pferd und Reiter und Bogen, noch wird er für sich mehren Gold und Silber zum Krieg... Denn er wird die Erde schlagen mit dem Wort seines Mundes auf ewig... Er selbst ist rein von Sünde, so dass er ein mächtiges Volk regieren möge, und Prinzen unterweise und Sünder herabstoße durch die Macht seines Wortes. Und er wird nicht schwach werden all seine Tage, denn er stützt sich auf seinen Gott: denn Gott wird ihn mächtig machen durch den Geist der Heiligkeit und weise durch den Rat des Verstehens mit Macht und Gerechtigkeit."[62]

Diese Vorstellung geht zurück auf das Alte Testament, wo wir bei Jesaja folgende Stelle finden:

„Dann fährt ein Reis auf aus dem Strunke Jischajs,
ein Schössling aus seinen Wurzeln fruchtet, auf ihm ruht
SEIN Geisthauch,
Geist der Weisheit und Unterscheidung,
Geist des Rats und der Heldenkraft,
Geist SEINER Erkenntnis und Fürchtigkeit,
mit SEINER Fürchtigkeit begeistert er ihn.
Nicht nach der Sicht seiner Augen wird er richten,
nicht nach Gehör seiner Ohren ausgleichen,
er richtet mit Wahrspruch die Armen,
er schafft Ausgleich mit Geradheit den Gebeugten der Erde,
er schlägt die Erde mit dem Stab seines Mundes,
mit dem Hauch seiner Lippen tötet er den Frevler."[63]
Er sollte ein zweiter David sein, von dem gesagt wurde:
„Ich habe Dawid gefunden, meinen Knecht
mit meinem Heiligungsöl habe ich ihn gesalbt,
dass meine Hand fest bei ihm sei,
mein Arm auch ihn straffe
Ich setze auf das Meer seine Hand,
auf die Ströme seine Rechte.
Der soll mich rufen: „Mein Vater bist du,
mein Gott, der Fels meiner Befreiung!"
Ich auch mache ihn zum Erstling,
zuhöchst den Königen der Erde.
Auf Weltzeit wahre ich ihm meine Huld,
mein Bund bleibt ihm getreu.
Ich setze auf ewig ein seinen Samen,
seinen Stuhl wie die Tage des Himmels."[64]
Das Kommen des Messias wurde als ein Zeichen des Endes und eines neuen Anfangs betrachtet, als den Beginn des Zeitalters, in dem sich das Gottesreich in der ganzen Welt manifestieren wird. In diesen Tagen wird Gott einen neuen Bund mit Israel machen:
„nach diesen Tagen
ist SEIN Erlauten:
ich gebe meine Weisung in ihr Innres,
auf ihr Herz will ich sie schreiben,
so werde ich ihnen zum Gott,
und sie werden mir zum Volk

...
In jenen Tagen in jener Zeit
lasse ich sprießen dem Dawid
einen Sproß der Wahrhaftigkeit,
der tut Recht und Wahrhaftigkeit auf Erden."[65]

Man muss sich darüber klar sein, dass das Warten auf einen heiligen König auch ein Volk, das zum Heil geführt werden sollte, voraussetzte. Die Vorstellung eines Königs erfordert ein entsprechendes Volk. König und Volk mußten einig sein, einig darin, im Auftrag Gottes zu handeln, um die Erlösung der Menschheit zu vollenden. Nicht ein Christus allein konnte der Retter der Welt sein.

In den *Psalmen Salomos* heißt es daher weiter: „Und er wird sammeln ein heiliges Volk, das er in Gerechtigkeit führen wird. Und er wird richten die Stämme der Völker, die geheiligt worden sind durch den Herrn seinen Gott. Und er wird nicht Sünde in ihren Herzen dulden; und keiner, der das Böse kennt, wird bei ihm wohnen. Denn er wird sie wissen lassen, dass sie alle Söhne ihres Gottes sind, und er wird sie auf der Erde verteilen nach ihren Stämmen... Er wird die Nationen und die Völker richten mit der Weisheit seiner Gerechtigkeit."[66]

Wieder finden wir uns hier im symbolhaft reduzierten Rahmen der Versammlung in der Wüste: Der priesterliche Stamm Levi bildet die Mitte als das priesterliche Israel, die zwölf Stämme, die im Umkreis lagern, verkörpern die übrige Menschheit.[67]

Nach der damaligen Vorstellung sollte vor Ankunft des Messias eine Priestergestalt als Versöhner auftreten in der Person des wiedergekehrten Propheten Elia:

„Gedenket der Weisung Mosches meines Knechts,
die ich ihm am Choreb für Jissrael entbot,
Gesetze und Rechtsgeheiße.
Wohlan, ich sende auch Elija den Künder,
bevor MEIN Tag, der große und furchtbare kommt,
dass er umkehren lasse
der Väter Herz zu den Söhnen,
der Söhne Herz zu ihren Vätern,
sonst komme ich und schlage das Land mit dem Bann."[68]

Die Erwartung jener Zeit verknüpfte hochgespannte Forderungen mit dem Auftreten des Messias und der Begleitumstän-

Der heilige König

de: apokalyptische Stimmung, Zeichen, Wunder und Katastrophen. Es war eine Zeit, in der sich Glaube mit Aberglauben stark vermischte, Heroisches mit Hysterie, so dass man sich schwer vorstellen kann, dass die Wirklichkeit je den Flügen der Einbildungskraft hätte folgen können. Doch war diese Einbildungskraft selbst ein bemerkenswertes Phänomen und ein Hinweis auf etwas Neues wie immer vor einem Wendepunkt in der Geschichte. Und das Neue ereignete sich wirklich im Erscheinen der Elia ähnlichen Gestalt Johannes des Täufers, Sohn des Priesters Zacharias, und im Erscheinen des Jesus als Messias, eines Sohnes des Josephs, eines Nachkommen des Königs David.

Die christlichen Evangelien überzeichnen zwar, der Zeitströmung entsprechend, das Bild Jesu und übertünchen es mit den späteren heidnischen Vorstellungen und gewissen christlichen Anliegen. Trotzdem haben sie sehr starke Spuren seiner Beziehung zum Messianismus überliefert. Dasselbe gilt für die Überlieferung über Johannes den Täufer. Beide Geburtserzählungen können bei aller legendären Ausschmückung als Darstellung zeitgenössischer Hoffnungen und Überzeugungen gelten.

Das Kommen Jesu wird durch Engel angekündigt. Bei Lukas wird seiner Mutter gesagt: „Du wirst guter Hoffnung werden und Mutter eines Sohnes, dem du den Namen Jesus geben sollst. Dieser wird groß sein und Sohn des Höchsten genannt werden, und Gott der Herr wird ihm den Thron seines Vaters David geben, und er wird als König über das Haus Jakobs in alle Ewigkeit herrschen, und sein Königtum wird kein Ende haben."[69] In ähnlicher Weise werden die Hirten von Bethlehem durch einen Engel unterrichtet: „Ich verkündige euch große Freude, die dem ganzen Volk widerfahren wird, denn euch ist heute ein Retter geboren, welcher ist der Messias (Christus) in der Stadt Davids."[70]

Die Hauptaufgabe des heiligen Königs war, sein Volk zu Gott zurückzuführen, so dass durch das geheiligte Volk die Menschheit zu Frieden und Gerechtigkeit gelangen würde. Deshalb ist bei Matthäus (1, 20) mit der Ankündigung an Joseph nicht gesagt, dass der Messias unmittelbar alle Menschen retten werde, sondern „er ist es, der sein Volk von ihren Sünden erretten wird". In gleichem Sinn erklärt Jesus selbst, dass er nur zu den verlorenen Schafen des Hauses Israel ge-

sandt ist, und er weist seine zwölf Jünger (symbolisch für die zwölf Stämme) an, nur zu ihnen zu gehen, nicht zu den Nichtjuden, nicht einmal zu den Samaritanern.[71] Die vorbereitende Aufgabe des „Elia", des Vorläufers, wird mit der Tätigkeit des Messias gleichgesetzt in der Prophezeiung, die Zacharias, dem Vater Johannes des Täufers, zugeschrieben wird (Lukas 1, 68-70), und auch Zacharias erfährt durch einen Engel von der Sendung seines Sohnes: „Viele von den Söhnen Israels wird er zum Herrn, ihrem Gott, zurückführen; und er ist es, der vor ihm einhergehen wird im
Geist und in der Kraft des Elia..., um dem Herrn ein wohlbereitetes Volk zu schaffen."[72]

Sowohl Johannes als auch Jesus setzten sich mit aller Kraft für ihre messianischen Aufgaben ein und fesselten damit große, nachfolgebereite Menschenmengen an sich. An Israel ertönte der Ruf:»Tut Buße, denn das Himmelreich ist nahe herbeigekommen." Mit feurigem Nachdruck warnte Johannes, der Prophet, das Volk vor dem kommenden Zorn und tauchte die Bekehrten in den Jordan zum Zeichen der Buße. Jesus, der kluge und scharfsinnige Führer, lehrte die ethischen Grundlagen des Gottesreichs durch Sprichworte, Gleichnisse und weise Lehre. Er rief sein Volk dazu auf, vor dem Gesetz Gottes als Glieder eines heiligen Volkes Vollkommenheit anzustreben.

Jesus verkörperte in seinem Auftreten mit allem Ernst die Rolle, die nach zeitgenössischer Auslegung der Prophezeiungen dem Messias zugewiesen war. Ich habe dies bereits ausführlich in „Planziel Golgatha" beschrieben. Hier ergibt sich aber die Frage, ob durch ihn etwas offenbart wurde, was auf messianischen Einblick deutet. Trug er bei zu einem neuen Verständnis des göttlichen Planes?

Bekanntlich ist die Entscheidung über die Echtheit der überlieferten Aussprüche Jesu schwierig; doch sind einige so eng verbunden mit ihrer jüdischen Umgebung und den Lebensumständen im Palästina jener Zeit, dass sie bei allen Abwandlungen durch die Evangelien in dieser Form in einer Kirche mit anderem Hintergrund und anderer Denkweise nicht hätten entstehen können.

Unter den vermutlich echten Aussprüchen stehen einige in der sogenannten Bergpredigt. Israel, als das Volk Gottes, soll sich nicht so verhalten wie andere Völker. Das Gottesreich soll

Der heilige König 85

seine erste Sorge sein. Feindseligkeiten soll es keinen Widerstand leisten. Feinde sollen geliebt, nicht gehaßt werden. Niemand soll Groll gegen einen anderen hegen. Jeder soll bereit sein, zu vergeben und Gutes zu tun. Israel soll in jeder Beziehung ein Beispiel geben. An anderer Stelle betont Jesus die Notwendigkeit des Dienens. Die nichtjüdischen Herrscher üben Macht über Israel aus, aber die Anhänger Jesu sollen sich als Diener sehen.

Solche Gedanken in einem von den Römern besetzten und beherrschten Land zu äußern, einem Volk zu predigen, das viel Unrecht erlitten hatte, das unruhig am Rand eines Aufruhrs stand, erforderte Mut. Wenn aber Jesus der Messias war, so war dies seine Pflicht, da das auserwählte Volk seine Sendung nur auf dieser Grundlage erfüllen konnte. Israel konnte den Heiden kein Licht sein, wenn es den Heiden folgte. Wie Mose verkündete auch Jesus eine Lehre zur Vollkommenheit; das bedeutete, das ganze Verhalten sollte ausgerichtet sein auf die Übereinstimmung mit Gottes Vaterwillen. Nur so konnte das Gottesreich der Menschheit nahe gebracht werden. Wer den welterrettenden Dienst eines heiligen Volkes predigte, musste alle Folgerungen deutlich und klar aussprechen.

Die Ankunft Jesu ist also ein Wendepunkt. Er bedeutet die Bestätigung des göttlichen Planes und seiner Forderungen. Der heilige König hatte seine Aufgabe erfüllt und seinem Volk die Forderungen vor Augen gestellt, die sein Auserwählt-sein ihm auferlegte. Das Zeugnis seines Lebens gab er ihm als Beispiel.

Und mehr noch. An diesem bedeutungsvollen Punkt der messianischen Bewegung bahnte sich eine neue Entwicklung an, die die Möglichkeiten des auserwählten Volkes erweitern sollte. Bereits vor dem Erscheinen Jesu auf der Bühne der Geschichte dehnte sich die jüdische Diaspora aus, so dass Strabo schreiben konnte: „Dieses Volk hat schon seinen Weg in jede Stadt gefunden, und es wäre schwierig, einen Platz in der bewohnbaren Welt zu finden, der diesen Stamm nicht aufgenommen hat, und in dem nicht ihre Gegenwart spürbar ist."[73] Viele Nichtjuden hatten zum jüdischen Monotheismus und seinen ethischen Prinzipien Zugang gefunden. Seine Eigenschaft als Messias war von großer Werbewirkung für Jesus, welche die ganze Welt erreichte, zunächst durch die bestehenden Synagogen im römischen Weltreich. Auf diese Weise wurden viele Nichtjuden zu Anhän-

gern Jesu.
Jesus wusste nichts von dieser Entwicklung und ihren Konsequenzen. Aber wenn Christen Rückschau halten auf sein Leben und seine Lehre, schreiben sie ihn; dieses Wissen zu, im Glauben, dass das heilige Volk eine neue Ausdehnung erfahren habe durch die vielen, die nicht im Haus Israel geboren wurden. So wurden ihm Worte in den Mund gelegt wie diese, dass viele kommen werden von Osten und Westen zu sitzen neben Abraham, Isaak und Jakob im Gottesreich, den Abtrünnigen zur Mahnung, dass das Gottesreich von ihnen genommen und einem Volk gegeben werde, das die Früchte des Reiches Gottes bringen werde.[74]

7

Ansprüche im Widerstreit

In der frühen christlichen Literatur treten die unter dem Namen Nazarener bekannten Christen nicht als Anhänger einer neuen Religion auf, sondern als das endzeitliche Israel Gottes, das sich ihrem gottgesandten Messias als seine Ergebenen zum Dienst verpflichtet hatte.

Wir können die Anfänge des Christentums nur verstehen, wenn wir uns in jene Welt versetzen: das Ende der Zeit war nahe und das Gottesreich stand vor seiner Verwirklichung. Ein Gerichtstag und die Rückkehr des Messias sollte ihm vorausgehen.

Es ist nicht unsere Sache, allegorische Deutungen zu suchen und widersprechende Ideen in Einklang zu bringen. Für uns bleibt die Tatsache, dass Jesus und seine Anhänger der jüdischen eschatologischen Lehre folgten. Nur sie forderte das Kommen des Christus. Nach den Deutungen der Propheten musste er kommen, und er konnte nur am Ende der Zeiten kommen. Diese Zeit hatte Gott für sein Eingreifen bestimmt.

Die jüdische Erwartung war so überzeugend, dass die gespannte Stimmung sich nicht nur unter den Juden, sondern im ganzen römischen Weltreich verbreitete. Man kann die Auswirkungen dieser Stimmung ausreichend belegen.[75] Nach der messianischen Lehre fügte sich auch die Kreuzigung, wie sie Jesus und später auch seine Anhänger verstanden, in den Plan. Sie war notwendig, um das Überleben einer kleinen Schar von Bekehrten zu sichern, und um dem Messias den Übergang in eine neue Seinsform zu ermöglichen, denn nur so konnten die Verheißungen erfüllt werden. Ein toter Messias konnte nicht siegen, nicht richten und herrschen im messianischen Zeitalter. Aber ein Messias, der in einem menschlichen Leib unsterblich geworden, für kurze Zeit dieser Welt entrückt war, solange die Bedingungen für seine Wiederkehr erfüllt wurden, ein solcher Messias entsprach den Forderungen der Propheten. Der Messias musste vor Gott treten, dort die verdiente Krone empfangen und dort das Zeichen für seine Wiederkunft mit dem Lobgesang der himmlischen Heerscharen abwarten. Nicht nur die Auferstehung war notwendig, sondern auch eine körperliche Himmelfahrt des Messias. Es wird uns berichtet, dass Jesus kurz vor seinem Lebensende vor dem Hohepriester erklärte: „Aber von nun werdet ihr sehen des Menschen Sohn sitzend zur rechten Hand der Kraft und kommen auf den Wolken des Himmels." Dieses Bild stammt aus den häufig zitierten Versen des 110. Psalms:

Erlauten von IHM zu meinem Herrn:
„Sitze zu meiner Rechten,
bis ich deine Feinde lege
als Schemel zu deinen Füßen!"
Das Szepter deiner Macht streckt ER aus:
Vom Zion schalte im Gebiet deiner Feinde!
Dein Volk, Willigkeit ists
am Tag deines Heereszugs
...
Geschworen hat ER
und lässt sichs leid werden nicht:
Du bist Priester auf Weltzeit,
um meine Sache,
„Bewährungskönig", Malki-Zedek (d. h. König der
Gerechtigkeit).
Mein Herr ist dir zur Rechten,
der an seinem Zorntag Könige zerschmettert.
Aburteilen unter den Erdstämmen wird er
den, der Leichen gehäuft hat,
er zerschmettert das Haupt über großes Land."

Wir müssen dies aus der Glaubenswelt des ersten nachchristlichen Jahrhunderts heraus verstehen und mit der einfachen Tatsache rechnen, dass Jesus ein Mann seiner Zeit war. Die Zuhörer akzeptierten alles, alle wunderbaren Ereignisse, alle naiven

Deutungen, mit einer Unbefangenheit, die wir heute glauben entschuldigen zu müssen oder einfach übersehen. Es mindert die Größe Jesu und seiner Aufgabe in Gottes Plan nicht, wenn wir uns seine geistigen Grenzen klarmachen. Nur die durch die Kirche vollzogene Identifikation Jesu mit Gott hat daraus ein Problem geschaffen, denn unsere Vorstellung von Gott geht über diese Grenzen hinaus. Für uns wohnt Gott nicht mehr irgendwo an einem erhöhten Ort. Wir können ihn uns auch nicht —wie die Menschen früher—mit menschlichen Schwächen behaftet vorstellen. Wenn man also an der Göttlichkeit Christi festhalten will, so besteht die Gefahr der Unaufrichtigkeit, des Verlustes der Glaubwürdigkeit; dann muss man die Dinge zurechtbiegen, um seinen höher entwickelten religiösen Vorstellungen gerecht zu werden.

Es wäre einfacher, die Tatsache zu akzeptieren, dass die Zeit, in der Jesus lebte, diesen einzigartigen und bedeutsamen messianischen Aufbruch hervorgebracht hat. Dieses Ereignis hatte weitreichende Folgen. Nebensächlich dabei ist, dass die paulinische und johanneische Christologie die zeitgenössischen Zeichen einer Zeit hellenistischer Spekulation tragen, die zwar oft ästhetisch eindrucksvoll, historisch aber weitgehend unzuverlässig sind. Ebenso ist nebensächlich, dass die Vorstellung Jesu und der Messiasgläubigen jener Zeit von Gott und von der bevorstehenden Wende der Geschichte nach dem göttlichen Gericht falsch war. Wir gehen davon aus, dass für die ersten Christen mit der körperlichen Auferstehung des Messias von den Toten und seiner leiblichen Himmelfahrt zu Gott und seinen Engeln ein Wunder geschehen war. Nehmen wir mit ihnen an, dass die Zeit seiner Abwesenheit von der Erde nur kurz sein könnte, denn einige seiner Hörer lebten damals noch, und dass er dann im flammenden Feuer zurückkommen würde, um die Sünder zu richten. Mit ihm die Heerscharen der Engel und die unsterblichen Heiligen. Er würde das Königreich Israel wiederherstellen und seinen Thron in Jerusalem aufrichten. Mit seinem Volk würde er der Menschheit im Namen Gottes dienen und alle, welche die Probe bestanden haben, in Frieden und Gerechtigkeit leiten bis ans Ende der Zeit.

Für die Zeit, in der der Messias bei Gott weilte, waren auf Erden viele Zeichen zu erwarten. Die Ausgießung des Heiligen Geistes sollte ein Zeichen sein für die Kräfte des bevorstehenden neuen Zeitalters und den Ungläubigen als Beweis dienen. Die Heiligen mußten viel Drangsal erleiden, in der sie sich bewähren sollten, aber diejenigen, welche die Rückkehr des Messias erleben werden, nehmen auch teil am Sieg und gehen alsbald leiblich in die Unsterblichkeit ein. Das Böse wird dann Triumphe feiern, ein Antichrist wird sich im Tempel Gottes anbeten lassen und die Völker ins Verderben führen. Kriege, Erdbeben, Hungersnöte wird es geben, Wunder und Wahrzeichen am Himmel und auf der Erde. All dies wird die bevorstehende Zeitenwende ankündigen.

Es war eine abergläubische und leichtgläubige Zeit, die in der Zeitgeschichte reichlich Nahrung fand. Da war der Versuch des römischen Kaisers Gajus, seine Statue im Tempel von Jerusalem aufstellen zu lassen, ferner die große Hungersnot in der Regierungszeit des Claudius, und der große Brand Roms unter Nero. Josephus, der jüdische Geschichtsschreiber des ersten Jahrhunderts, spricht ausführlich von den Zeichen, die dem jüdischrömischen Krieg vorangingen. Er berichtet, wie ein Stern in Gestalt eines Schwertes über Jerusalem hing und ein Komet ein ganzes Jahr lang zu sehen war. In der Nacht vor dem Passahfest erschien ein helles Licht auf dem Altar im Heiligtum. An diesem Passah gebar eine Kuh im Tempel ein Lamm, und das schwere östliche Tor öffnete sich von selbst um Mitternacht. Um diese Zeit sah man auch im ganzen Land vor Sonnenuntergang Kriegswagen am Himmel stehen und bewaffnete Truppen durch die Wolken ziehen. Zu Pfingsten hörten die Priester im inneren Tempel Geräusche und Bewegung und das Rufen einer großen Menschenmenge: „Von hier ziehen wir nun aus."[76]

Die Schilderung Dean Farrars in seinem bekannten Werk *The early days of Christianity* ist bemerkenswert: „Die Menschen wurden durch Katastrophen und Vorzeichen aufgeschreckt und verstört. Außer vielfachen Veränderungen in den Lebensumständen geschahen, nach Tacitus, Wunder am Himmel und auf der Erde... denn nie war es so offensichtlich gewesen, dass allen Anzeichen nach und angesichts der Massaker durch das römische Volk, den Göttern weniger an unserem Glück als an unserer Bestrafung liegt. In Rom hatte die Pest Zehntausende der Bürger weggerafft... In Lydia hatte eine Sturmflut schreckliche Zerstörungen angerichtet. In Asien wurde Stadt um Stadt durch Erdbeben in Staub gelegt. Die Welt selbst wird in Stücke geschlagen, so Seneca, und es herrscht weltweites Entsetzen. Kometen, Sonnenfinsternisse und Meteore erschreckten die Unwissenden und dienten kaiserlichen Grausamkeiten als Vorwand. Morgenröten färbten den Himmel wie Blut. Der Vesuv und andere Vulkane schienen zu neuen Ausbrüchen zu erwachen... Das ganze Reich befand sich in einem Zustand gespannter Erregung."

Die Christen beharrten auf ihrer Überzeugung, dass der Tag des Gerichts sich nahe. Er würde unerwartet anbrechen, und dann sei zur Buße keine Zeit mehr. Deshalb war jede Stunde kostbar und sollte genutzt werden, nicht zum Dienst an der Gesellschaft, sondern allein zur Predigt des Evangeliums.

Die Briefe des Apostel Paulus betonen immer wieder die Kürze der verbliebenen Zeitspanne. Dadurch wird ganz deutlich, dass die Bildung einer neuen Religion – des Christentums – nicht vorgesehen war. Wir sollten diese Briefe daraufhin einmal durchlesen und das Drängen spüren, den Druck, so vieles so schnell noch tun zu müssen: die Organisation der schnellen Verbreitung, die Ermahnung der Verständnislosen und der Kurzsichtigen in der letzten Stunde vor der Katastrophe. Bald, eher als viele dachten, würde es zu spät sein.

Paulus und die anderen Apostel haben sich geirrt. Jesus und seine ersten Anhänger haben sich geirrt: Der Tag kam nicht. Die Berechnung der Messiasgläubigen und der Propheten des Weitendes erwiesen sich als total verfehlt. Allmählich sah die Kirche ein, dass die Welt wie vorher ihren Gang ging und zögernd versuchte sie ihre Schwerpunkte anders zu setzen. Es entstand eine neue Religion, die christliche, mit neuen Glaubenssätzen und weitgehender Ausrichtung auf eine jenseitige Welt. Sie lehrte die Begegnung der Gläubigen mit Christus nach dem Tode, oder dass er erst nach sehr langer Zeit wiederkommen würde. Die Aussagen über den Wendepunkt der Geschichte wurden beibehalten, aber ihre Deutung in den Bereichen des Geistigen verlagert.

Man kann nicht übersehen, dass die Verkünder der Endzeit ein Opfer ihres Wunschdenkens wurden. Diese Tatsache kann keine Spitzfindigkeit verschleiern, und kein vernünftiger Mensch kann etwas anderes glauben. Dies aber widerspricht der christlichen Auffassung, dass am Ende der Zeiten Gott unter den Menschen erschienen sei, um die Sünde durch sein Opfer zu sühnen.

Es war nicht das große Finale, und der Vorhang fiel nicht am Ende des Trauerspiels vom menschlichen Wankelmut. Es steht aber fest, dass das ungewöhnliche Wiederaufleben des Messianismus in der Zeit von 150 v. Chr. bis 150 n. Chr. nicht sinnlos gewesen ist. Die christliche Kirche bot vom zweiten Jahrhundert an eine eigene Erklärung, aber sie hatte sich in der Zwischenzeit so weit von ihren Anfängen entfernt, dass ihr Zeugnis verfälscht war.

Sicherlich drängte diese Zeit nach einer großen Veränderung, nach einer neuen Form menschlichen Zusammenlebens. Weil Jesus als der Messias verstanden wurde, konnte seine Lehre überall verbreitet werden, und zwar mit erstaunlicher Geschwindigkeit. Nur die gute Botschaft, dass der Messias gekommen war, konnte diesen Eifer entfachen, der jeder Gefahr und jeder Not trotzte. Ohne die Lehre vom Messias wäre Jesus nur als ein Prophet oder als ein religiöser Lehrer angesehen worden, und kein Jude hätte sich für die Verkündigung des Evangeliums eingesetzt. Und wenn Jesus sich selbst als Gott bezeichnet hätte, so hätte er nur bei den Heiden Anhänger gefunden, nicht aber unter seinem eigenen Volk. Die Geschichte des frühen Christentums wäre völlig anders verlaufen. Das muss man sich klarmachen. Ursprünglich sagte das Evangelium nichts über die Göttlichkeit Jesu aus. Es berichtete nur, dass er der Messias war, und was dies für die Menschheit bedeutete.

Jesus besiegelte als der jüdische Messias den jüdischen Glauben, dass die Liebe Gottes sichtbar werde im Handeln gegen die Mitmenschen, da alle von ihm geliebt sind. Keiner soll zurückgewiesen werden, weil er ein Fremder, ein Sünder oder Heide ist. Es darf auch keine Feindseligkeit geben. Das Volk Gottes konnte seiner Aufgabe nicht gerecht werden, solange es über andere herrscht. Es durfte nie zum Fluch werden denen, die zu segnen es bestimmt war.

Dies war wichtig, denn viele, die sich für auserwählt hielten, wie die Autoren der Schriftrollen vom Toten Meer, hatten sich als engstirnig-konservativ gezeigt. Ihre Feindseligkeit gegen weltoffenere Glaubensgenossen und Nichtjuden war weit entfernt von einer allgemeinen Liebe zur Menschheit. Nach ihren eigenen Gesetzen waren sie Heilige, aber mit dem Geist, den sie offenbarten, konnten sie unmöglich die befreiende Rolle eines heiligen Volkes übernehmen. Die Ketten mußten unverzüglich zerbrochen werden, wenn der göttliche Plan nicht scheitern sollte. Die Entwicklung musste in Richtung auf die Überwindung jedes starren Nationalismus verlaufen. Die Aufgabe war Israel gestellt, aber auch Nichtjuden konnten Israeliten werden. Die Zuwanderung von Nichtjuden konnte Israel sehr viel aufgeschlossener machen in den Bemühungen um die Verwirklichung seines Zieles nach außen. Der Übertritt zum Judaismus war nicht ungewöhnlich, und viele nahmen, ohne den Übertritt formell zu vollziehen, den Gott Israels als den wahren Gott an und besuchten die Synagogen. Die weltweite Verkündigung Jesu als Messias vermehrte die Zuwanderung. Auf einmal stand das Tor des Glaubens weit offen, und die neue Entwicklung wurde als Erfüllung der Prophetie betrachtet. Es stand geschrieben:

„Zu Nicht-mein-Volk spreche ich: Mein Volk bist du! und er spricht: Mein Gott!"[77]

Die Lehre vom Restvolk fand auf andere Weise Bestätigung. Die Kinder Israels sollten nach der Schrift zahlreich wie die Sterne am Himmel sein und wie Sand am Meer, und doch sollte nur ein Rest gerettet werden.[78] Die späten Klementinischen Rekognitionen erklärten, „Nichtjuden sollten anstelle jener berufen werden, die im Unglauben beharrten, so dass die Zahl, die Gott Abraham gezeigt hatte, erfüllt war. Deshalb muss das Gottesreich in der ganzen Welt gepredigt werden." Die Verkündigung Jesu sollte so eine vorherbestimmte Zahl gläubiger Nichtjuden hinzubringen, die ihre Götter verlassen und Gott und seinem Gesalbten dienen würden.

Die Entwicklung brachte eine bittere Auseinandersetzung zwischen Paulus, dem selbsternannten Apostel der Nichtjuden, und den anderen Aposteln. Es ging nicht darum, ob Nichtjuden Israeliten werden konnten oder nicht, sondern ob dazu der Glaube an Gott und die Annahme Jesu als Messias ausreichend waren. Die Apostel und Ältesten in Jerusalem bestanden darauf, dass niemand Israelit sein konnte, der nicht dem Gesetz Gottes, das Israel gegeben war, gehorchte. Jede Umgehung dieses Gesetzes bedeutete eine Verletzung des göttlichen Bundes und eine Gefährdung des Volkes Gottes. Dagegen vertrat Paulus die Meinung, dass es genüge, den Glauben Abrahams zu haben, um ein Kind seines Stammes und damit auch Erbe der Verheißung zu werden, und da der Messias ein Nachkomme Abrahams war, so war jeder, der sich zu ihm bekannte, ein Kind Abrahams.[79] Keine Seite zog die Bildung eines neuen Gottesvolkes in Betracht. Paulus wies in seinem Brief an die Römer (9 bis 11) nachdrücklich diese Denkweise zurück. Das Gewicht dieser Argumente (z. B. Eph. 2, 11-13) liegt darauf, dass, wer Christus annahm, zum Mitglied der Gemeinschaft Israels wurde. Diese konvertierten Nichtjuden waren wie aufgepfropft auf den Stamm des Olivenbaums Israel, und Paulus drohte, dass sie, wenn sie über die zeitweilig abgesonderten Juden herrschen würden, wieder ausgestoßen würden. Das Gesicht Israels hatte sich zwar verändert durch eine Öffnung nach außen, damit die Ziele Gottes erfüllt werden konnten, nicht aber das Wesen. Gott war seinen Verheißungen für Israel treu geblieben.

Da ich das paulinische Denken in „Unerhört, diese Christen" erörtert habe, brauchen wir hier nicht näher darauf einzugehen, wie Paulus sich durch diese Auseinandersetzung zu bestimmten Dogmen über die Person Christi veranlasst sah, über Versöhnung, Glaube, Gnade, Vorherbestimmung usw., die die Christenheit sehr mißverständlich aufnahm. Doch hätte für das Christentum kein Grund bestanden, sich so radikal abzusondern und eine neue Religion zu schaffen, mit verändertem Charakter und unter Aufgabe des Zusammenhanges mit dem geschichtlichen Israel. Für Paulus und seine Glaubensgenossen waren alle Anhänger Jesu direkte Abkömmlinge der Patriarchen und des Volks, das aus Ägypten und durch die Wüste geführt worden war. Sie waren *unsere* Väter.[80]

Das Wort Kirche in seiner ursprünglichen apostolischen Verwendung bedeutet nichts anderes als die politische Gemeinschaft Israels. Das griechische *Ekklesia* wurde verwendet als eine Übersetzung des hebräischen *Kehilla*, der Gemeinde Israels, wie es in der griechischen Ausgabe des Alten Testaments gebraucht wird.[81] Die beiden Worte stehen im gleichen Verhältnis wie das griechische *Christos* und das hebräische *Messias*, der Gesalbte. Die Kirche war keine neue Gemeinschaft, sondern Weiterentwicklung einer bereits bestehenden. Der Messias sollte nach den Psalmen Salomos ein Volk von Gotteskindern um sich versammeln. Dieses Volk war Israel, erlöst und ohne Makel. Dies zumindest fand in gewisser Weise Erfüllung. Auf Jesus, dem Messias, als Felsgrund wurde das Haus Israel aus Ruinen wieder aufgebaut und das Zelt Davids wieder aufgerichtet."[82] Für die ersten Christen war Israel das Volk Gottes, und sie selbst waren Israeliten. Nichtjuden gehörten nie zu Israel, aber da viele Juden sich von Israel gelöst hatten, konnten gläubige Nichtjuden Israeliten werden. An sie waren die Worte gerichtet: „Ihr aber seid das auserwählte Geschlecht, das königliche Priestertum, das heilige Volk, das zu Eigen erkorene Volk; ihr sollt die Größe dessen verkünden, der euch aus der Finsternis zu seinem wunderbaren Licht berufen hat, und auch ihr, die ihr vordem ein „Nichtvolk" wart, seid jetzt „das Volk Gottes", einst ohne Gottes Erbarmen, jetzt aber reich an Gnaden."[83]

Die Kirche wurde also als das erlöste Israel verstanden, das Israel des neuen Bundes, das Jeremia prophezeit hatte, nicht als eine neue und eigene Gemeinschaft. Der geschichtliche Zusammenhang blieb gewahrt. Denn Paulus, der das Gesetz hochhielt, hat unter dem Gesetz des Messias die Ketten der Bindung an das Gesetz zerbrochen. Dies Befreiung bedeutete, dass jetzt auch die früher ausgeschlossenen Nichtjuden Israeliten werden konnten. Er zitierte Jesaja 54,1:

„Juble, Entwurzelte,
die nicht gebar,
brich in Jubel aus, jauchze,
die nicht kreißte,
denn mehr sind
der Söhne der Verstarrten,
als der Söhne der Verehelichten."[84]

Aus demselben Text lasen später die Kirchenväter, „dass die Christen unter Nichtjuden zahlreicher und echter sind als unter Juden und Samaritanern"[85] und schlossen daraus die Verwerfung der Juden als Gottesvolk zugunsten der Christen, die nun in der Mehrzahl Nichtjuden waren. Höhepunkt dieser Entwicklung war die Anerkennung des Christentums als die offizielle Religion des römischen Reichs. Kaiser Constantin erklärte: „Wir haben nichts zu schaffen mit diesem am meisten verhaßten Volk, denn der Herr hat einen anderen Weg für uns ausgewählt."

Von da an häuften sich anti-jüdische Verordnungen, und der Hass auf die Juden als Gottesmörder wurde durch engstirnige Vertreter der Kirche gefördert.

Die Juden erhoben nachdrücklich dagegen Einspruch, dass

Gott sein auserwähltes Volk zugunsten eines anderen Volks verstoßen habe, und sie sahen sich bestätigt, als das Christentum sich vom Judentum entfernte und sich zu einer fast götzendienerischen Religion entwickelte. Dies konnte nicht das Israel Gottes sein, und es gab kein Anzeichen, dass es sich als Volk Gottes mehr bewähren würde als die angeblich verworfenen Juden.[86] Nach einem durch die Notlage ausgelösten Ausbruch militanten Messianismus, vor allem in den Jahren 66 und 133, der den Juden jedoch nur noch mehr Elend und Katastrophen brachte, schloß sich das jüdische Volk mehr und mehr ab. Noch wurde täglich für die Wiederaufrichtung und das Kommen des Gottesreichs unter den Menschen gebetet, aber unter den weisen Lehrern wurde vor allem um Verständnis und Verwirklichung der Thora gerungen. Es ging jetzt darum, zu überleben und bei aller Verfolgung das Wissen um ihre heilige Berufung wachzuhalten. Dies bedeutete zugleich den Verzicht auf jede gemeinsame Initiative. Man wartete zu, bis es Gott gefallen würde, seinen Willen zu offenbaren.

Hierzu muss noch einiges gesagt werden. Wesentlich ist, dass die Kirche entsprechend ihrer ursprünglichen Konzeption die Weiterentwicklung Israels in einer größeren Dimension war, nicht eine Verdrängung Israels. Christen werden im Neuen Testament nie als Nichtjuden bezeichnet, sondern als vormalige Nichtjuden, die aus allen Stämmen, Völkern und Sprachen berufen wurden in die Gemeinschaft Israels. Wenn die Kirche an dieser Konzeption festgehalten hätte, so wäre vermutlich auch ihre Einstellung den Juden, der Welt, ihrem eigenen Wesen und ihrer Aufgabe gegenüber eine andere gewesen.

Als endlich das allgemeine und unmittelbare Lesen der Bibel möglich wurde, war bereits die Auffassung von der Kirche als geistiger Gemeinschaft, deren Heil in einem himmlischen Jenseits liege, verfestigt. Dies wurde aus dem Neuen Testament belegt. Die Kirche ist der Leib Christi, und Christus sagt, dass sein Reich nicht von dieser Welt sei.[87] „In meines Vaters Haus sind viele Wohnungen... Ich gehe, euch eine Stätte zu bereiten... unser Bürgertum ist im Himmel."[88] Aber diese Texte meinen nicht Gläubige, die zum Himmel gehen, sondern Christus, der von dort zurückkommt zu seinem Volk. So besannen sich einige christliche Gruppen wieder darauf, dass der Grundton der neutestamentlichen Lehre ursprünglich die Erwartung des wiederkehrenden Christus war, der mit seinem Volk im Tausendjährigen Reich herrschen würde.

Aber wo blieben dann die Verheißungen für die Zukunft der Juden? Mußten sie nicht erlöst werden und ihre Aufgabe an den Völkern erfüllen? Entweder mußten, wie Paulus glaubte, Christen und Juden vereinigt werden zu einem Volk, und dies bedeutete eine irdische Arbeit für die Kirchen, oder zwei Gottesvölker mit verschiedenen Aufgaben mußten nebeneinander bestehen. Wer die Vereinigung ablehnte, musste notgedrungen zwei auserwählte Gemeinschaften anerkennen: die Christen als Gottes Volk im Jenseits, die Juden als Gottes Volk auf Erden.

Durch die ganze messianische Lehre geht die Vorstellung von einem himmlischen Staat, der auf Erden in Frieden und Harmonie verwirklicht wird. Das Neue Jerusalem bleibt nicht in den Himmeln: es kommt herab „und die Völker werden in seinem Lichte wandeln, und die Könige der Erde stellen ihre Macht in seinen Dienst."[89]

Wenn die Kirche das erweiterte und durch die Ankunft des Messias erneuerte Israel war, so wäre es bei ihr gelegen, die Aufgabe Israels zu übernehmen als ein priesterliches Volk, das von allen anderen Völkern unterschieden und ihnen zu dienen bestimmt war. Die Christen wären dann Glieder eines eigenen und einigen Volkes gewesen, unabhängig von jedem fremden souveränen Staat. Dann hätte es Kirchen in verschiedenen Ländern geben können, aber ihre Glieder wären dann nicht Bürger, sondern nur Bewohner dieser Länder. Dies erkannte der namentlich nicht überlieferte Autor der *Epistel an Diognetus*, der über die Christen schrieb: „Sie wohnen in ihren eigenen Ländern, aber nur als Gäste... Jedes fremde Land ist ihnen ein Vaterland und jedes Vaterland ist fremd!" Wir müssen dem zustimmen, nicht weil Christen himmlische Bürger einer himmlischen Stadt sind und auf Erden nur wie Besucher von einem anderen Planeten weilen, sondern weil sie als das Volk Israel Untertanen des Königs von Israel, des Messias (Christus) sind und somit die Verantwortung Israels tragen, der ganzen Menschheit Frieden zu bringen.

Gemäß Gottes Plan für die Menschheit kann weder Christentum noch Judentum, noch irgendeine Religion überhaupt diese Aufgabe übernehmen.

8

Die Zeiten der Heiden

Der Hauptträger und der Hauptverantwortliche für die Verkündigung Christi bei den Nichtjuden war ein Jude aus der römischen Provinz Asien, Paulus von Tarsus. Er war gleichzeitig Intellektueller und Mystiker, dazu ein Mann mit großer Energie und administrativen Fähigkeiten. Aber wie so viele große Gelehrte war er so sehr in seinen Theorien befangen, dass er deren Auswirkung in der Praxis nicht zu Ende dachte. In seinen Überlegungen kam das Menschliche zu kurz. Er ging von der richtigen Voraussetzung aus, dass Israels Sorge die Rettung der Menschheit sein müsse, und dass auch Gläubige nichtjüdischer Herkunft Aufnahme im Volk Gottes finden mußten. Er übersah, dass ein Grieche oder Barbar nicht ohne weiteres nur durch den Glauben an Christus Israelit wurde. Die Taufe löschte nicht die Gebundenheit an seine Tradition, an seine Denkweise und sein Handeln. Dazu war eingehende Belehrung und Erziehung erforderlich, woraus die Verpflichtung erwuchs, die besondere Verantwortung des israelitischen Volkes mitzuübernehmen. Dies musste vor der Aufnahme der Nichtjuden in die jüdische Gemeinschaft geschehen, und dies forderten die Apostel von Paulus.

Nun war aber Paulus so mit seiner Lehre beschäftigt, dass er alle derartigen Forderungen mißachtete. Er selbst war in der strengen moralischen Tradition der Pharisäer und im Geist des jüdischen Monotheismus erzogen. Er blieb auch unter dem Gesetz, als er die Bindungen des mosaischen Gesetzes abstreifte. Die Thora stand in seinem Herzen und ihr Geist bestimmte sein

Handeln. Er fiel vom ererbten Judentum nicht ab. Dies setzte er auch bei den von ihm Bekehrten voraus, und er übersah ihre Schwierigkeiten beim Beginn eines völlig neuen Lebens. Sie als Israeliten zu bezeichnen, war nicht schwer. Schwerer war es, ihnen israelitisches Denken, Empfinden und Handeln nahezubringen. Ihnen fehlte ganz einfach die Tradition, von der oben schon die Rede war.

Paulus musste entdecken, dass viele Nichtjuden nur ihren Namen verändert hatten. Sie trugen in die Kirchen die alte Parteisucht, ihre verwerfliche Lebensweise und ihre Unbeherrschtheit. Viele waren schlimmer als Heiden, denn Freiheit vom Gesetz bedeutete ihnen Freiheit von jeder Einengung und Disziplin. Viele stammten aus der Sklavenbevölkerung des Weltreichs und lehnten jede Autorität ab. Sie dünkten sich nun, da sie im Blut des Lammes gewaschen waren, weißer als Schnee. Die Erlösungstat Christi machte sie schuldlos und rechtfertigte ihre Taten. Christen gerieten so überall in den Ruf, böse und aufrührerisch zu sein.

Das Hereinströmen der Nichtjuden, das eine Öffnung Israels nach außen hätte ermöglichen sollen, förderte so in Wirklichkeit eine heidnische Religion, die sich immer weiter von Israel entfernte. Nach den Worten eines Unitariers des 18. Jh. wechselten die meisten Nichtjuden, die sich dem Christentum zuwandten, lediglich ihren Namen, bewahrten aber in ihren Herzen den überkommenen Aberglauben.[90] Schließlich übernahm die nun herrschende Kirche die Bevölkerung ganzer Länder als Mitglieder. Mit der Bekehrung des heidnischen Königs wurden auch seine Untertanen Christen. Niemand fragte nach ihrer Bereitschaft, den neuen Glauben anzunehmen und mit der überkommenen Tradition zu brechen. Die Kirche war nur zu schnell bereit, zugunsten einer nominellen Christianisierung auf die eigentliche Bekehrung zu verzichten. Heidnischem Glauben und Ritus wurde einfach eine christliche Auslegung untergeschoben. Auf diese Weise konnte kein geheiligtes Volk entstehen. Das Christentum hatte ein neues Ziel, ein heiliges römisches Weltreich.

Lord Bryce hat die Philosophie dieses neuen Ziels erklärt: „Wie Gott inmitten seiner himmlischen Hierarchie die Heiligen im Paradies regiert, so steht der Papst, sein Stellvertreter, über Priestern, Bischöfen, Metropoliten und herrscht über die Seelen der Menschen auf Erden. Aber weil Gott der Herr der Erde und des Himmels ist, so muss er – der Imperator coelestis – auf Erden auch durch einen zweiten Stellvertreter repräsentiert werden, den Kaiser, den Imperator terrenus, der über das irdische Leben herrscht. Im Mittelalter verfügt päpstliche und kaiserliche Macht über Leib und Seele. Die Heilige Römische Kirche und das Heilige Römische Reich sind aber nur zwei verschiedene Aspekte ein und derselben Sache. Der Katholizismus, das Prinzip der allgemeinen christlichen Gemeinschaft bedeutet immer auch Romanismus, d.h. in Rom liegt sein Ursprung und seine Universalität. Hier manifestiert sich ein mystischer Dualismus, welcher der Doppelnatur der Gründer entspricht. Der Papst, dem die Seelen anvertraut sind, vertritt das überirdische Reich. Der Kaiser vertritt Gott in irdischen Belangen."[91] Es ist klar, dass diese Vorstellung nichts gemein hat mit dem Plan Gottes, wie er von den alten Israeliten verstanden wurde. Sie bewirkte vielmehr einen christlich-römischen Imperialismus, der die jüdische und christliche Messiaserwartung als im Gegensatz zum Gottesreich stehend verdammte.

Die Propheten hatten die Juden verurteilt, weil sie der Verführung des Heidentums verfallen waren. Sie wurden mit Leiden bestraft, weil sie nicht das Vorbild eines heiligen Volkes verwirklicht hatten, sondern sein wollten wie alle Völker. Doch jetzt verfielen die Christen, angeblich das rechtmäßige Israel, demselben Fehler. Die Kirche erklärte die Juden für verworfen aufgrund ihres Ungehorsams und ihres Unglaubens. Sie sah aber nicht, dass sie sich trotz und gerade wegen ihres absoluten Wahrheitsanspruches noch schwerer versündigt hatte und mit größerem Recht Strafe und Verdammung verdient hatte. Die Mahnung von Paulus verhallte ungehört. „Sei nicht hochmütig, sondern sei auf deiner Hut! Denn wenn Gott die natürlichen Zweige nicht verschont hat, so wird er auch dich nicht verschonen. Darum beachte wohl die Güte, aber auch die Strenge Gottes: seine Strenge gegen die Gefallenen, dagegen die Güte Gottes gegen dich, vorausgesetzt, dass du bei der Güte verbleibst; denn sonst wirst auch du wieder herausgeschnitten werden."[92]

Die römische Kirche enthält ganz offensichtlich viele heidnischen Ideen und Bräuche und hält sich dies sogar zugute. Professor Karl Adam erklärte: „Wir Katholiken geben offen zu, ohne Beschämung, ja mit Stolz, dass der Katholizismus nicht einfach mit dem primitiven Christentum gleichzusetzen ist, auch nicht mit dem Evangelium von Christus, so wenig wie eine große Eiche mit einer winzigen Eichel verglichen werden kann... Das Evangelium Christi wäre kein lebendiges Evangelium, und der Same, den er ausstreute, kein lebendiger Same gewesen, wenn es immer das winzige Korn des Jahres 33 n. Chr. geblieben wäre; wenn es nicht Wurzel geschlagen, fremde Einflüsse sich angeeignet hätte und dadurch zu einem Baum gewachsen wäre, in dessen Zweigen die Vögel des Himmels Wohnung finden."[93]

An anderer Stelle lesen wir über die Heiligenverehrung als „einen der Grundsätze religiösen Lebens... ohne den christlichen Monotheismus anzutasten und sozusagen aufweichen zu wollen, der in seiner Strenge von einfachen Gemütern, die mit allen Arten des Polytheismus vertraut sind, schwer akzeptiert wird. Der Heiligenkult, der im Märtyrerkult wurzelte, brachte die vertraute Befriedigung, die sie instinktiv suchten, und ermöglichte die Vorstellung eines bevölkerten Himmels und einer Erde, die vielerorts geheiligt und dem Gedenken einer heiligen Gegenwart geweiht war. Das Christentum, welches das höchste Sehnen der Seele nach einem wahren Gott erfüllte, passte sich so dem menschlichen Bedürfnis nach einer vermenschlichten Religion an".[94]

Dagegen Paulus: „Gebt euch nicht dazu her, mit Ungläubigen an einem fremdartigen Joch zu ziehen! Denn was haben Gerechtigkeit und Gesetzlosigkeit miteinander gemein? Oder was hat das Licht mit der Finsternis zu schaffen? Wie stimmt Christus mit Beliar überein, oder welche Gemeinschaft besteht zwischen einem Gläubigen und einem Ungläubigen? Wie verträgt sich der Tempel Gottes mit den Götzen? Wir sind ja doch der Tempel des lebendigen Gottes, wie Gott gesagt hat (3. Mose 26, 11 und 12). ‚Ich werde unter ihnen wohnen und wandeln; ich will ihr Gott sein und sie sollen mein Volk sein' Darum (Jes. 52, 11) ‚Geht aus ihrer Mitte hinweg und sondert euch ab' und ‚rührt nichts Unreines an, so will ich euch auf nehmen'."[95]

Mit der Entstehung der christlichen Religion war notwendigerweise ein Rückzug von den Lehren Moses, der Propheten und Jesu verbunden. Ihre Zusammengehörigkeit wurde mehr und mehr als unpassend empfunden. Die Juden widerstrebten mit Recht jeder Berührung mit dem einmal formulierten Glau-

Die Zeiten der Heiden 103

ben. Ein großer protestantischer Schriftsteller stellte fest: „Das große von Gott auserwählte Volk war bald das in der katholischen Kirche am wenigsten vertreten. Das war eine Katastrophe für die Kirche selbst. Es bedeutete, dass die Kirche als Ganzes dem Alten Testament gegenüber versagt hatte und griechisches und römisches Denken an seine Stelle trat: von dieser Katastrophe hat sich die Kirche nie erholt, weder im Denken noch im Handeln ... Soll heute eine neue Zeit der Evangelisation anbrechen, dann brauchen wir die Juden wieder."[96]

Aber die Christen täuschen sich, wenn sie glauben, dass die Juden die christliche Religion, die so sehr mit polytheistischem Erbe belastet ist, akzeptieren würden. Weil die Christen keine Israeliten wurden, sondern im wesentlichen Heiden blieben, tendieren sie zu einer von heidnischem Erbe geprägten Religion. Ihre Ansprüche an Religion werden von der höher entwickelten Form des Christentums befriedigt. Für die aus dem jüdischen Erbe bestimmten religiösen Bedürfnisse der Juden haben sie kein Verständnis. Dafür erkennen die Juden die größeren Verdienste des Christentums, die absolute Richtigkeit der christlichen Lehre aus purem Widerspruchsgeist nicht an. Den Christen erscheint ihr Glaube allen Menschen angemessen, auch den Juden. Die Hauptlehrsätze, wie die sühnende Menschwerdung Gottes, entsprechen den menschlichen Ansprüchen an einen Gott. Sie wird besonders betont, denn sie gilt als Überwindung der Offenbarung Gottes in Israel, als Weiterentwicklung, wie dies durch die neutestamentlichen Schriften bestätigt wird. Wie viel heidnischer war doch nötig, um das Christentum zu dem zu machen, was es heute ist!

T. E. Lawrence meint in den „Sieben Säulen der Weisheit": „Das Christentum ist ein hybrider Glaube, bestehend aus seinem semitischen Ursprung und seiner nicht-semitischen Geschichte. Daraus resultiert ein bislang ungelöstes, nicht einmal ganz bewusstes Problem, nämlich die bemerkenswerte Art und Weise, mit welcher der Semitismus im Christentum assimiliert worden ist."

Dies bereitete schon den frühen christlichen Apologeten Schwierigkeiten. Weil so vieles an der Lehre des Christentums mit zeitgenössischen heidnischen Kulten und Mysterien übereinstimmte, beschuldigten sie den Teufel, dass er die christlichen Wahrheiten nachgeäfft habe, um die Heiden der Verdammnis zuzuführen. Da sie selbst Heiden gewesen waren, sahen sie nicht, dass das Christentum geprägt wurde von hellenistischen Vorstellungen, in denen ägyptische und orientalische Kulte verschmolzen waren. Sie gingen aus von der griechischen Fassung des Alten Testaments, der hebräische Aufzeichnungen zugrunde lagen, und die sie für älter und authentischer als die heidnischen Quellen hielten.

Im einzelnen habe ich dies bereits in dem vorangehenden Band „Unerhört, diese Christen" ausgeführt. Unschwer lässt sich die Entwicklung an Paulus weiter verfolgen bis zu den nizäischen und athanasianischen Bekenntnissen, die Formulierung und Ausbau der christlichen Religion auslösten. Wesentlich scheint mir, dass das Christentum nicht der geistige Nachfolger des Judaismus ist. Es ist eine Synthese aus Judentum und Heidentum. Damit haben sich die Christen ebenso von ihrem Ursprung entfernt wie die alten Israeliten, die ihre Religion mit den kanaäischen Kulten vermengten. Nicht die Juden müssen daher Christen werden, sondern die Christen müssen, wenn sie wirklich im israelitischen Sinn Gottes Volk sein wollen, ihren Glauben erneuern und reinigen und zu dem zurückkehren, was sie ursprünglich mit den Juden gemeinsam hatten: die messianische Idee.

Es gibt im heutigen Christentum Anzeichen für ein Hinauswachsen aus der überkommenen christlichen Mythologie, ausgelöst durch wissenschaftliche Erkenntnisse und unvoreingenommene Beschäftigung mit den christlichen Schriften. Aber die zentralen Dogmen konnten noch nicht erschüttert werden. Wenn irgend möglich, sollen sie immer noch gehalten werden als glaubhafte Widerspiegelung ewiger Wahrheiten, denn durch die Zerstörung der christlichen Dogmen würden Millionen ihrer Religionen beraubt, und sicher ist zumindest die christliche Ethik des Festhaltens wert, außerdem sollte den Menschen auch die Möglichkeit des Gebets und des gemeinsamen Gottesdienstes nicht genommen werden. Aber die jüdische Lehre bietet all das auch, und in der Tat beginnen Christen jetzt sich mit dem Judentum zu beschäftigen, wie es seit der Trennung vor neunzehnhundert Jahren nicht mehr geschehen ist.

Die Christenheit als Ganzes wird sich natürlich ebensowenig zum Judentum bekehren wie die Juden orthodoxe Christen werden können. Jüdische Riten und Zeremonien werden ihr immer

Die Zeiten der Heiden

fremd bleiben. Doch wäre eine reine monotheistische Religion in nicht-jüdischer Ausprägung denkbar; in dieser Weise hat auch der liberale Judaismus die rabbinische Orthodoxie beeinflusst. Das neue Christentum wäre leicht zu charakterisieren, denn im wesentlichen wäre es eine Rückkehr zum Ursprung.[97] Ähnlich orientiert sich das liberale Judentum weitgehend am prophetischen Judaismus. In diesem neuen Christentum würde der Gott Jesus durch Jesus, den Messias, ersetzt. Gottes Sohn wäre er nur, weil er den Geboten Gottes gehorsam war, nicht auf eine übernatürliche Weise. Im Mittelpunkt stünde das soziale Evangelium, denn dies ist die eigentliche messianische Aufgabe, welche Christen wie Juden mit der Errichtung des Gottesreichs auf Erden aufgetragen ist. Auch die Juden würden dann Jesus als den Messias anerkennen können, der jüdische Nächstenliebe verwirklicht hatte und so mitwirkte an der Erneuerung Israels im Dienst Gottes und der Menschen. Das getrennte Volk Gottes würde wieder vereint und sein auf das Weltgeschehen verstärkt.[98]

All dies ist möglich. Ob es aber wahrscheinlich ist, das ist eine andere Frage. Weder Christen noch Juden werden den ersten Schritt dazu tun, wenn nicht andere, die ihrer Verantwortung eher bewusst sind, sie in diesem Sinn beeinflussen; vielleicht müssen sie fürchten, von denen verdrängt zu werden, die zur Erfüllung der Aufgaben des göttlichen Planes bereit sind.

Es könnte fast scheinen – auch wenn dies in Wirklichkeit nicht so ist – als sei der Plan seit der Zerstörung Jerusalems im Jahre 70 n. Chr. nicht weitergeführt worden. Der Autor des Lukas-Evangeliums und der Apostelgeschichte prophezeit: „Und Jerusalem wird von Heiden zertreten werden, bis die Zeiten der Heiden abgelaufen sind."[99] Mit den Zeiten der Heiden meinte er ohne Zweifel die römische Weltherrschaft. Er konnte sich dabei nicht vorstellen, dass diese Zeit in verschiedenen Formen neunzehn Jahrhunderte und länger dauern würde. Wir sprechen auch heute noch vom Imperialismus, denn der Geist Roms lebt heute noch unter uns.

Der Kern des römischen Imperialismus ist die Vorstellung eines gemeinsamen Oberherrn, die genaue Antithese zum hebräischen Konzept eines dienenden Volkes von Priestern. Die römische Kirche bejahte den römischen Imperialismus, aber auch der Protestantismus widerstand nicht dem Glanz des alten

Roms als Herrn der Welt, widerstand nicht dem Ehrgeiz, das Erbe der Cäsaren zu eigener Verherrlichung zu gebrauchen. Die biblische Vorstellung eines auserwählten Volkes wurde pervertiert als Rechtfertigung eines nationalen Machtanspruchs; jeder Zuwachs an materiellem Wohlstand wurde zum Beweis für besondere göttliche Gunst. Staaten, die sich als Nachfolger des römischen Imperiums betrachteten, zeigten stolz den Adler im Wappen. Andere, ohne diesen Anspruch, fühlten sich aus sonstigen Gründen überlegen, zum Beispiel aufgrund ihrer Lebensweise.

Der Humanist Erasmus von Rotterdam schrieb: „Von allen Vögeln schien für weise Männer allein der Adler königlich zu sein, obschon weder musikalisch noch als Nahrung geeignet, sondern ein Fleischfresser, habgierig, allen verhasst, ein Fluch für alle. Er hat mehr Kraft zu verletzen als alle und hat auch am meisten Lust dazu." Ob Herrenrasse, Kapitalismus oder Diktatur des Proletariats, immer steht der Geist des römischen Imperialismus dahinter, der imstande ist, mit Mars und Vulkan in einer einzigen schrecklichen Stunde allen schmerzlichmühevollen Fortschritt zu zerstören.

Zu Zeiten der Heiden waren die Juden zur Hilflosigkeit verdammt. Die Thora überlebte in den Synagogen, aufbewahrt in einem verhängten Schrein. Man nahm sie heraus und las darin. Der Priester jeder Gemeinde stand mit den Schriftrollen im Arm und verkündete: „Höre Israel, der Herr dein Gott ist der eine Herr." Der fromme Jude bekannte dies auf dem Totenbett. Das Schlüsselwort war „Denke daran".

Wo immer sie auch wanderten auf Erden
Da gingen Stolz, Erniedrigung mit ihnen Hand in Hand
Getreten und geschlagen wurden sie wie Sand –
Und blieben unerschüttert doch wie festes Land.
Denn hinter ihnen ragten große Schatten :
Erzväter und Propheten, hehr und alt –
Was die vor Zeiten einst geschaffen hatten
Sahn sie im Spiegel künftiger Gestalt.
So lasen sie, stets rückgewandt den Blick,
Des Weltgeschehens geheimnisvolle Bände –
Von hinten her, wie das Hebräische es will,
Bis Leben wurde längst vergangene Legende.[100]

„Ihr seid meine Zeugen." Aber Zeugen vor wem? Kann ein Sich-nach-innen-Wenden ein Zeugnis sein? Die Juden verkündigten nicht „Hört, ihr Völker, der Herr ist euer Gott". Ein Schriftsteller hat es so ausgedrückt: „Wir Juden haben jahrhundertelang nichts für die Welt getan." Ja, einzelne haben viel getan. Juden haben sich auf vielen Wissensgebieten ausgezeichnet, im Handel, als Erzieher der Menschheit und als Kämpfer für soziale Reformen. Aber die Gemeinschaft kämpfte nur mehr um das Überleben. Trotz aller Verfolgungen, Pogrome und Todeslager werden wir überleben. Gott lebt, und deshalb ist Israel unzerstörbar. Kann man diese Haltung als Glaubenszeugnis werten oder ist sie nur ein trotziges Sichversteifen auf die Tradition?

Im modernen Zionismus erfuhr die Gemeinschaft eine Erneuerung, aber auch hier stand der Wille zur Selbsterhaltung im Mittelpunkt, und nur am Rande erscheint die Vorstellung der Weltmission und der Verantwortung gegenüber allen Nationen.

Der Staat Israel sah nach seiner Verwirklichung nicht einmal eine Möglichkeit, mit seinen Nachbarn in Frieden zu leben. Seine nationale Idee spiegelt die alte Torheit wider, wie alle Völker sein zu wollen, nicht etwa ein Volk, das sich dem Dienst an der Menschheit verschrieben hat.

So stehen die Christen immer noch den Juden ratlos gegenüber, und die Juden finden sich mit ihrer Rolle in der Menschheit nicht zurecht. Beide haben sich von ihrer messianischen Berufung abgewandt. Sie sind zu ungleichen Schicksalsgenossen geworden, dadurch, dass sie ihre Verpflichtung, die Welt zu verändern, nicht erfüllt haben. Bis zu einem gewissen Grad haben die gemeinsamen Probleme den Dialog gefördert. Es gibt christlich-jüdische Gesellschaften und Vereinigungen. Christen studieren das Judentum mit Verständnis, und Juden beschäftigen sich in gleicher Weise mit dem Christentum. Die römische Kirche hat ihre feindselige Einstellung den Juden gegenüber bis zu einem gewissen Grad revidiert.

Auch die Christen streben nach Erneuerung ihrer Gemeinschaft in der Ökumene durch die Arbeit des Weltkirchenrates, selbst die Gründung eines christlichen Volkes ist diskutiert worden.[101]

Christen und Juden fehlt bis heute die großartige Zielvorstellung, sich als das Gottesvolk, als das eine Israel, zu vereinen, und so zum Volk zu werden, das den Imperialismus in der Welt überwinden könnte. Die bisher lautgewordenen Äußerungen dieser Idee sind nur Strohhalme, die der Wind des wechselnden Zeitgeschehens hierhin und dorthin trägt, aber der Wind ist weder stark noch beständig. Es wird einen tiefen Schock brauchen, um die Gleichgültigen aufzurütteln. Die verzweifelte Situation der Völker genügt offensichtlich noch nicht dazu. Solange die Erben der Propheten weiterhin der messianischen Forderung ausweichen, muss die Rettung der Menschheit aus anderen Kräften kommen. Die Kinder des Gottesvolkes, Juden und Christen, hätten dann ihre Stunde verpasst. Das Gottesreich wird dann von ihnen genommen und einem Volk gegeben werden, das Früchte bringen wird.[102]

Wir leben heute in einem neuen eschatologischen Zeitalter. Die Zeit Jesu nahm an, dass das Gericht über die Welt kommen werde im Feuersturm. Die Frommen waren so befangen in Verkündigung des Unheils, dass sie am Plan Gottes vorbeiredeten und nicht erkannten, dass ihre Menschenliebe mehr Messianisches vollbringen könnte als die Vernichtung der Sünder. Unglücklicherweise wird auch heute wieder von einigen die Gewalt der Liebe vorgezogen; sie würden gerne mitansehen, wie die Reiche dieser Welt in den Flammen einer nuklearen Katastrophe untergehen, wenn sie dabei nur sich selber retten könnten. Bei den verschiedenen Ideologien gibt es in der Tat immer einige, die eine neue friedliche Welt nur auf den rauchenden Ruinen der alten auf bauen wollen: Nur so können die Feinde des Kapitalismus ausgerottet werden; nur so können die Feinde des Kommunismus besiegt werden. Man nennt sich friedliebend und versucht doch nur, sich in die Position des Stärkeren zu manövrieren.

Kann so das Ziel Gottes für die Menschheit erreicht werden? Die Zeit der Heiden zu erfüllen, bedeutet, den Imperialismus, der sich auf das Recht des Stärkeren, auf Unterdrückung und Machtstreben stützt, und das zuweilen mit Billigung der Kirchen, durch tätige Liebe zu überwinden.

Wenn wir die Geschichte der vergangenen neunzehn Jahrhunderte näher betrachten und tiefer, verständnisvoller in sie ein- dringen, wird uns aufgehen, dass entgegen jedem oberflächlichen Schein die Welt nie einem gleichgültigen Schicksal überlassen gewesen ist. Es entspricht Gottes Plan, dass heute, über die (ganze Erde verstreut, empfindsame und ausdrucksstarke Menschen leben, in gespannter Erwartung und in instinktivem Vorgefühl, dass in dieser Krisensituation etwas Unerwartetes, Befreiendes bevorsteht. Manche werden es ihren Überzeugungen entsprechend benennen, andere haben keine näheren Vorstellungen darüber. Aber das Vorgefühl ist da und hat sich mit den Jahren verstärkt. Ist dies nichts als eine psychische Reaktion?

Am Ende des Zweiten Weltkriegs beschrieb L. P. Jacks die Situation so: „Wer kann bezweifeln, dass die unvorstellbaren Leiden und der heldenhafte Einsatz unserer Zeit, die Abgründe einerseits und die Höhen andererseits, diese Vermengung von Elend und Größe, die Anspannung und die Not des Krieges, Symptome sind für eine Welt, die in Geburtswehen liegt? Aber was wird geboren? Vielleicht etwas ganz Unerwartetes... Es wäre möglich, dass auf dem Höhepunkt der Verwirrung und unmittelbar vor dem Ausbruch des Konflikts der Lärm verstummt vor dem plötzlichen Trompetenruf, der die Menschheit zu einem neuen Unternehmen aufruft... vielleicht in Gestalt eines großen, übergeordneten Ziels, das die Menschen ihre Streitigkeiten, ihre kleinlichen Auseinandersetzungen vergessen ließe, und sie vorantreiben würde, weil es den Einsatz wert ist."[103]

9

Nachlese

In den vorigen Kapiteln habe ich aufgezeigt und zu erläutern versucht, dass im Weltgefüge und in der Geschichte unserer Erde Gott wirkt. Ich habe die Auffassung vertreten, dass für die Menschheit ein göttlicher Plan besteht und habe versucht, dies an der jüdisch-christlichen Geschichte zu erklären, denn die Juden waren seit mehr als dreitausend Jahren überzeugt, in diesem Plan eine besondere Rolle zu spielen. Deshalb könnte ihre Geschichte einige Anhaltspunkte für das Bestehen dieses Planes bieten.

Ich habe dabei mit Nachdruck betont, dass man das Thema der Offenbarung Gottes nur sehr behutsam angehen darf. Wer Gottes Wille zu erfahren und zu verkünden glaubte, war kein Hellseher, und man darf seine Prophezeiung nicht als Voraussage der Zukunft verstehen, die entweder sofort oder nach und nach Erfüllung finden wird. Prophetie ist nicht die von Gott vorweg kundgegebene Geschichte. Den Propheten zeichnen mediale Fähigkeiten aus, die auf zweierlei Weise wirken: Zum einen kann er die Verbindung herstellen zwischen scheinbar nicht zusammenhängenden Umständen und Geschehnissen, er kann sie in Wechselbeziehungen bringen und ihre innere Bedeutung und ihren Trend erkennen. Zum anderen ist er sensibler Empfänger von Impulsen menschlicher und außermenschlicher Herkunft. Diese Impulse können als Bilder, Worte oder plötzlich aufleuchtende Erkenntnisse empfangen werden, immer aber müssen sie vom Geist des Empfängers aufgenommen werden, und ihre Artikulierung wird gefärbt durch die Denk- und Vorstellungskraft des Empfängers. Was aber den Propheten oft vom Medium oder anderen Sensitiven trennt, ist das Bewusstsein einer besonderen Aufgabe. Diese kann möglicherweise im Gegensatz zu seinen natürlichen Neigungen stehen, oder ihn plötzlich und häufig zu einem unwillkommenen Zeitpunkt rufen und geradezu dienstverpflichten. Er wird beauftragt, irgendwohin zu gehen und dies zu sagen oder jenes zu tun. Der Prophet Arnos ist dafür ein geradezu klassisches Beispiel. Er wehrte sich mit den Worten:

„Nicht Künder bin ich, nicht eines Künders Jünger bin ich, sondern Rinderhirt bin ich und Maulbeerfeigenzüchter.

Aber ER nahm mich von hinter der Herde weg,

und ER sprach zu mir: „Geh,

künde auf mein Volk Jissrael zu!"[104]

Was würde nun, hebräischer Tradition folgend, für die Existenz eines Planes Gottes sprechen? Vor allem, so scheint mir, das Bewusstsein, in ein weitreichendes Erlösungswerk einbezogen zu sein, aus dem sich oft strenge, vielfach nicht gerade einleuchtende und dem zeitgenössischen Denken zuwiderlaufende Forderungen ableiten. Weiterhin sollte eine Entwicklung erkennbar sein, die trotz der Gleichgültigkeit und des Widerstands vieler Menschen durch schrittweise Erfüllung ihrem Ziel zustrebt. Schließlich sollten Umstände und Bedingungen auftreten, durch die scheinbar zufällig der Plan gefördert wird.

Ich habe bereits betont, wie sehr man das menschliche Widerstreben und Missverstehen berücksichtigen muss. Die Feststellung, dass bestimmte Ereignisse nicht eingetroffen sind, sagt deshalb gar nichts. Wir haben es nicht mit einem bis in die Einzelheiten festgelegten Programm zu tun. Kein Mensch hat je die ganze Wahrheit besessen, und keiner konnte je das Ende absehen. Doch konnte wenigstens andeutungsweise erkannt werden, dass es ein Ziel gibt, das die Schaffung und die Geschichte des Menschen rechtfertigt, wobei denen, deren Bewusstsein weit genug entwickelt ist, klar wird, welchen Beitrag sie zu leisten haben, um diesem Ziel näher zu kommen.

Es ist außerordentlich bedeutungsvoll, dass die jüdische Geschichte über einen langen Zeitraum, durch viele Generationen hindurch, unter diesen Aspekten verfolgt werden kann. Menschliche Planung allein hätte nicht so lange durchgehalten, um den Lauf der Geschichte über einen so großen Zeitraum hinweg zielstrebig beeinflussen zu können. Wenn einmal ein Gedanke als von Gott kommend aufgefasst und angenommen wird, so findet er Anhang und Unterstützung. Es war aber mehr erforderlich als menschliche Macht allein, um immer wieder zahlreiche unzusammenhängende Ereignisse und Faktoren dienstbar zu machen, um so mehr als über das zu erreichende Ziel und die Wege, die dahin führen, große Meinungsverschiedenheiten bestanden.

Immer noch zweifeln Menschen am Sinn der Geschichte. Und doch gibt es genug Beweise dafür, dass in ihr zumindest eine Entwicklung und eine aufbauende Ordnung herrscht. Unsere Wissenschaften, unsere politischen und wirtschaftlichen Systeme, unsere gesellschaftlichen Verhaltensweisen beruhen darauf. Unser wachsendes geographisches Wissen trägt evolutionäre Züge, ebenso unsere Kommunikationsmöglichkeiten. Oft wurde Fortschritt durch Entdeckungen und Katastrophen eingeleitet. Die Auffassung von der Sinnlosigkeit der Geschichte beruht auf reiner Annahme. Sie gründet sich nicht auf geschichtliche Erfahrung. Eine sinnvolle Geschichte muss aber für den Atheisten Konsequenzen haben, die mit seiner Überzeugung unvereinbar sind. Der Atheist bestreitet nicht, wie vielleicht anzunehmen wäre, dass das menschliche Leben und die menschliche Gemeinschaft sinn- und zweckvoll sein können. Er schreckt nur davor zurück, die Menschheit als Vollstrecker eines höheren Auftrags zu sehen. Die bloße Vorstellung vom Geist ist beunruhigend, denn sie eröffnet eine nicht materielle Dimension unseres Bewusstseins.

Nichts, keine Tatsache, widerlegt das Bestehen eines göttlichen Planes. Dies gibt uns die Berechtigung, die jüdisch-christliche Geschichte, die ihn bezeugt und sich in seinem Dienst versteht, zu durchforschen und das Wesentliche darin zu sammeln. Betrachten wir — mit Blick auf die festgestellten Kennzeichen — kurz die Abfolge und die Beziehungen der geschichtlichen Umstände, die dafür sprechen, dass im menschlichen Leben ein Ziel erkennbar wird, welche die Art dieses Zieles erkennen lassen. Aufgrund der geleisteten Vorarbeit werden sich die Dinge nun klarer abzeichnen.

Viel weiter zurückzugehen als bis zum Jahre 1000 v. Chr. empfiehlt sich nicht, denn wieweit die Berichte über die Patriarchen und Mose geschichtlich sind, lässt sich nicht ergründen.

Vermutlich wanderten die Hebräer in mehreren Wellen nach Palästina ein, später bis nach Ägypten. Höhepunkt war eine große Auswanderung aus Ägypten und die Eroberung eines großen palästinensischen Gebiets. Vielleicht vollzogen sich schon diese Wanderungen im Glauben an die Führung Gottes. Zur Zeit der hebräischen Könige ist dieser Glaube nachweisbar, und die Geschichtsschreiber jener Zeit interpretierten die Vergangenheit ihres Volkes in diesem Sinn. So entstand die Geschichte vom Ruf Gottes an Abraham zum Aufbruch nach Kanaan und von der Verheißung, das Land seinen Erben als das Gelobte Land zu geben. Die Geschichte vom Aufenthalt in Ägypten, vom Auszug unter Mose, von der Gesetzgebung und den Wanderungen in der Wüste verfolgt das Motiv weiter.

Man mag einwenden, dass die Israeliten eine Rechtfertigung für die Besetzung Kanaans suchten. Aber sie taten dies auf eine seltsame Art. Der Anspruch, auf Gottes Geheiß das Land zu besetzen, war nicht ungewöhnlich. Ungewöhnlich war, dass die Israeliten sich selbst als priesterliches Volk betrachteten, das den anderen Völkern zum Segen werden sollte. Dies widersprach dem Denken der Zeit, das von Egoismus und Machtstreben gekennzeichnet war. Die Israeliten aber verstanden sich als ein auserwähltes Volk, herausgehoben aus den anderen und mit einer Aufgabe betraut, die dem Wohl der ganzen Menschheit galt. Und sie hielten diese Überzeugung aufrecht, auch wenn sie von feindseligen Nachbarn umringt und zu Zeiten auch überrannt wurden.

Und warum war gerade Kanaan das Gelobte Land? War es zum Schauplatz des Erlösungswerks besonders geeignet? Geographisch bildete es einen Teil des fruchtbaren Halbmonds und war Treffpunkt für die Kontinente Europa, Asien und Afrika. In diesem Land stießen viele Völker aufeinander und vereinigten ihre Kulturen: Sumerer, Amoriter, Hittiter, Ägypter, die Völker des Meers, Philister, Assyrer und Chaldäer und später Medo-Perser, Griechen und Römer, Araber, Franken und Türken. Alle führte ihr Weg zu verschiedenen Zeiten durch dieses Land.

In Israel entstand die Lehre eines Volkes von Dienenden und damit der Gegenpol zu Machtpolitik und Imperialismus; sie war ein Teil des göttlichen Planes. Durch die hebräischen Propheten kam das Wissen um den Plan in die Welt. Das dienende Volk sollte niemanden unterdrücken und sollte Fremdlinge als

Freunde ansehen, denn es hatte selbst erfahren, was es heißt, Sklave und Fremdling zu sein. Das Volk sollte Gottes Wege lehren und ein Beispiel setzen, denn Gott war alleiniger Herr und der Gott der ganzen Menschheit. Alle Völker der Welt waren seine Kinder. Die Propheten sahen in eine Zukunft, in der Krieg und Unrecht, auch aller Götzendienst überwunden war. Diese Vorstellung ist uns vertraut und scheint uns nicht so umwälzend. Vor dem Hintergrund der Zeitgeschichte jedoch hebt sie sich bemerkenswert ab. Die Bibel berichtet aber auch, dass die Vision nicht erfüllt wurde. Die Hebräer bauten einen Staat auf und liefen Gefahr, durch die polytheistischen Kulte ihrer Nachbarn verführt zu werden. Nach der Lehre der Propheten hätte der Staat aufgelöst werden müssen zugunsten der einzigartigen Aufgabe Israels. Dies geschah dann auch sehr schnell. Das Königreich Israel wurde durch die Assyrer zerstört, Juda durch die Chaldäer. Doch dies war nicht das Ende. Das neue babylonische Weltreich unterwarf die Assyrer und wurde wiederum besiegt durch die Medo-Perser. Der Rest des jüdischen Volkes konnte aufgrund eines Erlasses des Meders Cyrus aus dem Exil zurückkehren; der jüdische Staat durfte jedoch nicht wieder hergestellt werden. War dies Zufall?

Das Land, in das die Juden zurückkehrten, war von heidnischen Kulten weitgehend gereinigt worden, und durch die Lehre ihrer Propheten und Schriftgelehrten wuchsen sie zu einer engeren religiösen Gemeinde zusammen als je zuvor. Die Bibel entstand als Sammlung der heiligen Schriften, und die Lehre vom getreuen Restvolk fand immer mehr Anhänger. Aber immer noch war der Glaube an die Vision der Propheten zu schwach, um zur Tat zu drängen. Die Juden waren den Heiden kein Licht.[105] Doch mit den Persern fand die Vorstellung eines kosmischen Konfliktes Eingang, eines Jahrtausende währenden Kampfes zwischen Licht und Finsternis, Gut und Böse, an dessen Ende der Sieg der Gerechtigkeit stehen sollte. Dies blieb nicht ohne auf die jüdische Eschatologie. Die Vorstellung wurde verknüpft mit der prophetischen Verkündigung vom kommenden Tag des Herrn und mit dem Erscheinen messianischer Gestalten.[106] War auch dies Zufall?

Was konnte die Juden zum Handeln für die Völker bewegen? Zwei wesentliche Umstände kommen dabei in Betracht. Zum ersten vereinigten die Siege Alexanders des Großen Ost und

West in einem Plan. Die Juden kamen in Berührung mit der griechischer Kultur und zerstreuten sich durch Ansiedlungen in andere Länder. Zum zweiten war der Versuch des syrischen Königs Antiochus Epiphanes, einem Miterben des alexandrinischen Weltreichs, die Juden zur Annahme der griechischen Religion zu zwingen, ein Anlass, den Glauben der Väter und seine weitreichenden Forderungen wieder ernst zu nehmen. Der erweiterte Gesichtskreis und der wiederbelebte Glaubenseifer gaben der jüdischen Mission neuen Aufschwung. Der missionarische Einsatz war entscheidend geprägt durch die Auslegung der „Zeichen der Zeit", die das Herannahen der Endzeit anzukündigen schienen. Das Wissen von Gott und der Sonderstellung des jüdischen Volkes erfuhr weite Verbreitung.[107] Aber die Mission vollzog sich nur zum geringeren Teil im Geist der Liebe und des Dienstes, wie der Propaganda-Literatur zu entnehmen, ist, und entsprach nicht dem Wesen eines dienenden Volkes. Erheblicher Widerstand und antisemitische Regungen waren die Folge.

Die Zeit war reif für eine grundlegende Wende, und die Zeit bereitete sie vor. Die jüdische Erwartung der herannahenden Endzeit, der Ankunft des ersehnten Messias, des heiligen Königs, der das Böse überwinden und die Ära des Gottesreiches an Erden einleiten würde, verstärkte sich, damit aber auch die Erwartung der Zerstörung des römischen Weltreichs, das als die letzte Ausformung heidnischer Macht betrachtet wurde. Aber Israel konnte seine Mission an der Menschheit nur im Geist der Liebe zu allen, auch seinen Feinden, erfüllen. Feindseligkeit konnte nie dem Frieden und der Gerechtigkeit dienen. So versuchte Jesus als Messias dem Volke zu erklären, welche Forderungen ein dienendes Volk erfüllen musste. Schließlich lieferte er sich dem grausamen Leiden durch die Hand der Römer aus um seiner Überzeugung Nachdruck zu verleihen. Durch Lehre und Beispiel teilte er Israel mit, was von Gottes Sohn und Diener gefordert war, und wurde so zum Ausgang einer neuen Bewegung.

Wie viele seiner Zeitgenossen rechnete auch Jesus mit einem schnellen Ablauf der Ereignisse. Das war sein Irrtum. Aber ohne diese Erwartung hätte es ihm und seinen Anhängern an der Stoßkraft gefehlt, an der verzweifelten Eile, mit der die messianische Botschaft verbreitet wurde. Die Zeit begünstigte die Entwicklung. Es gab jetzt jüdische Gemeinden in der ganzen damals bekannten und bewohnbaren Welt, und das römische Weltreich selbst, das durch das Gottesreich abgelöst werden sollte, erleichterte die Evangelisation. Im Schutz des römischen Friedens war das Reisen sicher und schnell. Die Länder waren durch Straßen miteinander verbunden, auch die Seeräuberei war zurückgegangen. Die Verbreitung der griechischen Sprache überbrückte die Sprachprobleme.

Ein neuer Kämpfer für die messianische Sache, der hellenische Jude Saul von Tarsus, stürzte sich mit ganzem Einsatz in die Aufgabe, auch Nichtjuden zu bekehren, um das jüdische Christentum zu stärken. Nach seiner Auffassung bot Gott den Nichtjuden Gelegenheit, sich Israel einzugliedern durch den Glauben an den Messias. Das so erweiterte Volk der Dienenden konnte das Gottesreich wirkungsvoller verkünden und seine Aufgabe besser erfüllen. Israel musste aus der Selbstbeschränkung herausfinden. Dies wurde besonders deutlich, als sich die jüdischen Zeiten in den Krieg gegen Rom stürzten und beim Sieg der Römer der Tempel in Jerusalem zerstört wurde und dadurch die lange Geschichte des levitischen Priesteramtes ein Ende fand. Von da an wurden die Juden ein Volk im geistigen Sinn; ihr Leben vollzog sich in den Synagogen und in den Vorschriften der Thora, wie sie von den Rabbis ausgelegt wurden.

Es war in der Tat eine Zeitenwende, eine gute Gelegenheit zur Verwirklichung des Gottesreiches. Unglücklicherweise verzögerte menschlicher Eigensinn einmal mehr seine Ankunft. Die neuen Israeliten, ursprünglich heidnische Nichtjuden, unterlagen nichtjüdischen Auffassungen und schufen die Religion des Christentums, wobei man Jesus als den Mensch gewordenen Gott anbetete, anstatt ihm als dem Messias zu folgen. Es entstand eine Mischung von Semitismus und Heidentum mit Riten und Zeremonien, ausgeübt von einem fast heidnischen Priestertum. Das Gottesvolk war in zwei Teile zerrissen, und die neue Religion verfolgte und verachtete die alte. Doch die Juden überlebten. Während sich das Christentum dem Jenseits zuwandte, blieben sie als lebendige Erinnerung an einen reineren Glauben und hielten fest an der alten Vision eines messianischen Zeitalters des Friedens und der Gerechtigkeit auf Erden.

Wo blieb in dieser bedauerlichen Situation die Entwicklung von Gottes Plan? Das Christentum war als offizielle Religion des römischen Weltreichs in der Lage, die Erkenntnis Gottes zu verbieten und den Götzenglauben in vielen Völkern zu besiegen. Dies wäre den Juden in diesem Umfang nicht möglich gewesen. Das Ergebnis der Verbreitung war ein wichtiger, wenn auch nur halber Schritt auf das Ziel zu. Das Christentum erreichte die Anerkennung der jüdischen Ethik als Maßstab des Verhaltens für die Gesellschaft, den Einzelnen und ganzer Staaten. Dies ermöglichte die Entwicklung allgemeingültiger Richtlinien.

Die Völker waren jedoch im allgemeinen nur oberflächlich christianisiert. Das Ziel der Kirche war nicht, aus den Nationen ein Volk von Dienenden zu bilden, sondern so viele Völker wie möglich in ihren Einflussbereich zu bringen. Ihr Ziel war die Neubelebung des römischen Imperialismus, die Bildung eines Heiligen Römischen Reiches. Die römische Kirche ist von diesem Ziel nie abgewichen, auch als deren Verwirklichung im Mittel- alter fehlschlug. Die Vorstellung vom priesterlichen Volk schrumpfte zusammen zum Bild einer verordneten Priesterschaft, mit dem Papst, als dem Stellvertreter Christi, an ihrer Spitze.

Wir haben schon seit einiger Zeit den Bereich der biblischen Geschichte verlassen und stellen dabei fest, dass die spätere Entwicklung nicht weniger bedeutsam ist. Es lässt sich daran beobachten, wie trotz einiger Rückschläge die Kritik am römischen Imperialismus, die Ablehnung des selbsternannten gemeinsamen Oberherrn wuchs und sich ein universaler Humanismus entwickelte.

Schon im Mittelalter entstanden auf dem Gebiet des Handels in begrenztem Umfang Gemeinschaften mit Selbstverwaltung.[108] Es gab Handelsgilden, Schiffsgilden und städtische Gemeinschaften, die auf der Grundlage der Brüderlichkeit Richtlinien zur Schlichtung von Konflikten festlegten. Eine Stadt holte rechtlichen Rat bei einer Nachbargemeinde und bat um einen Schiedsspruch bei Auseinandersetzungen mit anderen. Innerhalb der Stadt war die Neutralität des Marktes schon seit langem anerkannt; keine Fehde durfte an einem Handelsplatz ausgetragen werden. Diese Gemeinschaften höhlten allmählich die Herrschaft Roms aus. Sie legten damit die Grundlagen der Demokratie. Sie bereiteten auch mit Entstehung der Nationalstaaten die Grundlagen für ein internationales Recht vor.[109]

Ein solches Recht war erforderlich, wenn jeder Nationalstaat sich als individuelle Einheit innerhalb einer Gemeinschaft verstehen sollte. Dieselben Überlegungen, die auf kleinem Raum die Bruderschaften ins Leben riefen, konnten vielleicht auch im großen Rahmen, angesichts der Schrecken des Krieges, wirksam werden und eine internationale Bruderschaft schaffen. Die Tragödie des Dreißigjährigen Krieges (1618-1648) legte den Gedanken nahe. Hugo Grotius stellte in *De Jure Belli ac Pads* das Naturrecht auf, das als göttliches Recht auch die Basis für ein Recht der Nationen sein sollte; der gemeinsame Oberherr wäre damit abgelöst. Das Handeln der Völker musste auf den Prinzipien und Empfindungen einer aufgeklärten Menschheit gründen. Deshalb „sollten sich weise Könige nicht nur mit der Sorge um ein Volk, sondern mit der Sorge um die ganze Menschheit betraut sehen". Grotius schlug Zusammenkünfte der christlichen Mächte vor, die internationale Konflikte durch neutralen Schiedsspruch schlichten sollten. „Es muss ein Weg gefunden werden, kriegführende Staaten zu einem Frieden mit annehmbaren Bedingungen zu zwingen."[110]

Dieses fortschrittliche Denken setzte sich nur langsam durch. Und doch war damit, angesichts vieler drohender Zeiterscheinungen, ein neues Verhaltensmuster gesetzt. Die Bedrohung durch den Islam, das schreckliche Erlebnis des Schwarzen Todes, der Niedergang des Papsttums, die Reformation, all dies trug zur allmählichen Demokratisierung bei. Die Erfindung des Pulvers setzte der Zeit der Ritter ein Ende, und die Buchdruckerkunst verringerte die Zahl der Analphabeten. Die Bibel gelangte in die Hände des Volkes, und die Lehren des Alten Testaments gewannen an . Reisen brachten Berührungen mit einer erweiterten Welt. Die Erde wurde als Kugel und als Teil eines heliozentrischen Systems erkannt.

Es dämmerte das Zeitalter der Vernunft. Nach Winwood Reade lehrte Rousseau den Menschen die Sehnsucht nach einem Ideal, das durch eigene Anstrengungen erreichbar war; er erweckte die Liebe zur Freiheit und die Achtung des Gesetzes. Das Prinzip der Tugend als abstrakte Idee, die künftige Gottheit des Menschen, wurde jetzt erstmals verherrlicht. Die Erregung griff vielfältig um sich. Das Volk, durch Leid und Unwissenheit gelähmt, vernahm die rufende Stimme; es litt und kämpfte und zerbrach seine Bande. Der kleine Mann, der sich vorher auf allen vieren bewegt hatte, entdeckte zu seiner Überraschung, dass auch er ein Zweibeiner war; die Welt wurde heller, der Horizont weitete sich. Eine neue Zeit begann für die Menschenrasse.[111] Das so fanatisch verkündigte Evangelium von Freiheit, Gleichheit und Brüderlichkeit konnte nur deshalb eine so fanatische Anhängerschaft finden, weil die Menschen etwas Neues von gewaltiger Bedeutung erkannten. Was bedeuteten Kronen und Mitren angesichts der Tatsache, dass selbst der Geringste erkennen konnte: „Ich bin ein Mensch. Ich gehöre zu der Bruderschaft der Menschen!"

Mit der industriellen Revolution und dem Anwachsen der nichtkonformistischen Konfessionen erhielten die Menschenrechte vermehrtes Gewicht. Ständig entstanden neue Gesetze auf dem Gebiet des sozialen Rechts. Das Volk suchte Kontakt mit den Brüdern in anderen Ländern und knüpfte neue internationale Beziehungen. Der sozialistische Kommunismus bedeutete eine extreme Form dieser Solidarität, die über alle Grenzen ging. Marx und Engels waren seine begeisterten Propheten.

Sie erklärten: „Alle bisherigen Bewegungen waren Bewegungen von Minoritäten oder im Interesse von Minoritäten. Die proletarische Bewegung ist die selbständige Bewegung der ungeheuren Mehrzahl im Interesse der ungeheuren Mehrzahl. Das Proletariat, die unterste Schicht der jetzigen Gesellschaft, kann sich nicht erheben, nicht aufrichten, ohne dass der ganze Überbau der Schichten, welche die offizielle Gesellschaft bilden, in die Luft gesprengt wird... Die Arbeiter haben kein Vaterland. Man kann ihnen nicht nehmen, was sie nicht haben... Sie erklären es offen, dass ihre Zwecke nur erreicht werden können durch den gewaltsamen Umsturz aller bisherigen Gesellschaftsordnungen. Mögen die herrschenden Klassen vor einer kommunistischen Revolution zittern. Die Proletarier haben nichts in ihr zu verlieren als ihre Ketten. Sie haben eine Welt zu gewinnen. Proletarier aller Länder, vereinigt euch!"[112]

Es ist nicht zu übersehen, dass die Erweiterung des Bewusstseins nicht zugleich das Ende des Imperialismus bedeutete. Im Kommunismus und im Kapitalismus entwickelten sich nur neue Formen. Das Prinzip gegenseitigen Dienens fand jedoch immer mehr Anwendungen. Erstarrte Formen gerieten ins Wanken, und althergebrachte Schranken wurden aufgehoben. Dazu kam, dass mit neuen wissenschaftlichen Entdeckungen Seuchen bekämpft, Lebensstandard und Bildung gehoben werden konnten. Die Kommunikation wurde erleichtert und viele kooperative Unternehmungen gefördert. Im neunzehnten Jahrhundert traten viele Völker, Länder, Rassen, Glaubensbekenntnisse und Klassen als aktive Teilnehmer in das soziale und politische Leben. Die allgemeine Anerkennung der Bürgerrechte, die Aufhebung der Sklaverei, die Emanzipation der Neger und Juden, die Entwicklung der Gewerkschaften, die Versorgung der Alten und Notleidenden, die menschlichere Behandlung von Verbrechern und Geisteskranken, all dies sind nur Beispiele für die Entwicklung der sozialen Verantwortung.

Auch das Wissen von der Welt und von der Natur entwickelte sich. Die Forschung füllte weiße Flecken auf der Weltkarte, Geologen und Archäologen erforschten die geheimnisvolle Vergangenheit des Planeten, die Ethnologen untersuchten die Verschiedenartigkeit der menschlichen Rassen. Die Erfindung der Verbrennungsmaschine und der Telegrafie ließen die Menschheit näher zusammenrücken. Die Elektrizität hob die allgemeinen Lebensbedingungen. Der Geist des Menschen sah die Welt in einer Ganzheit wie nie zuvor in der Geschichte, und damit wuchs bei einer engagierten Minderheit die Erkenntnis, dass jeder Krieg ein Bürgerkrieg ist. Das Jahrhundert, das soviel Wechsel gesehen hatte, klang hoffnungsvoll aus mit dem Zusammentreten der Internationalen Friedenskonferenz in Den Haag im Jahre 1899.

Die Geschichte im zwanzigsten Jahrhundert entwickelte sich, wie wir alle wissen, noch dramatischer und bedeutsamer. Wieder einmal, aber bedrohlich und weltweit wie nie zuvor, finden wir uns in einer endzeitlichen Atmosphäre. Viele versuchen, die Zeichen der Zeit zu deuten. Eine Zeit großer Verheißungen ist auch eine Zeit tiefer Verzagtheit. Kann soviel Streben nach dem Guten vergeblich gewesen sein? Wird eine neue umfassendere messianische Kraft uns zu Hilfe kommen.

Mit diesen knappen Ausführungen wollte ich aufzeigen, dass uns gesagt ist, was wir zu erwarten haben. Was helfen und retten kann, steht in Beziehung zu dem Plan, der sich in den vergangenen dreitausend Jahren offenbart hat. Die Lehre von einer dienenden Nation muss neu durchdacht und angewendet werden. Der angezeigte Weg zur Erlösung hat seine Richtung nicht geändert. Nur die Ausführung passt sich im einzelnen der veränderten Situation des Menschen und der fehlenden Entschlossenheit unter den ursprünglich Ausgewählten an.

Der Schlüssel zur Geschichte liegt offensichtlich in der jüdisch-christlichen Geschichte; deshalb ist sie bedeutsam. Um ihre Aussage deutlich zu machen, habe ich einige Eigenheiten betont, die in der Geschichtsschreibung nicht immer im Vordergrund stehen. Die Aussage wäre aber dieselbe bei umfassenderer Betrachtung, mit der ich die Aufmerksamkeit des Lesers nicht überfordern wollte. Es wäre auch möglich, außerhalb des jüdisch-christlichen Raumes eine Übersicht über das Weltgeschehen zu bieten, aber auch hier wäre das Ergebnis dasselbe geblieben. Nicht aus Überheblichkeit wurden Kulturen und Religionen anderer Erdteile aus dieser Übersicht ausgeklammert, vielmehr glaube ich, dass in der nächsten Phase des Weltgeschehens Asien, Afrika und Südamerika eine wichtige Rolle spielen werden.

Evolution bedeutet nicht, dass die Entwicklung zwangsläufig über Rückschläge und Irrwege hindurch fortschreitet. Sie stellt eine aufsteigende Gesamtheit dar mit immer größeren Risiken und Möglichkeiten. Der Fortschritt besteht in der Anpassung, die zur Überwindung von Hindernissen und Verzögerungsfaktoren erforderlich ist. Im angeborenen Willen zu überleben und zu überwinden ist ein Sinn verborgen, und je weiter sich Fähigkeit und Bewusstsein entwickeln, desto deutlicher wird der Sinn. Die Kraft, den Sinn zu erkennen, sich darauf auszurichten, wird zum Kennzeichen für die, die mit der Entwicklung im Einklang sind. Wie fortschrittliche Menschen sich auch fühlen mögen, weil sie den primitiven Glauben an die Wirksamkeit der Gottheit im menschlichen Bereich für überwunden halten, so sind sie doch selbst nur ein Teil einer Entwicklung, die ihr Ende finden wird, wenn ihre Aufgabe mit fortschreitender Evolution erfüllt ist.

Das Altertum sah alles als einen ständigen Kampf zwischen widerstreitenden Göttern, zwischen Gut und Böse, Licht und Finsternis. Der Sieg der guten Mächte war die Hoffnung des Glaubens. Diese dualistische Interpretation lebt im Christentum im Widerstreit zwischen Gott und Teufel weiter. An Gottes Sieg besteht kein Zweifel. Das Positive und das Negative sind jedoch beides Erscheinungen der Natur. So lässt sich das antike Symboldenken verstehen. Aber für das menschliche Schicksal muss der Konflikt, der die Entwicklung fördert, als Konflikt zwischen dem Willen Gottes und dem Willen des Menschen verstanden werden, nicht als Kampf zweier fast gleich starker Gottheiten um die menschliche Seele. Gott hat dem Menschen immer mehr Macht verliehen und die Evolution fordert, dass er ihren Gebrauch lernt, sein Wohl und Gottes Willen erkennt und danach handelt. Gottes Wille wird so sein Wille. Manche prophezeien, dass daraus nicht die Zerstörung des Bösen, sondern seine Verwandlung resultieren wird. Himmel und Erde sollen dadurch eins werden.

Uns geht es hier nicht um diese Endziele. Wir wollen erkennen, was wir in unserer Situation tun können, um gegenwärtiges Böses gut zu machen und uns daraus zu befreien. Alles hängt ab vom Einsatz und Verantwortungsgefühl der Wissenden.

Unsere Geschichtsdeutung hat zwei gegenläufige Grundhaltungen betont: Herrschaft und Dienst; die eine tendiert zur Versklavung, die andere zur Befreiung. Bezeichnenderweise ist es die Haltung des Dienens, die den Menschen wirklich frei macht. In ihr erfährt der Mensch innere Erleuchtung durch die Erkenntnis der Bedeutsamkeit aller Dinge außerhalb seiner selbst. Der Geist des Dienstes erweist sich so als eine Eigenschaft Gottes. Gott ist Herr seiner Schöpfung, als ihr Diener.

Die alte Interpretation der beiden Prinzipien erweckt den Eindruck eines Schachspiels, in dem durch die Zeitalter hindurch dem Zug von einer Seite ein Gegenzug der anderen Seite folgt. Nach dieser Vorstellung ist Gott in den Bedingungen unseres Menschseins verfangen. Sie ist Ausdruck einer niederen Stufe der Erkenntnis. Die über uns wirkende Gottheit wartet nicht menschlich die Entwicklung ab, um dann zu überlegen, was als nächstes zu tun sei. Wir müssen vielmehr unsere Welt verstehen als auf irgendeine Weise programmiert zur Selbstentwicklung, wobei auf den verschiedenen Entwicklungsstufen eine wachsende Freiheit des eigenen Willens eingebaut ist; bei falschen Entscheidungen werden Korrekturfaktoren wirksam. Dies ist natürlich ein sehr grobes und oberflächliches Bild, das sich aus den neuen Erkenntnissen im Bereich der Mechanik, der Physik und der biologischen Chemie ableitet. Von den „chemischen Prozessen" des Geistes wissen wir nur sehr wenig.

Auf unserer jetzigen Entwicklungsstufe müssen wir erkennen, dass das Ideal des römischen Imperialismus nicht Gottes Ideal ist. Der richtige Weg ist der Messianismus. Der Imperialismus wird, selbst wenn wir in bester Absicht handeln, unsere Bemühungen scheitern lassen. Nur wenn wir im Geist des Messianismus handeln, werden wir unser Ziel erreichen, auch wenn wir schwach und wirkungslos erscheinen mögen. Das gibt uns den Maßstab für die Richtigkeit allen Handelns. Was nach Macht oder Herrschaft strebt, wird früher oder später scheitern. Was in dienender Liebe unternommen wird, führt zum Erfolg, selbst wenn es mit Leid und Schmerz verbunden sein sollte. Die Erfüllung der Ziele Gottes kann sich nach unseren zeitlichen Maßstäben verzögern, wenn wir die Forderungen nicht erfüllen; sie kann aber auch beschleunigt werden durch unseren Einsatz.

Wenn wir unsere Vergangenheit mit dem ernsten Streben nach Erkenntnis durchforschen und bereit sind, das daraus gesammelte zu verwirklichen, so dürfen wir das Heute und das Morgen mit Vertrauen ins Auge fassen:

„In Stille, in Gelassenheit geschieht euer Heldentum."[113]

Die Zeit ist reif für eine neue messianische Bewegung, die an die Geschichte anknüpft, eine Bewegung, die unserer verzweifelten Not begegnen soll. Wir können sie nützen oder ganz oder teilweise ablehnen. Unsere Entscheidung wird unser Schicksal sein. Aber selbst wenn wir uns ihr entziehen, wird sie wieder erscheinen bis in ferne Zeiten der Zukunft. Gottes Plan muss am Ende unser Plan werden.

Zweiter Teil

1
Der Mensch im zwanzigsten Jahrhundert

Soweit die geschichtliche Überlieferung zurückreicht, gab es nie so viele Anzeichen einer Zeitenwende wie heute. Das zwanzigste Jahrhundert nähert sich seinem Ende und zeigt den Beginn des Weltraumzeitalters in mancherlei Hinsicht an. Der Mensch eroberte die Atmosphäre als neuen Raum für Bewegung und Aktivität und drang sogar schon darüber hinaus vor, um unser Sonnensystem zu erforschen. Er landete auf der fremdartigen Oberfläche des Mondes, und seine Instrumente haben die Venus und den Mars erreicht. Seine Geräte offenbaren ihm das Universum, und in seiner eigenen Welt übermittelt er Informationen so, dass sie praktisch gleichzeitig in allen Erdteilen gesehen und gehört werden können. Er dringt in die Tiefe von Land und Meer vor. Er untersucht die Grundlagen des Lebens und sein eigenes Unterbewusstsein.

Dieses Jahrhundert hat so erstaunliche Fortschritte in Wissenschaft, Technik und Medizin gebracht, dass sich die Lebensbedingungen mit nie dagewesener Geschwindigkeit verändern. Wäre die Weisheit entsprechend gewachsen, so hätte dieses Jahrhundert eines der fruchtbarsten für das allgemeine Wohlergehen der Menschheit werden können. Natürlich ist in vieler Hinsicht Gutes verwirklicht worden. Das Los des Menschen ist bereichert und verbessert worden. Und doch ist die Wurde des Menschen und der Sinn seines Lebens in Frage gestellt. Vielen erscheint das Leben, das sie selbst bestimmen sollten, als schon von anderen bestimmt, ja gegen ihren Willen verplant, und nur zu oft falsch be- stimmt zu sein. Es gibt keine Mitte, keinen Lebensplan, keinen Bezug zum Ganzen, für das sie selbst in irgendeiner Weise verantwortlich sind.[114] Es sieht ganz so aus, als ob sich dieses Jahrhundert, das Jahrhundert der großen Hoffnungen und Leistungen, das als das Jahrhundert des kleinen Mannes gepriesen wurde, als ein Jahrhundert wachsenden Zweifels und wachsender Unsicherheit erweisen wird, als ein Jahrhundert der Enttäuschung und der Hilflosigkeit und vor allem als das Jahrhundert der großen Furcht.

Der römische Imperialismus hat sich in verschiedenen Formen wie nie zuvor ausgebreitet. Mit den Möglichkeiten der Massenbeeinflussung und der Massenvernichtung wuchs auch das Machtstreben. Herrschaftssysteme wurden zu unersättlichen Götzen, die Menschenopfer verlangen und Politiker und Militärs als Diener ihrer Macht gebrauchen. Der Staat maßt sich einen Status als Herr der Schöpfung an und versucht in einem harten Kampf um Selbstbehauptung diejenigen zu unterdrücken und zu überwachen, die in seine Macht gegeben sind. Darüber hinaus bemüht er sich, kleinere Staaten in seine Abhängigkeit zu bringen. Demokratie ist zu einem beschönigenden Ausdruck für Oligarchie geworden.

Die wachsende Komplexität gemeinschaftlichen Lebens mit ihrer tiefgreifenden Abhängigkeit vom Spezialisten hat die unterwürfige Haltung gegenüber der Autorität gefördert und den Nationalismus gestärkt. Die Überbewertung der Staatsmacht wurde erleichtert durch die allgemeine Neigung, sich der Einflussnahme auf die Regierung zu enthalten; Ergebung wurde zur bequemsten Haltung für den einzelnen, den seine unmittelbaren Sorgen und Fragen genug beschäftigten. Das Staatsdenken, das Systemdenken, das Gruppendenken ersetzten die Bereitschaft zu persönlichem Einsatz und untergruben jedes freiheitliche Denken. Glücklicherweise lässt sich der menschliche Geist nicht so leicht unterdrücken und Tyrannei, ob offen oder verschleiert, konnte nie ganz siegen. Der Widerstand kann unterdrückt, aber nicht ausgerottet werden.

Ein Untersuchungsbericht hat festgestellt: „Die moderne Welt lässt sich nicht mit der vergleichen, die durch die römischen Legionen zusammengehalten wurde. Sie setzt sich aus Völkern zusammen, die weder barbarisch noch verbraucht sind, auch wenn viele erst freiheitliches Denken und die Grundlagen der

Menschenrechte lernen müssen. Diese Grundbedürfnisse der Menschheit können nie durch eine Philosophie befriedigt werden, die sich auf Ungleichheit aufbaut und die Herrschaft einer Herrenrasse über eine unterworfene Welt lehrt."[115] Einzelne und einige Minderheiten haben immer erkannt, dass die Machtstruktur der Gesellschaft zu ihren wirklichen Interessen und ihrem Wohlergehen im Widerspruch steht, und dass dies zu einer Weltordnung geführt hat, die von Konflikten bestimmt und von der ständigen Gefahr bedroht ist, dass politische Dummheit eines Tages die Menschheit in eine Katastrophe steuern könnte, die einen großen Teil der Bevölkerung vernichten und die Überlebenden zu einem Dasein in unvorstellbarem Elend verdammen würde. Man demonstriert und protestiert, und es kommt sogar — vor allem bei der Jugend — zu gewalttätigen Aktionen; aber die Protestierenden sind wie Schafe ohne Hirten, sie können wenig mehr tun, als ihren Missmut in fruchtlosen und oberflächlichen Slogans kundzutun. Der Wille, eine bessere Ordnung zu ersinnen und zu schaffen, ist ihnen weitgehend genommen. Sie wissen nicht oder wollen nicht wissen, wie verwickelt diese Ordnung sein musste, denn dies würde heißen, Verpflichtungen und Verantwortung zu übernehmen. Sie erwarten allen Ernstes, dass ihr Protest die Machthaber dazu bewegen wird, anders zu denken und zu handeln. So ersparen sie sich die Verpflichtung, den Einsatz und die Mühsal systematischen Aufbaus. Der Weg zur Hölle ist heute nicht so sehr mit guten Vorsätzen gepflastert, als mit Idealen ohne die feste Absicht, mit Geduld und Zähigkeit an ihrer Verwirklichung zu arbeiten.

Im politischen Bereich fällt der Mangel an Phantasie und Tatkraft am meisten auf, auch wenn in wissenschaftlichen Studiengruppen und Konferenzen wertvolle Arbeit geleistet worden ist.[116] In der Regel gehen ihre Untersuchungsergebnisse nicht über die bloße Feststellung des wünschenswerten Zieles hinaus: sie sind nicht mehr als akademische Übungen, nützlich, aber nicht zur Tat inspirierend.

Ich habe die negativen Seiten der Situation besonders betont, doch dürfen darüber die positiven nicht vergessen werden. Sie betreffen besonders das Gemeinschaftsdenken in zwischenstaatlichen Beziehungen, und — im kleineren Rahmen — in den Beziehungen zwischen einzelnen Gruppen. Auf beiden Gebieten wurde Land gewonnen und verloren.

Die bereits erwähnten Minderheitsgruppen sind mikrokosmisch bedeutsam; ich werde mich in diesem Kapitel auf ihre Entwicklung beschränken. Die Entwicklung der Weltgemeinschaft soll später behandelt werden. Natürlich besteht zwischen beiden eine Beziehung, denn die kleinen Gruppen bedeuten eine Distanzierung vom Weltgeschehen und sind gleichzeitig ein Versuch, stellvertretend eine vernünftige Lösung vorzuleben. Man kann deshalb viel von ihnen lernen, auch für die Lösung umfassender Probleme. Im wesentlichen drücken sie einen Glaubensschwund aus, nicht nur im Bereich der Politik sondern vor allem im Bereich von Lehre und Praxis der institutionalisierten Religion.

Die Religion war so sehr Teil der bestehenden imperialistischen Weltordnung, sie hat deren Politik so oft unterstützt oder sich doch damit abgefunden, dass sie in ihrer traditionellen Form derselben Ablehnung gegenübersteht. Millionen leben deshalb in einem geistlichen Leerraum dahin, während andere neue seelische Erfahrungsmöglichkeiten, bis hin zu psychedelischen, außerhalb der Kirchen, Synagogen, Tempel und Moscheen suchen. In vieler Hinsicht ist dies der Suche der tibetanischen Priester nach dem neuen Dalai Lama vergleichbar. Die Menschen verlangen nach einer irdischen Inkarnation des freien Menschengeistes in einzelnen oder in Gruppen. Ihre Sehnsucht gilt der Wahrheit, dem umfassenden Verständnis, der Selbstverwirklichung und der Erfahrung des fundamentalen Einsseins aller Dinge, um dadurch jene Würde zu erhalten, die der jetzt herrschende Geist der Versklavung ihnen vorenthält.

Das ist ein ehrliches Streben und zum Teil ein Beitrag zur Anpassung an veränderte Lebensbedingungen. Um aber die Gefahr der Fixierung auf das eigene Ich zu vermeiden, ist eine Tätigkeit im sozialen Dienst als Gegengewicht erforderlich. Dies wird auch oft verwirklicht. Aber ebenso oft wendet sich der Geist nach innen. Man beruft sich auf die geistige Tradition des Orients zur Rettung des ratlosen Okzidentalen. Vielen gilt Indien als Inbegriff der Wendung nach innen, der Erlösung von den Dingen. „Natürlich liegt die Gefahr darin", so Dean Inge, „dass wir uns für über den Dingen stehend halten, während wir in Wahrheit jedoch nur gleichgültig sind."

Die Neigung, sich vom Gedränge und den Nöten der Gemeinschaft zurückzuziehen, ist nicht neu, und die Organisation

Der Mensch im zwanzigsten Jahrhundert 131

kleiner ausgewählter Gemeinschaften geschieht oft unter orientalischem . Die Grundstrukturen haben sich über die Jahrhunderte hinweg nur wenig verändert. Wertvoll waren die Versuche, in einer egoistischen und vom Konkurrenzdenken beherrschten Welt die von allen Religionen verkündigten Lehren über zwischenmenschliche Beziehungen zu verwirklichen. Einer der Vorkämpfer solcher modernen Gemeinschaften hat deren Ziel wie folgt definiert:

„Gemeinschaftsleben ist der bewusste Versuch, die Wirklichkeit so weit wie möglich mit der Theorie zur Deckung zu bringen, den Graben zwischen Denken und Tun zu überbrücken, die menschlichen Probleme auf ein Maß zu reduzieren, in dem sie gelöst, nicht nur diskutiert werden können. Meinungen sollen im Test des Lebens erprobt, Ideale im Test der Erfahrung verwirklicht werden. Die Tat soll lauter sprechen als das Wort. Dazu sind geistig aufgeschlossene Menschen aufgerufen zu einer positiven und dynamischen Bruderschaft des Glaubens und des Dienstes."[117]

Das zwanzigste Jahrhundert hat vermehrt Gemeinschaftsunternehmungen hervorgebracht gerade wegen der widernatürlichen Art und der widernatürlichen Bedingungen des modernen Lebens, seiner falschen Wertsetzungen, seiner Betonung des Künstlichen, seiner Verfremdung und seiner Konflikte. Die Gemeinschaftsgruppe versteht sich nicht als Protest sondern als Richtigstellung, als Rückkehr zu den Wurzeln des Lebens, als Bestätigung des wahren Fundaments, auf dem eine harmonische und friedliche Weltordnung aufgebaut werden muss.

Die Verurteilung des Staates geht von der Erkenntnis aus, dass eine wirkliche Weltgemeinschaft oder auch nur eine nationale Gemeinschaft unter überwiegend zentralisierter Regierungskontrolle nicht denkbar ist. Sobald die Organisation zu kompliziert und entfremdet wird, schwindet das so wichtige Zugehörigkeitsgefühl, die Selbsterfüllung in der persönlichen Teilnahme. Menschen lassen sich nicht als Nummern behandeln, als ein Rädchen einer großen Maschine, das gesteuert, beliebig verwendet und ausgetauscht werden kann. Sie haben Rechte, die über das gesetzte Recht hinausgehen, vor allem das Recht, ein Mensch zu sein, mit Bedeutung, Ansehen, Entscheidungsbefugnis; ein Mensch, der Beziehungen gestalten kann und Achtung verdient als Rechtfertigung seiner Existenz, vor sich selbst und seinen Mitmenschen.

Die Einheit solcher Gruppen beruht nach Macmurray auf dem Bewusstsein der Zusammengehörigkeit in jedem einzelnen. Dieses Zusammengehörigkeitsgefühl besteht zwischen Freunden; ihr ursprünglicher Ort ist die Familie oder die Sippe. Solche Gruppen arbeiten wohl zusammen, aber ihre Zusammenarbeit basiert nicht auf reinem Nützlichkeitsdenken. Sie haben „sakramentalen" Charakter, weil sie eine Bruderschaft verkörpern und das Bewusstsein einer inneren, gefühlsmäßigen Einheit. Eine solche Gruppe wird nicht erst durch Zusammenarbeit gebildet. Sie arbeitet zusammen, weil sie bereits besteht.[118]

Die Soziologen sind sich wohl der Probleme bewusst, die die gesichtslosen und seelenlosen Massen bedeuten, die im allgemeinen dumpf konformistisch und ruhig verharren, jedoch leicht hysterisch und gewalttätig gemacht werden können. Die Vermehrung der Bevölkerung vergrößert die Gefahren in den dichter besiedelten Gebieten.[119] Wenn es dem Menschen nicht gestattet wird, in kleinen angepassten und weitgehend autonomen Gruppen Mensch zu sein, dann geht es nicht ohne Imperialismus, ohne Unterdrückung der Bevölkerung durch einen staatlichen Überbau und eine Ideologie mit dem Anspruch, im Interesse der Menschen zu handeln. Strenge Kontrollen müssen alle aufrührerischen Bewegungen unterdrücken. Feinde im Innern und jenseits der Grenzen werden bestimmt – Länder, Rassen, Klassen oder Systeme – um die Feindseligkeit von der herrschenden Autorität abzulenken. Der Krieg wird zum Mittel, den inneren Frieden zu bewahren.

Die kommunistische Herrschaft, zumeist in Ländern mit ehemaligem Feudalsystem, versucht, Oligarchie mit der Befriedigung der Wünsche einer Gruppe zu vereinigen, wobei Arbeiter- und Bauerngemeinschaften und -genossenschaften mit gemeinsamer Treuepflicht dem Staatssozialismus dienen. Dadurch entstand eine Form der Demokratie, in der dem Schein nach das Volk sich selbst regiert, doch in Wirklichkeit ist dies nur ausnahmsweise der Fall. Das System hat gezeigt, wie Teile innerhalb eines Ganzen zu koordinieren sind, aber nur auf der Grundlage einer strengen Treuepflicht. Jeder Staatsfeind wird als Feind des Volkes gebrandmarkt. Deshalb bedeutet der Kommunismus keinen Beitrag zur Entwicklung einer freien Gesellschaft und ersetzt die Notwendigkeit zu freien Experimenten

Der Mensch im zwanzigsten Jahrhundert 133

des Gemeinschaftslebens nicht. Solche Experimente bringen sicherlich neue Erkenntnisse über eine Lebensweise, die auf einen größeren Raum übertragen werden könnte, um eine bessere Weltordnung zu schaffen. Wie dies möglich ist, wird im Rahmen des göttlichen Planes für unsere Zeit deutlich, werden. Aber einen Aspekt müssen wir noch näher betrachten, nämlich die Frage des Familienverbandes.

Die Religionen hatten in der Vergangenheit unter anderem die Aufgabe, das Prinzip der Gemeinschaft über die Grenzen der natürlichen Familie hinaus durch verschiedene Adoptionsriten auszuweiten. Es genügte nicht, dass eine Gruppe einen Fremden als Mitglied aufnahm und anerkannte. Er musste als verwandt empfunden werden, als wiedergeboren in die innere Einheit der Gruppe.[120] Das moderne liberale Denken hat diese uralte Weisheit oft abgelehnt. Die Menschen sollten ihre Bruderschaft ohne geistliche Sanktionen erkennen, doch hat sich dies als dornenreicher Weg erwiesen. Nur die wenigen, deren Menschlichkeit fast den Bereich des religiös Vollkommenen erreichte, konnten ihn gehen. Außerhalb der Religionen wird im allgemeinen die Annahme eines Fremden als Bruder nur in verhältnismäßig kleinen Gruppen, häufig durch irgendeine Zeremonie, vollzogen.

Die Bruderschaft aller Menschen wäre vielleicht erreichbar, wenn alle Menschen sich als Kinder eines Vaters verstehen und danach handeln würden. Doch dies ist nicht der Fall. Wie eine geistige Gemeinschaft geschaffen werden kann, von der niemand ausgeschlossen sein muss, dieses fundamentale Problem zu läsen, wird vielleicht kleineren Gemeinschaften Vorbehalten bleiben. Kann eine umfassende Lehre die Menschheit zu einer Einheit zusammenschließen, eine Lehre, die Verschiedenheit der Mitglieder zulässt und begrüßt und auf Zwang verzichten kann?

Die junge Generation beschäftigt sich ganz besonders mit diesem Problem, denn sie sieht ihr Leben und ihre Zukunft in Frage gestellt. Sie fordert die Verurteilung des Kriegs, sie ist den Betrug, die Lüge, die politischen Posen und Zweideutigkeiten leid. Aber sie ist unrealistisch und übersieht, wie vielschichtig die Probleme sind; ihr erscheinen die Verantwortlichen des Systems als bewusst eng und halsstarrig. Sie will die Schwierigkeiten nicht sehen; sie will Taten sehen. Die junge Generation nimmt alles wörtlich und vertritt ihre Ansichten in den Demonstrationen der von ihr gebildeten Gruppen. Weil es heißt „liebet einander", tan sie dies offen und ohne Hemmungen. „Teile, was du hast" – sie tun es fröhlich. Ihre Naivität mag überspannt sein, aber sie ist ein notwendiges Gegengewicht gegen die Verirrung allzu aufgeklärten Denkens. „Wenn ihr nicht werdet wie die Kinder, so könnt ihr nicht in das Himmelreich kommen."[121]

Wir können unsere Probleme nicht lösen, wenn wir so in einem Gestrüpp von Wenn und Aber befangen sind, dass eine Selbstbefreiung unmöglich ist. Wir brauchen deshalb die Initiative der Jugend und der innerlich Junggebliebenen, um ausbrechen zu können aus dem System, das die Seelen zerbricht und jeden seinen eigennützigen und oft ungerechten Zielen unterwirft. Wir brauchen den Messianismus, um den Imperialismus zu überwinden, und dies bedeutet am Anfang eine Vereinfachung. Wir brauchen die Blumenkinder jeden Alters, den David, der sich dem Goliath stellt, wenn wir unsere Situation verbessern wollen.

Mahatma Gandhi war in diesem Jahrhundert eines der älteren „Kinder des Königreichs". Er verkündete das Evangelium von „Ahimsa" (der positiven Liebe), die durch „Satyagraha" (Seelenkraft) verwirklicht wird. „Satyagraha", so sagte er, „unterscheidet sich vom passiven Widerstand wie der Nordpol vom Südpol. Der passive Widerstand wurde erdacht als Waffe der Schwachen... während Satyagraha die Waffe der Stärksten ist und jede Art von Gewalt ausschließt... Alle guten Gesellschaften beruhen auf dem Gesetz der Gewaltlosigkeit. Ich habe festgestellt, dass das Leben erhalten bleibt inmitten von Zerstörung. Deshalb muss es ein höheres Gesetz als die Zerstörung geben. Nur unter diesem Gesetz kann eine wohlorganisierte Gesellschaft vernünftig und das Leben lebenswert sein. Wir müssen dieses Gesetz des Lebens in unserem täglichen Leben verwirklichen. Wo Streit herrscht, wo du auf einen Gegner triffst, überwinde ihn mit Liebe. So habe ich es, etwas vereinfacht ausgedrückt, mein Leben lang gehalten. Nicht alle meine Schwierigkeiten sind überwunden. Aber ich habe festgestellt, dass dieses Gesetz der Liebe stärker wirkt als das Gesetz der Zerstörung."[122]

Der Pazifismus hat diese Haltung zu verwirklichen versucht. Wenn man ihn im negativen Sinn nur als Ablehnung des Militärdienstes aus Gewissensgründen versteht, geht man an seiner wahren Bedeutung vorbei. Er lehnt Militärdienst und Krieg ab aufgrund einer Vorstellung vom Wert des Menschen, betrachtet die Tötung in jedem Fall als Gotteslästerung und die Beseitigung von Hass und Feindseligkeiten als wichtigste Voraussetzung für den Bau einer besseren Weltordnung. Der Einsatz für den Pazifismus ist eine lebensbejahende, segensreiche Aufgabe, welche die Menschen aufruft, sich vom Diktat einer Herrschaft zu befreien, die Zwang und Gewalt zur Selbsterhaltung oder zur Beherrschung anderer für notwendig erachtet.

„Befreiung von vorherrschenden Konventionen des Denkens, Fühlens und des Verhaltens", sagt Aldous Huxley in End and Means, „wird am ehesten verwirklicht in der Ausübung uneigennütziger Tugenden und mit der Einsicht in die wahre Natur der letzten Wirklichkeit. Eine solche Einsicht ist ein Geschenk, das dem Einzelnen gegeben ist, doch sie kann nur wirken, wenn gewisse Voraussetzungen erfüllt sind. Die wichtigste ist gerade die Uneigennützigkeit." Einer der Vorkämpfer pazifistischer Überzeugung folgert daraus: „Das Begreifen des Weltganzen hängt also von der Erkenntnis ab, und die erste Pflicht eines Pazifisten ist deshalb nicht, den Pazifismus oder den Widerstand gegen den Krieg zu predigen, sondern Selbstlosigkeit zu üben."[123]

Gruppen, die für Gewaltlosigkeit eintreten, erproben eine neue Lebensweise als Vorarbeit für eine neue Weltordnung. Die Übung in Gewaltlosigkeit soll die Welt als Ganzes begreifen und Einigkeit und Gemeinschaftsdenken fördern, ohne die jede äußerliche Vereinigung nur kurz bestehen kann. Vera Brittain sagt dazu: „Die Bewegung, die diese Gemeinschaft zu schaffen versucht ohne Gewalt und ohne Grenzen, ist notwendigerweise revolutionär. Sie ist eine Gesellschaft in der Gesellschaft, eine lebendige Kraft, die weder von einem Wirtschaftssystem noch von einer politischen Organisation abhängt – auch wenn sie durch beides wirken kann – sie wirkt allein durch die Macht des Geistes."[124] Auch wenn dies zutreffen mag, so hat doch die Erfahrung gezeigt, dass von sehr kleinen Gruppen abgesehen ein Ausbrechen aus dem politischen oder wirtschaftlichen System ausgeschlossen ist. Die Erde hat keine gesegneten Inseln, wo Selbstlosigkeit ohne Kompromisse und Zugeständnisse verwirklicht werden könnte.

Es ist durchaus möglich, eine Gesellschaft in der Gesellschaft zu schaffen, aber die bestehenden Gruppen haben die daran geknüpften Konsequenzen ungenügend durchdacht. Ihr Dilettantismus wirkt beinahe rührend. Im einzelnen fehlt jede Vorstellung und jede Einigung über Ära und Struktur der neuen Weltordnung, für die ihre Ordnung ein Beispiel und Vorstadium sein sollte. Ausbrechen heißt nicht Neuschaffen, und nie wird die Welt zum primitiven Stammesleben zurückfinden, so idyllisch es in der Phantasie auch erscheinen mag. Deshalb kann eine bessere Gesellschaft nur entstehen, wenn ihre Vorkämpfer genaue Vorstellungen über sie ausgearbeitet haben unter Berücksichtigung der modernen Technik und der politischen und wirtschaftlichen Verhältnisse, ohne dabei ihren Prinzipien untreu zu werden.

Viele preisen Allheilmittel für die verschiedenen Probleme der Welt an, aber damit ist nicht viel geholfen, solange der allgemeine Wille zur Erprobung in der Praxis fehlt. Die einzige Möglichkeit wäre zunächst, in einer genügend durchorganisierten Gemeinschaft innerhalb der Gesellschaft einen Test durchzuführen. Die meisten Wunderdoktoren lehnen dies ab. Sie erwarten alles oder nichts. Es wird so viel Kraft verschwendet mit dem fruchtlosen Versuch, die falschen Leute zum Handeln zu bewegen.

Die Gemeinschaft, die als Vorbild dienen soll, muss, wenn sie ihren Zweck erreichen will, unter Berücksichtigung aller Aspekte eines Gemeinschaftslebens aufgebaut und durchgeplant werden. Sie muss so auftreten, dass die Umwelt nicht abgestoßen wird; auch die Anerkennung durch die derzeitigen Regierungen wird auf die Dauer gesehen nicht ausbleiben. Sie wird sich einen Platz sichern, der ihr einen hohen Grad von Autonomie gestattet. Dies ist nur möglich, wenn die Mitglieder der Gemeinschaft der gegenwärtigen Weltordnung in jeder Hinsicht Rechnung tragen und sich in ihr — wissenschaftlich, hochmechanisiert und industrialisiert wie sie ist — innerlich zu Hause fühlen.

Die Weltgemeinschaft muss kommen, aber es wäre töricht, sie auf einmal erreichen zu wollen. Wir müssen zielstrebig und ohne Hast handeln. Die Zeit drängt, und doch müssen wir Vorgehen, als hätten wir genug Zeit zu umfassender, gründlicher und systematischer Planung.

Ein hoffnungsvolles Zeichen ist die wachsende Zahl internationaler Organisationen für den freiwilligen Dienst, das Verantwortungsgefühl gegenüber den Unterprivilegierten, die neuen Handelsverbindungen, die verbesserte Kommunikation, die internationalen Konferenzen und Zusammenschlüsse vieler Berufe und Beschäftigungszweige. Die Erforschung gemeinschaftlicher Bedürfnisse ist weiter vorgeschritten als je zuvor. Auch schwierigere Probleme werden in Angriff genommen. Die Regierenden machen wohl Fehler, aber sie zeigen doch in der Mehrzahl guten Willen; sie sind weder Narren noch gar Verbrecher.

Der Mensch des zwanzigsten Jahrhunderts hat große Schwierigkeiten zu bewältigen, die zum Teil durch den nie dagewesenen Fortschritt auf vielen Gebieten hervorgerufen werden, aber solange wir das Licht des Geistes auch heute noch gelegentlich unter uns aufleuchten sehen, haben wir keinen Anlass, an seinen Untergang zu glauben.

2

Krieg und Gesetz

Die politische Landkarte unserer Zeit zeichnet sich durch eine ständig wachsende Zahl souveräner Staaten aus. Zu Beginn gab es nicht weniger als acht sogenannte Weltreiche, von denen jetzt nur noch zwei dem Namen nach existieren. Dazu gab es verschiedene andere imperialistische Staaten mit Kolonialbesitz. Aus den unabhängigen Gebieten entstanden in vielen Fällen neue Staaten. Die Entwicklung führt immer mehr auf eine größere Zersplitterung durch nationalistische Selbstbestätigung zu, während gleichzeitig neue Staatengruppierungen in Form von Gemeinschaften, Föderationen, Blöcken und Bündnissen entstehen.

Die Vermehrung der Staaten und der Gemeinschaften ist ein gutes Zeichen, hat sie doch vielen Völkern die Möglichkeit zur Selbstverwirklichung gebracht. Viele Volker fanden zu Selbstbewusstsein und begannen, das Weltgeschehen mitzugestalten. Dies erfordert aber auch eine universalere Betrachtung der Probleme, wollen die neuen Staaten eine politische und wirtschaftliche Überlebenschance haben. Ihre Existenz vermehrt auch die Gefahr, dass kleine Kriege entstehen, sich ausweiten und zu Weltkriegen werden.

Der Krieg war immer ein schreckliches Geschehen, aber in diesem Jahrhundert hat er für immer allen falschen Glanz verloren durch die Entwicklung zur Massenvernichtung im totalen Krieg. Noch nie war er so sehr eine Bedrohung für die ganze Menschheit.

Die teuflischen Waffen der modernen Wissenschaft, wie sie

bereits verwendet werden oder zur Verwendung bereitstehen, lassen die Katastrophe ahnen, die eintreten könnte, wenn den Kontrollführenden eine falsche Reaktion oder fehlerhafte Berechnung unterläuft. Die internationalen Beziehungen müssen deshalb auf staatlicher Ebene geregelt werden. Leider behinderten nationalistische und ideologische Interessen sowie das taktische Verhalten der Regierungen immer die Friedensarbeit. Der verwirrten und gegängelten Bevölkerung war jede Möglichkeit einer konzentrierten Aktion genommen, um ihr Recht auf eigene Lebensgestaltung und Gemeinschaftsbildung zu sichern. Die Proteste einiger weniger reichten nicht aus. Ihnen fehlte entweder ein genau durchdachter Plan zur Verbesserung der Lage oder der vorbehaltlose Einsatz für einen Plan, der ohne staatliche Zustimmung in die Tat umgesetzt werden sollte. Die dabei verfochtenen Ideen waren in Wirklichkeit ohne Leben, weil es ihnen an politischer Klugheit und geistiger Eingebung fehlte.

Das Jahrhundert hatte vielversprechend begonnen mit dem ernsthaften Versuch, die mehr als dreihundert Jahre alten Gedanken von Grotius zu verwirklichen, und zwar auf der Konferenz von Den Haag in den Jahren 1899 und 1907. Die Genfer Konventionen von 1864 und die Gründung des Internationalen Roten Kreuzes waren schon vorausgegangen.

Die Idee von Henri Dunant, die hinter dem Roten Kreuz steht, wollte die Schrecken des Schlachtfeldes verringern durch die Aufstellung einer Truppe von Nichtkämpfenden, die den Verwundeten helfen sollten. Lazarette, Ambulanzen und ihr Personal sollten vor Angriffen durch ein neutralisierendes Symbol, das rote Kreuz auf weißem Grund, geschützt werden. Das Internationale Rote Kreuz wuchs zu einer Organisation, die auch außerhalb des Krieges vielfach Notdienste leistet. Ihre Errichtung war eine bemerkenswerte humanitäre Leistung, bei der die einzelnen Staaten zum ersten Male eine Gruppe neutraler Personen anerkannten.

Die Konferenz von Den Haag versuchte weiter, die Möglichkeiten des Krieges zwischen zivilisierten Ländern zu verringern. Bevor zu den Waffen gegriffen würde, sollten die Unterzeichneten Mächte die guten Dienste einer oder mehrerer neutralen Mächte als Vermittler in Anspruch nehmen. Unbeteiligte Staaten sollten das Recht haben, sich selbst in allen internationalen Streitigkeiten als Vermittler anzubieten. Bei juristischen Fragen sollte die Entscheidung des Schiedsgerichts anerkannt werden, und die Konferenzen errichteten einen ständigen Schiedsgerichtshof in Den Haag. Achtung vor dem Gesetz sollte die Kriegsführung ersetzen. Wiederum erleben wir die Anerkennung einer neutralen Instanz, dieses Mal repräsentiert durch die Staaten. Die Konvention legt in Artikel 3 fest: „Das Recht, ihre guten Dienste zur Vermittlung anzubieten, haben die Mächte, die an dem Disput unbeteiligt sind, auch während des Fortgangs der Feindseligkeiten. Die Ausübung dieses Rechts darf nie von einer der beteiligten Parteien als unfreundlicher Akt angesehen werden."

Der erste Weltkrieg von 1914 bis 1918 bedeutete einen sehr realen und schockierenden Rückschlag für diese fortschrittliche Politik. Die Kluft zwischen Wunsch und Wirklichkeit schien wie ein Hohn auf die wachsende Moral der Menschheit. Für viele war nun der Krieg schlechthin unentschuldbar, ohne Rücksicht auf Ursachen und Rechtfertigungsversuche. Es kam nicht nur zu lauten mündlichen Protesten, sondern auch zu einer neuen Bestätigung des Menschenrechts, die Beteiligung am Abschlachten von Mitmenschen abzulehnen. Es galt ein höheres Recht als das des Staates, und nicht wenige hatten den Mut, sich als Kriegsdienstverweigerer aus Gewissensgründen auszuweisen, auch wenn sie damit Nachteile und Beleidigungen in Kauf nehmen mussten.

Aber das schreckliche, lange Sterben der jungen Generation führte immer zwingender zu der allgemeinen Einsicht, dass dieses Opfer nicht vergeblich gewesen sein durfte. Dieser Krieg musste das Ende aller Kriege sein. Woodrow Wilson, der Präsident der Vereinigten Staaten, wurde zum Sprecher aller:

„Es ist die Eigenart dieses großen Krieges", so sagte er, „dass, während die Staatsmänner nach Definitionen für ihre Ziele suchen und manchmal Grundlagen und Standpunkt zu wechseln scheinen, das Denken der von ihnen geführten Massen immer deutlicher geworden ist, dass immer klarer wurde, wofür sie kämpften. Das nationale Interesse ist in den Hintergrund gerückt, und das gemeinsame Ziel einer aufgeklärten Menschheit ist an seine Stelle getreten. Der Wille des kleinen Mannes erscheint überall einfacher, geradliniger und einheitlicher als die Pläne der Männer von Macht und Bildung, die immer noch ein Spiel um die Macht mit hohen Einsätzen zu spielen scheinen."[125]

Wilson betonte, dass die Nationen wie die einzelnen Bürger

Gesetzen gehorchen müssen, und forderte dazu eine wirksame Friedensorganisation. „Was wir erstreben", erklärte er, „ist eine Herrschaft des Gesetzes, die sich auf den gemeinsamen Willen der Regierten stützt und von einer Organisation getragen wird, die die Meinung aller Völker vertritt."[126]

Tragisch ist dabei jedoch, dass es eine solche Organisation nie gegeben hat. Mit seinem wiederholten Ausspruch, dass diesem Krieg der Völker ein Frieden der Völker folgen müsse, hat Wilson vielleicht vorausgeahnt, wie sehr die Staatsmänner die Schaffung des Friedens erschweren würden, wenn diese Aufgabe ihnen allein überlassen blieb. Und so geschah es. Der neue Völkerbund war ein Anhängsel an den Versailler Vertrag, keine unabhängige Organisation. Die Völker der Welt wussten sehr wenig von den wirklichen Vorgängen in den Friedenskonferenzen, und alle hohen Versprechungen zu künftiger Anerkennung internationaler Institutionen waren unentwirrbar mit Reparationen, Grenzdemarkationen, Schaffung neuer Staaten, Volksabstimmungen usw. verknüpft.

Trotz dieses schweren Versagens, das schließlich durch nationale Furcht und Selbstsucht den Frieden zerstörte, bedeutet der Völkerbund einen weiteren Fortschritt in Richtung auf die Weltgemeinschaft. Audi wenn nicht alle Völker in ihm vertreten waren und sein Erfolg von einer gemeinsamen, nie verwirklichten Aktion abhing, so wurde dadurch doch möglich, auf internationaler Ebene Fragen der Gesundheit und der Arbeit, ebenso die Frage abhängiger Völker, die weltweite Kommunikation und die Kontrolle der Rüstung zu behandeln. Keiner der Mitgliedstaaten war zu dem Risiko bereit, dem Völkerbund mehr Unabhängigkeit und Macht einzuräumen, aber es war vorgesehen, ein neues Instrument staatlicher Organisationen zu schaffen, das so weit als möglich von den Interessen der Einzelstaaten abgetrennt war. Dieser Fortschritt war bedeutsam. Zum ersten Mal gab es ein Sekretariat internationaler Beamter, das einer höheren Autorität als der des Staates verpflichtet war; es war der Ansatz zu einer Weltbürgerschaft.

Der Völkerbund war ein ungeeignetes Instrument zur Verhinderung eines zweiten großen Krieges. Er war nach innen und außen zu schwach, um neuen Eroberungsplänen wirkungsvoll entgegenzutreten. Deshalb schlugen vier verbündete Großmächte im zweiten Weltkrieg eine wirkungsvollere Weiterentwicklung des Völkerbundes vor, und zwar in Form eines kollektiven Sicherheitssystems. Die sogenannten Vereinten Nationen sollten Frieden und Sicherheit unter den Völkern garantieren bis zur Wiederherstellung von Gesetz und Ordnung und bis zur Errichtung eines allgemeinen Sicherheitssystems.[127]

Der zweite große Krieg des Jahrhunderts war ebensowenig ein Weltkrieg wie der erste, denn es gab immer noch neutrale oder nicht kriegführende Staaten. Länder wie Schweden und die Schweiz, die vermitteln und gewisse Interessen schützen konnten, wurden während des Krieges von beiden Seiten in Anspruch genommen. Aber im zweiten Krieg waren die zivilen Verluste größer als die militärischen, und die Zerstörung richtete sich mehr auf nichtmilitärische Ziele. Es gab Kriegsverbrechen neuer Art, den Versuch des Völkermords durch die systematische Vernichtung von sechs Millionen Juden und die Schrecken des Atombombenabwurfs auf Hiroshima und Nagasaki.

Auch als der Krieg zu Ende war, gingen die Feindseligkeiten weiter, und noch nach fünfundzwanzig Jahren gab es keine Friedensregelung. Die Organisation der Vereinten Nationen war zwar geschaffen, aber unter Bedingungen und Umständen, die für die Weltordnung nicht viel mehr versprachen als der Völkerbund. Die wichtigste Änderung war die Bildung des Sicherheitsrats mit fünf ständigen Mitgliedern aus Ost und West mit jeweiligem Vetorecht. Dieses Arrangement bestätigte stillschweigend das Fehlen einer allgemeinen Bereitschaft zur Einschränkung der eigenen Souveränität und zur Einordnung in ein Weltrecht. Bei allen gegensätzlichen Interessen der Mitglieder dieser neuen Form eines Bündnisses war man sich darüber einig, dass die Vereinten Nationen nicht als souveräne übernationale Macht mit eigener Rechtsprechung betrachtet werden konnten. Sie konnten auf die Großmächte selbst keinen Druck ausüben und konnten höchstens den Frieden zwischen den kleinen Mächten erhalten helfen, soweit dies im Interesse der wirklichen Machthaber lag. Anderseits konnten kleine Länder sich über die Entscheidungen der Vereinten Nationen hinwegsetzen, denn vor einer entscheidenden Intervention zögerten die Großmächte aus Furcht vor einer Ausweitung des Krieges, weil der Konflikt dann unkontrollierbar werden könnte. Auch war die Beendigung des Kriegszustandes oft mit Nachteilen für die eine oder andere Seite der Großmächte verbunden.

Doch verstärkten die unabhängig geführten Verhandlungen der Vereinten Nationen die Möglichkeit neuer Lösungen und das Gefühl der Gemeinsamkeit. In unermüdlichem Ringen wurde bewiesen, dass die Vereinten Nationen es wert sind, erhalten zu werden, aber sie haben an und Ansehen verloren. Vielleicht wäre die Entwicklung anders verlaufen, wenn die Vereinten Nationen sich mehr als Friedensstifter, nicht nur als Erhalter des Friedens oder als Schiedsrichter verstanden hätten, und wenn die Mitgliedstaaten dazu bereit gewesen wären, den einzelnen Gremien mehr Autorität zuzugestehen. Ihre wichtigste Funktion ist heute, den zahlreichen Mitgliedstaaten einen Treffpunkt mit Gelegenheit und Möglichkeiten zu Verhandlungen der Diplomaten zu bieten. Wie sich in den letzten Jahren gezeigt hat, sind in der UNO die Großmächte nicht mehr bevorrechtigt, denn die Verfassung billigt jedem Mitglied eine Stimme zu. Das Gleichgewicht der Kräfte hat sich durch den Zusammenschluss von kleineren Staaten zu deren Gunsten verschoben. Der afroasiatische Block stellt einen solchen Zusammenschluss dar, der sich je nach Lage der Dinge gegen das westliche Bündnis oder gegen den kommunistischen Block wenden kann.

Es ist erschreckend, dass nun auch der Anschein einer Weltordnung mehr und mehr verschwindet und dies zu einer Zeit, die sie bitter nötig hätte, denn immer furchterregendere Waffen werden entwickelt und hergestellt. Der Plan des „Weltfriedens unter dem Weltgesetz" ist unwiderruflich gescheitert.

Schon Paulus hat dies erkannt, als er von der „Gerechtigkeit, die aus dem Gesetz kommt" sprach. Als römischer Bürger verstand Paulus das völlig andersartige jüdische Gesetz im römischen Sinn. Das Gesetz war für ihn Richtlinie für Sünden und Verbrechen, mit festgelegten angemessenen Strafen. Aber jedes Recht, auch das jüdische, hat seine Eigenart. Die Richter urteilen nach dem Buchstaben des Gesetzes ohne viel Rücksicht auf den Einzelfall. Das jüdische Recht entwickelte sich schon früh anders. Der Richter musste der Gerechtigkeit Genüge tun, nicht dem Buchstaben des Gesetzes. Dazu gehörte mehr als die Aufnahme des Tatbestandes. Er musste sich mit der Persönlichkeit und den Motiven des Menschen, der vor Gericht stand, beschäftigen. Er musste versuchen, in sein Herz zu sehen. Das moderne Recht in aufgeklärten Ländern unterscheidet ebenfalls zwischen

Stufen der Schuld und gibt den Richtern größeren Spielraum in der Bestrafung des Schuldigen. Die jüdische Rechtsprechung ging jedoch noch weiter. Sie suchte ausdrücklich nach Entlastungsmomenten, um den Angeklagten wenn möglich für unschuldig zu erklären. Nicht nur die Verteidigung hatte diese Aufgabe, auch dem Richter war sie auferlegt. Weiterhin gab es im jüdischen Recht wegen der Gefahr der Befangenheit keine Einzelrichter.

Das überstaatliche Recht war immer anders als das nationale. Mit Strafrecht hat es sich nie beschäftigt. Selbst der Ständige Internationale Gerichtshof konnte nur unverbindlich Vorschläge und Urteile im Bereich der internationalen Konflikte aussprechen, die ohne die Zustimmung der Parteien wirkungslos waren. Die Verhandlungen über die Kriegsverbrecher waren, abgesehen vom Bekenntnis zur Menschlichkeit, ein zweifelhaftes Unternehmen angesichts des Fehlens jeglicher Weltgesetzgebung und der Vorherrschaft der Siegermächte, wenn man auch den Verantwortlichen den Willen zu Unvoreingenommenheit zugestehen muss.

Die Römer hatten ein jus gentium aufgestellt, ein Gesetz der Nationen, auf der Grundlage der Tradition der von ihnen beherrschten Völker. Heute gibt es keinen gemeinsamen Oberherrn der Menschen und Nationen, deshalb ist ein Weltrecht undenkbar im gesetzlichen Sinn ohne die Errichtung einer Weltregierung nach dem Vorbild eines einzelnen Staates.

Es wurde nie versucht, eine solche Regierung zu bilden; auch die Forderung, auf diesem Weg, der nur mit Zwang erreichbar wäre, den Weltfrieden zu sichern, wäre vergeblich. Das würde einen Rückfall in den Imperialismus bedeuten. Oft wurde vorgeschlagen, die Vereinten Nationen in eine solche Regierung umzuwandeln und ihnen für gefährliche Situationen ein Verfügungsrecht über eine sogenannte internationale Polizeistreitmacht einzuräumen. Die Gefahr wurde deutlich im Koreakrieg, wo mancherorts vorgegeben wurde, dass Südkorea im Namen der UNO verteidigt wurde.

Zur Schaffung des Weltfriedens braucht es kein Weltrecht, das mit Gewalt durchgesetzt werden kann. Dies wäre imperialistisch, nicht messianisch gedacht. Der Messianismus verwendet das hebräische Wort Thora in einem erzieherischen Sinn, anders als das griechische Nomos oder das römische Lex. Im Weltganzen muss man das Recht als erziehend und nicht strafend verstehen. Viele wohlmeinende Menschen denken darüber sehr naiv. Eine typische Vereinfachung ist folgende Aussage: „Der Frieden gehört in den Bereich der Regierung. Sie ist betraut mit der Erhaltung des Friedens im Bereich der Stadt, des Landes und des Staates. Offensichtlich ist eine Weltregierung der Weg zum Weltfrieden, wenn überhaupt eine Regierung in einem so großen Bereich möglich ist."[128]

In diesem Fall ist der Schritt vom besonderen zum allgemeinen nicht gerechtfertigt, auch nicht mit der einschränkenden Klausel. Der Schreiber dachte offensichtlich nicht an Länder – und derer sind viele – in denen die Polizei brutaler Handlanger der Aufsicht führenden politischen Autorität ist. Aber selbst in Ländern, wo dies nicht so ist, sind wir allzu sehr an die Brutalität der Polizei gewöhnt worden. Frieden durch Gewalt ist nicht wahrer Frieden, er ist nur ein Zerbrechen der sich gegen wirkliche oder eingebildete Missstände auflehnenden Opposition. Es ist höchst wünschenswert, dass gerade die Polizei nicht ein Arm des Staates ist, sondern einer unabhängigen und vom Volk gewählten Gerichtsbarkeit verantwortlich ist, die auch den Rahmen für das bürgerliche Recht und das Strafrecht schafft, Maßstäbe, die auf das soziale Verhalten angewendet werden können.

Wie dem auch sei, die Erfahrung zeigt, dass wie die Macht zu Korruption, so die Gewalt zur Brutalität verführt. Der Weg zum Frieden kann nicht darin liegen, einer nationalen oder internationalen Autorität einen Prügel in die Hand zu geben.

Man hat neuerdings unterschieden zwischen kaltem und heißem Krieg. Dies allein zeigt schon, dass der Krieg nicht auf Auseinandersetzungen zwischen bewaffneten Streitkräften beschränkt bleibt. Krieg wird auch auf der geistigen Ebene geführt, und keineswegs nur für eigennützige Ziele. Wb immer Menschen leidenschaftlich gegen Unrecht kämpfen, muss sich der Kampf im Bereich der Gewalt abspielen, wenn dem Menschen fortgesetzt über das Maß des Erträglichen hinaus das zum Leben Notwendige vorenthalten wird.

Allein durch die Errichtung irgendeines Rechtssystems wird der Krieg keinesfalls überwunden. So wünschenswert eine „Gerechtigkeit, die aus dem Gesetz kommt" auch sein mag, nie wird sie aggressive Tendenzen unterdrücken oder Ungerechtigkeit unparteiisch beseitigen können. Die Versuche dazu in den Vorschlägen der Haager Konferenzen, der Charta der Vereinten

Nationen und in den verschiedenen Erklärungen der Menschenrechte haben alle versagt. Diese Erfahrungen ermuntern nicht zu dem Glauben, dass ein Zusammenschluss aller Machthaber zu einer Weltautorität auf gesetzlicher Basis mehr erbringen würde als eine Bestätigung des bereits erkannten Grundsatzes, dass jeder Krieg ein Bürgerkrieg ist.

Es gibt deshalb keine rasche Lösung des Kriegsproblems, so unbefriedigend dieses Eingeständnis auch sein mag für jeden, der unsere gegenwärtige Not in ihrem ganzen Ausmaß sieht und unverzüglich etwas Entscheidendes zu ihrer Beseitigung unternehmen möchte. Wir müssen die Ursachen des Krieges an der Wurzel angreifen und nicht nur eine hervorstechende Ursache, sondern alle Ursachen sehen. Dies verlangt von uns nicht nur Intelligenz und richterliche Distanz sondern völlige Hingabe an ein höheres Gesetz der Liebe, das die Gewalt überwindet.

Der Verhaltensforscher Konrad Lorenz meint, wir hätten Grund zur Hoffnung, dass unsere moralische Verantwortung sich durchzusetzen beginnt. Doch ruht diese Hoffnung, dass es je soweit kommt, auf der schlichten Erkenntnis der Tatsache, dass militante Begeisterung eine instinktive Reaktion mit einem phylogenetisch bestimmten Auslösemechanismus ist... Nach Lorenz ist das Wissen um die auslösende Stimulanz-Situation Grundvoraussetzung für eine rationale Kontrolle eines instinktiven Verhaltensmusters.[129]

Was kann der Mensch wählen als echten Wert, der ihm seine zerstörerischen, militanten Neigungen kontrollieren hilft? Ich glaube, es ist das, was dem Menschen mehr als jedem anderen Geschöpf gegeben ist: die Fähigkeit zu uneigennützigem Dienst. Der Geist des Dienens vermag, was weder Aggression noch Zwang vermögen. Dienen verbindet, Macht unterdrückt und trennt. Dienen heilt, Macht verwundet und zerstört. Der Dienende kennt keine Feinde, keine Eifersucht, macht keine Unterschiede. Dienen weicht die Fronten auf, wo Gewalt sie verhärtet. Dienen überzeugt da, wo die Gewalt droht. Dienen ist das einzige, was Autorität tragbar und dauerhaft macht. Dienen verwirklicht, was Paulus in dem berühmten Abschnitt über die Liebe sagte (das griechische *apage*, das lateinische *caritas*).[130]

Um Konrad Lorenz noch einmal zu zitieren:
„Als in der Stammesgeschichte mancher Wesen die Aggression gehemmt werden musste, um das friedliche Zusammenwirken

zweier oder mehrerer Individuen zu ermöglichen, entstand das Band der persönlichen Liebe und Freundschaft, auf dem auch unsere menschliche Gesellschaftsordnung aufgebaut ist. Die heute auftretende Lebenslage der Menschheit macht unbestreitbar einen Hemmungsmechanismus nötig, der tatsächliche Aggression nicht nur gegen unsere persönlichen Freunde, sondern gegen alle Menschen verhindert. Daraus leitet sich die selbstverständliche, ja geradezu der Natur abgelauschte Forderung ab, alle unsere Menschenbrüder, ohne Ansehen der Person, zu lieben. Die Forderung ist nicht neu, unsere Vernunft vermag ihre Notwendigkeit, unser Gefühl ihre hehre Schönheit voll zu erfassen, aber dennoch vermögen wir sie, so wie wir beschaffen sind, nicht zu erfüllen."[131] Aber Lorenz glaubt, dass wir eines Tages fähig sein werden, sie zu erfüllen, weil „die Vernunft vernünftige Selektion betreibt" und dies in nicht allzu ferner Zukunft.

An manchen Stellen, wie z.B. in den verschiedenen Abteilungen der UNO, zeichnen sich schon jetzt einige gemeinsame menschliche Bedürfnisse als Bereiche ab, in denen besonders der Geist des Dienstes uneigennützig wirken kann. Jeder Teilbereich, der aus der Arena des Kampfes herausgenommen und in den Bereich der gegenseitigen Hilfe übertragen werden kann, fördert die Möglichkeiten, den Krieg zu überwinden und die Menschenrechte zu wahren. Auch wenn das Eigeninteresse bei solchen Unternehmungen nicht ganz ausgeschaltet ist, so wird die gemeinschaftliche Tätigkeit doch die Feindseligkeit abtragen helfen. Man entdeckt, dass die Feindschaft gar nicht so tief geht, dass sie weitgehend durch falsche Vorstellungen und Lügenpropaganda verursacht ist, und dass wir im Grunde alle Brüder sind. Jeder direkte und intensive Kontakt ist deshalb wichtiger als jede Gesetzgebung. Wir leben in einer Welt, die zu eng wird für Absonderung und Machtkampf. Es gibt Gefahren, die unser aller Wohnort bedrohen. Um sie zu überwinden, müssen wir uns zusammenschließen.

Es ist richtig, dass viele Menschen, Gemeinschaften und Staaten isoliert denken und glauben, sie müßten auf Kosten anderer Gewinn machen. Wir können sie durch Feindseligkeit nicht ändern und durch Gesetze nicht unter Kontrolle halten. Wir müssen tiefes Mit-leid mit ihnen haben und sie durch Liebe und Freundschaft zum Umdenken bewegen. Furcht baut Schranken. Nur Dienen kann sie niederreißen.

Krieg und Gesetz 149

Ein gangbarer Weg ist uns weise vorgezeichnet. Wir können das Ziel der Weltgemeinschaft nicht im Sprung erreichen, aber Zug um Zug können wir zu einer Einheit bringen, was als Einheit bestehen kann. Dazu ist nicht nur erforderlich, alle nur möglichen internationalen Verbindungen zu knüpfen und Institutionen zu schaffen, sondern auch eine Körperschaft ins Leben zu rufen, die im Denken und Handeln wirklich weltoffen und weltumgreifend ist und alle Trennlinien überwindet. Einige Versuche in dieser Richtung haben wir in diesem und dem vorhergehenden Kapitel betrachtet, im nächsten werden wir noch anderen begegnen. So betrachtet, bedeutet die UNO einen bemerkenswerten und ermutigenden Fortschritt. Eine Organisation ohne Regierungsgewalt—denn das ist die UNO—erhielt Privilegien, die vorher nur souveränen Organisationen gewährt wurden. Sie hat akkreditierte Botschafter, ihre Gebäude sind exterritorial, ihre Beamten haben Diplomatenstatus, und ihre Loyalität ist nicht nur dem Staat, dessen Bürger sie sind, verpflichtet, sondern auch der Gemeinschaft aller Mitgliedstaaten. Eine Weltbürgerschaft de facto ist sichtbar, auch ohne die Existenz einer Weltregierung de jure.

In den internationalen Beziehungen sind bereits bedeutsame und wegweisende Präzedenzfälle geschaffen worden. Dadurch wurde eines der größten Hindernisse für die Weltgemeinschaft bereits überwunden.

3

Die Einheit der Welt

Die uralte jüdisch-christliche Vision einer schließlich zu erreichenden Welteinheit wurde in der modernen Welt als ein Aufruf zu einem konkreten politischen Zusammenschluss angesehen. Welche Form eine Weltregierung haben sollte und wie sie verwirklicht werden könnte, diese Frage hat viele Gemüter beschäftigt und viele Bewegungen gegründet. Hauptantrieb war die dringende Suche nach einer durchführbaren Methode zur dauernden Friedenssicherung. Das Idealbild einer vollkommenen Weltharmonie hat dabei zwar eine Rolle gespielt, aber die Vorkämpfer für eine Weltregierung haben dies nur als ein langfristiges Ziel betrachtet. Für sie war die unverzügliche Schaffung einer weltpolitischen Struktur das Wichtigste, denn ohne sie könnte das zivilisierte Leben durch die wissenschaftliche Kriegsführung ausgelöscht werden, und Ideale wären für die wenigen Überlebenden auf einem zerstörten Planeten wenig bedeutungsvoll.

Man kann nicht behaupten, dass die politische Einigung der Welt von der Menschheit bislang allgemein angestrebt wird. Die Vorkämpfer einer Weltregierung übertreiben leicht das Echo in der Öffentlichkeit sowie den Willen der souveränen Staaten zur radikalen Umwandlung ihrer Beziehungen untereinander. Diese Pläne stammen vorwiegend aus dem Westen, aus Ländern also, welche die jüdisch-christliche Tradition ererbt haben und damit den Stempel westlicher Demokratievorstellungen. Aufs Ganze gesehen legt der Osten mehr Wert auf die Ideologie als auf politische Organisation. Orientalische Philosophie beschäftigt sich vorwiegend mit dem Verhalten des einzelnen, und der Kommunismus leninistischer Prägung rechnete mit der Auflösung des Staates. In der gegenwärtigen Phase eines betonten Nationalismus findet die Idee eines gemeinsamen Oberhauptes in ihrer extremen Form einer Herrenmacht nur noch wenig Anklang. Aus Angst vor einem neuen Aufleben imperialistischen Denkens liegt der Schwerpunkt heute auf der Gleichberechtigung aller souveränen Staaten. Aber die Großmächte haben die Hegemonievorstellung nicht völlig aufgegeben, und sie handeln wie Mächtige unter Gleichberechtigten. Deshalb lassen sich die Pläne für eine Weltregierung so schwer in Gang setzen. Ihre Vorkämpfer verschließen in ihrem Eifer und in ihrer Hast die Augen vor den Hindernissen und werden leicht ungeduldig jedem Vorschlag gegenüber, der sie über längere Zeit hinweg methodisch aber in kleinen Schritten vorwärts gehen ließe. Ihre Zeit reicht nur für einen großen Sprung und sie lassen sich, trotz aller schlechten Erfahrung, nicht davon überzeugen, dass ein solcher Sprung illusorisch ist.

Die wichtigsten Vorschläge befürworten eine Art Weltföderation, weil diese das Weiterbestehen souveräner Einzelstaaten zuließe. Der von mir öfters zitierte Bericht einer Kommission meint dazu:

„Wir müssen den Nationalstaat als das Grundelement der internationalen Gesellschaft betrachten, so wie wir das Individuum als das Grundelement der innerstaatlichen Gesellschaft ansehen. Die Nation war Hauptträger der Geschichte der letzten fünfhundert Jahre. Niemand kann Voraussagen, wann diese Konzentration auf den Nationalstaat ihr Ende findet... Wir müssen weiterhin voraussetzen, dass der Nationalstaat die Grundeinheit der Weltgesellschaft ist. Jeder Zusammenschluss solcher Staaten muss in der Lage sein, sich an die ständig wechselnden Bedingungen anzupassen. Sicherlich wird diejenige Organisation die größte Erfolgschance haben, die einen dynamischen Frieden mit möglichst geringer Einbuße an nationaler Souveränität sichert... Eine Föderation wird durch Übereinstimmung, während ein Weltreich auf internationaler Ebene nur unter Zwang bestehen kann. Auch wenn der Druck des Ganzen auf einen Teil ein Grundsatz jeder Regierung ist, kann dieser Druck in einem föderalistischen System nur in Übereinstimmung mit dem Gesetz ausgeübt werden, einem Gesetz, dem die, die ihm unterworfen sind, direkt oder indirekt zugestimmt haben. Eine Weltföderation, welche die Autonomie der Nationalstaaten ausgleicht durch die Autorität der Völkerfamilien war die Lösung, welche die Väter des modernen internationalen Rechtes nach dem Zusammenbruch des mittelalterlichen Weltreichs voraussahen."[132]

Ursprünglich wurde die Weltföderation—beispielsweise 1795[133] durch Immanuel Kant—als ein Friedensbund (foedus pacificum) zwischen Einzelstaaten verstanden, allerdings von besonderer Art. Die Staaten sollten sich für die Dauer durch gegenseitig zwingendes Recht binden, so dass in der Zukunft ein Krieg nicht mehr möglich wäre. Kant entwickelte diese These zwar nicht selbst, aber für ihn war dies der Weg zu einer föderalistischen Macht, die, wie jede Republik, in Legislative, Exekutive und rechtsprechende Gewalt aufgeteilt war.

„Wie viel Freiheit lässt ein souveräner Staat zu?" fragt W. B. Curry. „Er zwingt uns zum Verzicht auf vieles, was wir wollen, um dafür riesige Summen für Waffen auszugeben, die wir nicht wollen. Er erschwert Reisen und wirtschaftliche Beziehungen. Er beruft die Wehrpflichtigen ein und nimmt ihnen fast jede Freiheit. Schließlich veranlasst er immer aufs Neue die Ermordung ganzer Volker, wodurch Millionen nicht nur die Freiheit sondern sogar das Leben verlieren. Kann man sich etwas Eingeengteres vorstellen als diese Freiheit der souveränen Staaten?"[134] Die Vorteile einer Weltföderation würden den Verlust der kriegerischen Elemente unseres Nationalstolzes bei weitem rechtfertigen.

Der Preis für diese großen Vorteile ist die Übertragung souveräner Rechte der Nationalstaaten an eine Regierung, die sie alle vertritt, nicht an eine fremde Macht, sondern an eine, die aus ihrer Mitte hervorgeht. Autonomie des Staates für die inneren Angelegenheiten, für Sprache und Kultur, sogar die Entscheidung für die Monarchie anstelle der Republik durch die Einzelstaaten, all dies würde—so wird behauptet—durch eine Weltföderation sichergestellt. Einmal muss sie verwirklicht werden. Warum nicht jetzt?

Es gibt gute Gründe, weshalb dies jetzt nicht möglich ist, und sehr gute Gründe, weshalb es nie so weit kommen wird.

Die Vereinigten Staaten der Welt sind unerreichbar solange ideologische Konflikte bestehen. Die wichtigsten Ideologien sind Welten voneinander entfernt in ihren Vorstellungen vom

Charakter und Aufbau der Gesellschaft und daher auch vom Funktionieren einer Weltregierung. Aus diesem Grund empfehlen einige Vertreter des föderalistischen Plans zu Beginn eine atlantische oder eine europäische, d.h. eine westeuropäische Union. Selbst bei einem regionalen Bündnis gibt es jedoch große Schwierigkeiten, wie der Gemeinsame Markt schon gezeigt hat, bei dem Staaten verschiedener Nation, Sprache und Kultur zusammentrafen.

Im Grunde ist das politische und soziale Leben des Menschen zu zerstückelt, um ihm die geforderte größere Einheit überhaupt begreiflich zu machen. Sein Glaube, seine Träume und Visionen, seine tiefsten Gedanken und sogar sein Ziel mögen dieser Idee näherkommen, aber innerhalb seiner Wirklichkeit fühlt er sich wohl in der gewohnten Begrenzung. Der verstärkte Nationalismus, dem wir heute begegnen, rührt aus diesem inneren Konservatismus her, psychologisch bedeutet er eine Reaktion gegen den technischen Fortschritt, der die Existenz des Menschen zwar bereichert aber auch verkompliziert hat. Vom allgemeinen Standpunkt aus ist die Welt sehr viel kleiner geworden, aber vom Standpunkt des Durchschnittsmenschen aus hat sie sich unendlich ausgedehnt. Er muss geistig mehr aufnehmen, als er verarbeiten kann. Wenn wir diesen Menschen, der eine Vielzahl von Ideen und Geschehnissen, die in kurzer Zeit auf ihn einstürmen, in sich aufnehmen soll, auffordern, sich als Weltbürger zu betrachten und die Bildung einer Weltregierung zu unterstützen, so wird dies das Fass zum Überlaufen bringen. Je mehr wir versuchen, ihn in diesen großen Vorstellungskreis hineinzuziehen, desto mehr leistet er Widerstand und zieht sich zurück. Er wird sein Recht auf Unabhängigkeit sichern, sein Recht, sein eigenes Leben zu leben, d. h. nichts anderes, als dass er in seiner kleinen Welt bleiben will, in der er sich gerade noch zurechtfindet, und in der er sich wohlfühlt.

Die Nationalstaaten und ebenso alle rassischen, religiösen und sozialen Gruppen spiegeln in dieser Hinsicht die Einstellung des
Einzelnen wieder, und der Nachdruck, mit dem sie für Gleichheit und Unabhängigkeit eintreten, ist Ausdruck derselben primitiven Furcht vor dem Verlust der Identität. Die Forderung an die Staaten erscheint ihnen so erschreckend wie damals der Kirche die Vorstellung eines heliozentrischen Weltbildes.

Die Einheit der Welt

Unser eigener Staat und unsere Umgebung sind das Zentrum, um das die übrige Menschheit sich dreht. Wir wehren uns dagegen, uns mit vielen Nachbarvölkern nach einer zentralen Weltautorität zu richten. Gerade die Überlegungen, die uns zu einem Teil eines neuen vereinigten Systems werden lassen sollen, hindern uns andererseits daran. Die Föderalisten haben diese psychologischen Schwierigkeiten außer Acht gelassen. Ihre Formel für die Umwandlung folgt mechanischen, nicht geistigen Gesetzen. Sie gehen davon aus, dass die Beschreibung des Ziels schon zur Umstimmung genüge, und dass es einzig um die Methode der Durchführung gehe.

Viele Denker jedoch sehen einen Weltbund nicht als Staatenbündnis. Man hat sie als funktionale Föderalisten bezeichnet. Als einer von ihnen betonte H. G. Wells: „Es ist völlig unnötig, an eine Weltregierung oder einen Weltsuperstaat in einer erneuerten Welt zu denken. Es wird nie ein Parlament aller Menschen geben und auch nie einen Präsidenten der Erde. Das Bild der souveränen Regierung lässt sich auf eine vereinigte Welt im Frieden nicht anwenden." Seiner Meinung nach „sollte die legale Form, in der sich die neue Weltordnung entwickeln wird, eilt System von föderalistisch kooperativ wirkenden Weltautoritäten sein mit Machtbefugnissen, die von den bestehenden Regierungen an sie delegiert wurden. Die Regierungen können weiterbestehen und ihre Zustimmung und ihren Segen den neuen, von ihnen ermächtigten Administrationen geben... Sobald die neuen Methoden zu arbeiten beginnen, werden die nationalen Regierungen langsam und unauffällig von der Welt verschwinden."[135]

Dies ist funktionaler Föderalismus in seiner extremen Form. Die Grundidee ist die, dass es nicht nur eine Weltautorität geben soll sondern mehrere, von denen jede die Verantwortung für einen besonderen Bereich menschlicher Bedürfnisse und Tätigkeiten trägt, z.B. Luft und Wasser, Energie, Verkehr und Kommunikation, Gesundheit, Ernährung und Landwirtschaft, Finanzwesen, Naturschutz und so weiter. Dies würde bedeuten, dass die besonderen Zweige der UN in regierungsfähige Körperschaften umgewandelt und von den souveränen Staaten mit Verantwortung und Macht ausgestattet werden. Zu guter Letzt würden so die Nationalstaaten überflüssig werden und verschwinden. So sah es H. G. Wells.

Die meisten funktionalen Föderalisten glauben nicht an die völlige Auflösung der politischen Regierungen. Aber auch sie beklagen das Fehlen eines entwickelten Weltbewusstseins und eines allgemeinen Willens zum politischen Zusammenschluss. Auf der anderen Seite könnten viele Kriegsursachen allmählich überwunden werden, wenn das Hauptaugenmerk der Regierungen abgelenkt würde von Fragen der politischen Souveränität auf Angelegenheiten, bei denen das Eigenwohl nicht unmittelbar im Gegensatz zum allgemeinen Interesse steht. Viele nichtpolitische Fragen könnten so gelöst werden. So könnten auch die Hindernisse auf dem Weg zur politischen Föderation zu gegebener Zeit verschwinden; eine Weltföderation wäre dann selbstverständlich und realisierbar.

Für den funktionalen Ansatz spricht, dass gewisse Vorarbeiten dazu bereits geleistet wurden, und dass er mit praktischen, nicht militärischen Dienstleistungen mit an der Weltgemeinschaft arbeiten würde. Innerhalb eines Systems von kooperativ funktionierenden Weltautoritäten bestünde die Aussicht, dass auch jeder einzelne Bürger größeres Verständnis für die Welteinheit entwickelt, so dass jeder sich mehr und mehr als Weltbürger fühlen und mehr Vertrauen in die Arbeit der Weltinstitutionen entwickeln würde.

Bürger eines Staatenbundes wie die Vereinigten Staaten stellen sich ein Weltsystem natürlich nach dem Muster ihres Staates vor, ausgeweitet auf Weltproportionen. Aus dieser Haltung spricht ein Mangel an Verständnis für die Probleme der Welt; ja, sie ist arrogant. Die Amerikaner mögen trotz der ungelösten Rassenprobleme ihr System für das beste halten. Als Ideal oder universale Lösung darf man es jedoch nicht ansehen. Ähnlich glauben die Engländer an ihr parlamentarisches System. Beide Systeme werden in vielen Teilen der Welt als unanwendbar abgelehnt.

Es ist deshalb Unsinn, irgendeine bestehende Regierungsform als Modell für eine Weltregierung vorzuschlagen. Die Ausgangsbedingungen sind zu verschiedenartig. Eine Weltregierung hat weder Gleichgestellte noch Rivalen. Sie kennt keine Außenpolitik, denn alles spielt sich im Innern ab. Es gibt keine Grenzen zu bewachen, und alle Meere und Länder liegen im Bereich ihrer Rechtsprechung. Sie umfasst aber eine Fülle verschiedener Rassen, Kulturen und sozialer und politischer Systeme.

Die Einheit der Welt 157

Man geht dabei davon aus, dass die Nationalstaaten als Bausteine erhalten bleiben, was schon sehr fragwürdig ist. Sie könnten sich auch als ganz überflüssig erweisen, als Hindernis, das man erst überwinden muss. Vernünftigerweise wird man ohne Kompromisse, aber auch ohne völlig neue Ideen nicht auskommen. In den bislang erstellten Verfassungen wurde dies nicht genug bedacht. Der funktionale Föderalismus hat hingegen gut daran getan, seinen Einsatz auf die Schaffung von Institutionen im Bereich der allgemeinen Menschheitsbedürfnisse zu beschränken. Solche Einrichtungen können kriegerische Auseinandersetzungen durch zwischenstaatliche Zusammenarbeit verhindern und ersetzen helfen. Der Versuch, ein System zur Erhaltung des Friedens durch Zwang aufzubauen, wäre Imperialismus und musste zum Scheitern verurteilt sein. Es ist sehr schwierig gewesen, dies Vertretern der föderalistischen Idee verständlich zu machen, auch wenn heute unterschieden wird zwischen den Maximalisten und den Minimalisten, und die letzteren heute mehr im Vordergrund stehen.

Eine der Folgen der dauernden Kriegsgefahr ist, dass viele Menschen das Vertrauen in die Staatsregierungen verloren haben und glauben, das Recht zur Selbsterhaltung selbst wahren zu müssen. Sie wollen mit einer Volksabstimmung einen Kongress zusammenrufen, der stark und einflussreich genug wäre, um von den Regierungen Zugeständnisse an eine Weltföderation zu erreichen. Diese Bestrebungen haben es nicht sehr weit gebracht, weil sie die Trägheit der Massen unterschätzt haben und ihre Promoter aufs Ganze gesehen mit mehr Eifer als Scharfsinn gesegnet sind. Trotzdem waren ihre Bemühungen wertvoll, da sie im Alltagsbereich die Vorstellung einer Weltbürgerschaft verbreitet haben.

Wie bei anderen evolutionären Schritten ist auch hier eine empfängliche Minderheit ihrer Zeit voraus, eine Minderheit, die bereit ist, Verantwortung zum "Wohle der ganzen Menschheit auf sich zu nehmen. Für manche heißt Weltbürgerschaft politische Weltföderation, während für andere Weltbürgerschaft im weiteren Sinn die Bruderschaft aller Menschen bedeutet. In allen Fällen aber wird erkannt, dass die Welt eine Einheit ist und dass wir uns der ganzen Menschheit gegenüber ohne Unterschiede und ohne Diskriminierung tiefer verpflichtet fühlen müssen. „Die Weltgemeinschaft", wurde gesagt, „braucht ihre eigene Form der Loyalität. Ohne diese kann die Welt nie als Einheit regiert werden."¹³⁶ Ein anderer Schriftsteller hat es ähnlich ausgedrückt: „Die Existenz eines Staates ist gesichert, weil die Bürger aus Loyalität gegenüber der Nation zu gemeinsamem Nutzen und unter Ausnützung der allen zugänglichen Hilfsquellen Zusammenarbeiten. So muss es auch in der internationalen Gemeinschaft sein. Sie braucht unsere Loyalität als Bürger und als Nationen, dann werden unsere gemeinsamen Anstrengungen verstärkt durch alle zugänglichen Hilfsquellen die Welt wieder heilen."¹³⁷

Diese Aussagen sind typisch, und sie zeigen, dass heute Weltbürgerschaft mehr Beachtung findet als je zuvor. Das Konzept ist anti-imperialistisch, und deshalb wurde es vom Nationalsozialismus bekämpft und – historisch nicht ganz unbegründet – den Juden zugeschrieben. Gerhard Kittel, von Beruf christlicher Theologe der deutschen Herrenrasse, erklärte: „Und noch von einer anderen Seite her wird die Frage nach dem Internationalismus des Judentums ernst. An der Wiege des modernen Judentums steht der Menschheitsgedanke als der dem Volksgedanken übergeordnete... Darum liegt es völlig in der Natur der Sache, dass für den Juden Karl Marx die Arbeiterfrage nicht ein nationales, sondern ein internationales Problem wurde... Ebenso kann es nicht anders sein, als dass für diesen Juden alle Kulturbetätigungen nicht Betätigungen des Volkstums, sondern des Menschentums sind. Volkstum und volksverwurzelte Kultur sind für ihn, wem nicht eine Verirrung, so doch höchstens eine Unterstufe und eine Vorstufe für das Eigentliche, nämlich für die Menschheitskultur."¹³⁸ Seltsamerweise steht auch der heutige Kommunismus, der sich a Marx beruft, im Gegensatz zum jüdischen Weltbürgertum.

Das Bruderschaftsideal ist also eine verbrecherische Erfindung der Juden! Gewiss waren Juden führend in der Bewegung für eine Weltregierung tätig, und nach dem Krieg 1945 erregte einer von ihnen, ein früherer amerikanischer Bomberpilot, Garry Davis, öffentliches Aufsehen. Seine Berichte und Abenteuer bei der illegalen Grenzüberschreitung führte zur Gründung der International Registry of World Citizens in Paris. Er erzählte später seine Geschichte in einem Buch mit dem Titel „My Country is the World"¹³⁹. In ähnlicher Weise arbeitet Abe Nathan von Israel für den Frieden. Eine andere Initiative bewog viele Städte in verschiedenen Teilen der Welt zur Annahme einer Weltcharta, in der sie ihre Zugehörigkeit zu einer Weltgemeinschaft zum Ausdruck brachten.

Da Jesus Jude war, waren auch Christen nicht immun gegenüber diesen Ideen. Zu Beginn des ersten Weltkriegs gründete ein in Schottland wohnender persischer Christ, Veryant H. Iskender, eine Bewegung, die sich „Citizens of the World" nannte. Diese Bewegung, so sagte er, beruht auf dem Naturgesetz der Einheit... Wenn die Menschen alle Glieder einer weltweiten Familie würden[140], wären die Voraussetzungen für den Krieg nicht mehr gegeben... Eine allumfassende Einheit ist deshalb die endgültige Lösung des Kriegsproblems. Die Bewohner der Welt müssen sich unter dem verpflichtenden Namen „Bürger der Welt" zusammenschließen, um den Krieg zu beenden.

Gemeinsame Aktionen waren geplant. „Wenn die ‚Bürger der Welt' die Zeit für gekommen halten, werden sie im Geiste des großen Lehrers und Apostels, des Heiligen Johannes mit einer Stimme, die von einem Ende der Welt zum anderen erschallt, bekennen: Wir sind alle Brüder, wir weigern uns, andere, aus welchem Anlass auch immer, zu töten. Gott hat uns die Herrschaft über die ganze Erde gegeben, und wir wehren uns gegen künstliche und konventionelle Schranken, die die Nationen solange getrennt und die zu solch schrecklichem Ende geführt haben."[141] Iskender entwarf einen Universalpass und meinte schon im Jahre 1914, auf zehntausend Mitglieder und Gönner zählen zu können.

Ausführlicher muss ich einem anderen christlich-jüdisch beeinflussten Pionier meine Achtung erweisen. Nur wenige haben von ihm gehört. Zur Zeit der Conference on Christian Politics, Economics and Citizenship (Copec) im Jahr 1924 wurde ein Papier vorgelegt, das von George Cyril Armstrong verfasst war und den Titel „The Holy Nation" trug. Das Papier wurde damals nicht veröffentlicht, Auszüge davon erschienen jedoch vierzehn Jahre später in der Zeitschrift „The Plough". Sie gelangten erst 1942 in meine Hände, aber ich konnte mit dem Autor noch in hohem Alter in Verbindung treten, ihn über die Entwicklung unterrichten und die Zustimmung für den Nachdruck seines Materials erlangen.

So weit mir bekannt, ist Armstrong der erste in neuerer Zeit, der konkret die Meinung vertrat, dass das Christentum für die

Menschheit eine Hilfe bedeuten könnte, wenn es wieder zu einer Nation würde, wie es der ursprünglichen Zielsetzung entsprach. Er fasste seine These wie folgt zusammen:

„Die Zeit ist reif für uns Christen, die Zugehörigkeit zum heiligen Volk neu zu erfassen, das Gott gegründet hat, als er Abraham aus Chaldäa rief und das an Pfingsten in Jerusalem nach der Himmelfahrt Christi wiederbegründet wurde. Es ist Gottes Wille, durch den Sauerteig einer auserwählten Gemeinschaft zu wirken. Aber der Sauerteig muss rein, stark und unverdorben sein, wenn er seine Aufgabe erfüllen soll. Das Christenvolk muss politisch und wirtschaftlich völlige Unabhängigkeit anstreben. Das ist wichtig, einmal weil die Forderungen der weltlichen Regierungen mit den Forderungen Christi kollidieren, zum anderen aber auch, weil die militärische und wirtschaftliche Struktur der weltlichen Gesellschaft den Christen, der seinem Gewissen folgen und gerecht und brüderlich handeln will, bei jedem Schritt behindert. Wir brauchen einen lebendigen, wachsenden Kern von Männern und Frauen, die die Treue gegenüber Christi über alles stellen und den Willen haben, für den Wiederaufbau Jerusalems hier auf Erden zu arbeiten und zu beten.

Um unsere wirtschaftliche Unabhängigkeit zu sichern, muss zuerst eine christliche Stadt gegründet werden mit ausreichend Land, um die Bedürfnisse ihrer Bürger befriedigen zu können. Sparsamkeit, einfache Lebensweise und der Verzicht auf viele Bequemlichkeiten wird gefordert. Industrie, Erziehung, Recht – mit einem Wort, das ganze soziale Leben der Gemeinschaft – werden auf christliche Grundlagen gestellt.

Von einer solchen Konzentration christlichen Lebens und Denkens, verkörpert in einer weltweiten Volksgemeinschaft, die in Theorie und Praxis alle trennenden Unterschiede von Rasse und Kultur überwindet, darf man die größten Erfolge erwarten... Wir denken immer, wir hätten die Aufgabe, die Völker zum Christentum zu bekehren, und in gewissem Sinn stimmt das auch. Aber zunächst gilt es, die Christenheit wieder zur Nation zu bekehren, so dass wir von Volk zu Volk sprechen können. Man spricht oft davon, dass die besondere Kultur jeder Rasse und Sprache als kostbares Erbe im Christentum bewahrt bleiben müsse. Das ist richtig. Aber es gibt noch eine höhere Kultur: das gesellschaftliche und geistige Leben, das einem gemeinsamen Glauben entspringt, bis jetzt aber durch außerreligi-

Die Einheit der Welt 161

öse Bindungen nur unvollkommen entwickelt werden konnte. Erst wenn Christen aus Indien und China mit englischen und französischen Christen als Bürger eines Volkes zueinander in Beziehung treten, kann die Fülle der Eigenarten aller Rassen sich wirklich zusammenfügen; nur dann kann die christliche Kultur unbehindert wachsen und sich entwickeln.

Was wir nun den Kirchen vorschlagen, ist die Frucht jahrelanger Beobachtung und Überlegung. Wenn es auch den mächtigsten Zeitströmungen entgegensteht; die erste Verkündigung des Evangeliums stand unter demselben Vorzeichen. Das Evangelium kam von Gott und zog Gottes Kinder zu sich. Wenn unsere Pläne von Gott kommen und die Zeit für ihre Verwirklichung reif ist, werden sie Männer und Frauen anziehen, die das neue Reich Gottes auf Erden bauen und lenken werden."

Ein dritter Beitrag zum Gedanken einer Welteinheit bestimmter Art kam in den frühen zwanziger Jahren von einer Vereinigung, die sich „Gewissen der Welt" nannte: Eine internationale Gesellschaft zur Schaffung des Weltfriedens durch die Errichtung einer Weltstadt der Verständigung. Der Vorschlag stammte aus der Villa Helena in Rom und ging auf den Plan des norwegischen Bildhauers Hendrik Christian Anderson zurück, der ihn während seines jahrelangen Studiums in Paris, Washington und Rom in allen Details ausarbeitete, unterstützt durch die sachkundige Mitarbeit von vierzig Architekten und Ingenieuren.[142] Die Grundzüge des Plans wurden wie folgt festgelegt: „Das wirkungsvollste und vielleicht einzige Mittel zur Sicherung einer weltweiten Zusammenarbeit auf allen Gebieten des menschlichen Lebens ist der Bau einer internationalen Stadt, die – im materiellen und geistigen Bereich – die Aufgabe einer universalen Schlichtungsstelle übernehmen soll. Früher oder später wird sich erweisen, dass die Welt eine Stadt braucht, die nicht einem Staat sondern allen gehört, eine Stadt, die nach dem Willen aller dem Wohl der Menschheit dient und vor allem aus der Sphäre politischer Interessen herausgehoben ist. Eine solche Stadt... würde sehr viel dazu beitragen, die gegenseitige Freundschaft und Aussöhnung zwischen den Völkern der Erde zu fördern."

Vor kurzem hat in Indien ein vergleichbares Projekt Gestalt angenommen in dem Entwurf von Auroville zum Gedächtnis von Leben und Denken des weisen Sri Aurobindo, der 1950 gestorben war. Als Standort wurde die Koromandel Küste nördlich der ehemaligen französischen Koloniestadt Pondicherry gewählt. Man spricht von Auroville als von der Stadt des Goldenen Zeitalters und als Indiens Beitrag zur Weltgemeinschaft. In der Literatur darüber wird gesagt: „Erstmals werden wir eine echte Stadt haben, in der jedes Haus eine Verwirklichung der Gemeinschaft des gemeinsamen Wollens darstellt." Die Stadt als Ganzes soll in jeder Hinsicht dem „Einen im Menschen" geweiht sein.[143]

Wieder muss festgehalten werden, dass die Idee einer Weltstadt jüdisch-christlichen Ursprungs ist und bis zu den Visionen vom Neuen Jerusalem des Propheten Ezechiel vor 2500 Jahren zurückverfolgt werden kann; der Autor der Offenbarung im Neuen Testament hat sie wieder aufgegriffen.

Man könnte leicht einen Band füllen mit den verschiedenen Vorstellungen und Plänen, die das wachsende Interesse an einer Einigung der Welt belegen. Wie wir sahen, sind manche von ihnen bis in Einzelheiten durchdacht. Andere stehen unter dem Zeichen eines wachsenden Bewusstseins internationaler Bruderschaft, der Verständigung, der Versöhnung und des Engagements zu gegenseitiger Hilfe. Weltbürgertum gewinnt politisch und geistig an Boden. Es ist eine sehr viel tiefer greifende Erscheinung als der frühere Kosmopolitanismus, der sich überall zu Hause und nirgends verpflichtet fühlte. Er war weltoffen, aber nicht weltfreundlich. Der Weltbürger dieser Tage jedoch nimmt seine Bürgerpflichten freiwillig und bewusst auf sich, um seine Aufgabe der Menschheit gegenüber zu erfüllen.

Der Plan der Welteinheit ist nicht leicht zu verwirklichen, vieles ist noch ungeformt und unbestimmt, es gibt kein einigendes Symbol, noch weniger eine greifbare Organisation, keine Festlegung der Bürgerrechte und deshalb auch keine Abgrenzung der Bürgerpflichten. Treue gegenüber der Weltgemeinschaft kann immer noch Staatsverrat bedeuten.

Viele einsichtige Einzelne und Gruppen haben versucht, diesen Mängeln abzuhelfen. Sie versuchten, die Aufmerksamkeit der Welt wachzurufen und Weltbürger zu erziehen durch Betrachtung der Menschheitsgeschichte auf kulturellem, gesellschaftlichem und politischem Gebiet innerhalb der Entwicklung der Völker. Künstliche Weltsprachen wurden zu Hilfe genommen wie das Esperanto des polnischen Juden Zamenhof. Viele enge internationale Beziehungen wurden unterhalten, und der

Die Einheit der Welt

Aufbau von universalen Institutionen wurde gefördert. All dies war nützliche Vorarbeit und hat in mancher Beziehung den Grundstein für die Zukunft gelegt. Die Kluft, die im materiellen Sinn durch Wissenschaft und Technik überbrückt wurde, beginnt sich nun auch geistig zu schließen. Was jedoch noch fehlt, ist die Weltbürgerschaft in einer Form ins Leben zu rufen, in der sie als realer Status erkannt und anerkannt wird und jedermann, der die geistige Bereitschaft dazu mitbringt, offensteht. Menschen mit neuem Denken müssen in Erscheinung treten, Vertreter eines höheren, übergeordneten Rechts der Menschheit. Auf andere Weise kann eine Annäherung an das Ziel einer Welteinheit nicht erreicht werden, denn die Staaten und Völker sind noch weit entfernt voneinander auf dem Weg zur Einheit.[144]

So muss sich eine Kraft selbst offenbaren, die von vielen verschmäht wurde und in den sorgfältigen Kalkulationen der Staatsmänner nicht erschien, eine Kraft, die Weltbürgerschaft sichtbar und wirksam macht.

4
Absturz oder Aufstieg?

Für sehende Augen ist deutlich, dass die Geschehnisse der vergangenen zweihundert Jahre eine Zeit der Prüfung und der Not für die Menschheit bedeuteten. Sie dürften noch entscheidender sein als die der Zeit des ersten und zweiten nachchristlichen Jahrhunderts. Wie damals herrscht teils ein tiefer Pessimismus, der die Welt vor dem Untergang sieht, teils ein Optimismus, der eine gewaltige Veränderung zum Guten erwartet.

Ich habe die vorhergegangene, eschatologische Zeit in ihren Eigenheiten in diesem und meinen beiden früheren Büchern beschrieben. Die Gemeinsamkeit sollte deshalb unschwer zu erkennen sein. Charakteristisch für das frühere Zeitalter war das apokalyptische Denken, das bei den Juden in erster Linie messianisch geprägt war. Man vertiefte sich in die Deutung der Weissagungen und war auf das Kommende vorbereitet. Die modernen Erben der jüdisch-christlichen Tradition, aufgewachsen mit der Bibel, mit ihren Bildern und Erwartungen, haben ebenso die Zeichen ihrer eigenen Zeit gedeutet.

Die frühere Epoche wurde eingeleitet durch die Verführungen des Hellenismus, denen der messianische Judaismus mit dem Anwachsen von Sekten der Auserwählten und mit der Ausweitung der Mission begegnete. Ähnlich kündigte sich der neue eschatologische Zeitabschnitt mit dem Zeitalter der Vernunft an und löste damit eine entsprechend ähnliche christliche Antwort aus. Die evangelische Neubelebung betonte besonders die Wiederkunft Christi und förderte die neue Deutung der Propheten in Bezug auf zeitgenössische Ereignisse. Wiederum trieb man mit großem Eifer die Berechnung endzeitlicher Daten.

Beim ersten großen Krieg tauchten wieder die Vier Reiter der Apokalypse auf, und das schreckliche Wort Armageddon kam vielen auf die Lippen. Wer die Prophezeiungen kannte, sah im Schicksal der Juden ein deutliches Zeichen. Es stand geschrieben, dass sie in ihre Heimat zurückkehren würden. Die Entstehung des Zionismus war bedeutsam, und man verfolgte die Entwicklung aufmerksam von der Balfour Declaration 1917, die sich für einen jüdischen Nationalstaat in Palästina (das erst den Türken entrissen werden musste) ausspricht, bis zur Errichtung des Staates Israel im Jahre 1948. Die Pogrome und die nationalsozialistischen Verbrechen bedeuteten den Anfang der „Zeiten der Bedrängnis Jakobs", zaristische und kommunistische Ambitionen im Nahen Osten, später auch die arabischen Bündnisse gegen Israel, wurden der alten Vision feindlicher Verbindungen von Gog und Magog zugeordnet.[145]

Der Gläubige konnte viele Zeichen der Zeit beobachten. Hatte nicht Jesus Kriege vorhergesagt, den gegenseitigen Kampf aller Völker, dazu Hungersnot, Krankheiten und Erdbeben?[146] Auch der prophezeite allgemeine Abfall war eingetroffen; die Menschen verzagten aus Furcht vor dem Kommenden. Kündigte nicht die Zündung der Atombombe eine furchtbare Zerstörung für die Zukunft an?[147]

Aber nicht nur hellhörige Christen ließen sich auf ihre Weise beeinflussen, ein neues „Avatar" von Krishna wurde auch im Osten erwartet, und auch hier trafen Seher und Weise erstaunliche Voraussagen. Spiritistische Verbindungen wurden geschaffen, angeblich mit großen Meistern, der Weißen Bruderschaft, den Herren der Planeten und großen Seelen der Vergangenheit. Warnungen vor Katastrophen und Veränderungen wurden genug empfangen, aber auch Zusagen für Hilfe und Schutz zum Überleben und für den Eintritt in das hellere Zeitalter des Wassermanns. Berichte über Besuche aus dem All wurden verbreitet, UFOs (Unbekannte Flugobjekte) wurden gesichtet und viele andere seltsame Phänomene verzeichnet.

Der überall auftretende Geist der Aggression, Gewalttätigkeiten der Massen, Massenhysterie, der Aufstand der Jugend, das Anwachsen der Kriminalität, der sexuellen Leidenschaften, der Geisteskrankheiten, all dies weist auf tiefgreifende psychische

Absturz oder Aufstieg? 167

Störungen hin, deren Ursachen nicht allein in der Entwicklung der Technik zu liegen scheinen. Es ist, als wirke eine geheimnisvolle Macht auf uns ein, oder als passiere unser Planet eine unsichtbare und unerkannte Wolke eines fremden Gases. Der Intellekt versucht methodisch vorzugehen, aber die Umstände scheinen darauf hinzuweisen, dass in diesem Zeitalter der Mensch einem besonderen Zug oder Druck ausgesetzt ist, der ihn über die Schwelle eines besonders kritischen Zeitpunkts seiner Entwicklung bringen soll. Ein treibender Faktor war notwendig, um den Gefahren menschlicher Dummheit und selbstmörderischer Tendenzen entgegenzuwirken, und um dem Menschen für einen weiteren Schritt der Evolution Kraft zu geben. Einige dumpfe Gemüter empfinden nur eine wachsende Spannung und Gefühlsaufladung; Einsichtigere mit eingeschränktem Horizont machen sich nach ihrem Vermögen Bilder und Vorstellungen. Nur relativ wenige erkennen einen größeren Kreis von Faktoren und ihre Bedeutung und arbeiten bewusst mit an der gestellten Aufgabe. Der letzte große eschatologische Ausbruch vollzog sich in historischer Zeit, über die wir recht gute Aufzeichnungen haben. Dies könnte uns eine Hilfe sein, wenn wir unsere Zeit objektiv erfassen wollen. Wir können vergleichen, soweit es diese frühere Zeit betrifft, was verkündet wurde und was sich tatsächlich ereignet hat. Dabei müssen wir die Denk- und Glaubensweise berücksichtigen, die ohne weiteres Magie und Wunder als Erklärung des Ungewöhnlichen und Unerwarteten akzeptierte und nach Phänomenen suchte, um den Einbruch des Göttlichen in den menschlichen Bereich zu kennzeichnen. Wo heute noch aus religiösem Konservatismus diese Denkweise gepredigt wird, muss sie zwangsläufig die Deutung beeinflussen. Man kann nur zu erklären versuchen, weshalb dies damals so war. Wir wollen dabei das Übernatürliche nicht ausschließen, aber es sollte für uns nie die wahrscheinlichste Erklärung für etwas Außergewöhnliches sein.

Aus heutiger Sicht ist klar, dass viele Erwartungen unerfüllt blieben. Vieles war Phantasieprodukt. Selbst wo ein gewisser Zusammenhang mit den Ereignissen bestand, war die Übereinstimmung mit der ursprünglichen Weissagung gering. Oft wurde das Bedeutsamste völlig übersehen. Das beherrschende Gefühl eines für die Menschheit entscheidenden Ereignisses war nicht falsch, aber die erregten und überschwänglichen Aussagen über diese Dinge waren ganz unrealistisch. Der natürliche Wunsch, Geschehnisse im Himmel und auf Erden als Vorzeichen zu verstehen, war vorhanden, aber in vieler Hinsicht waren die Zeiten eigentlich nicht besonders ungewöhnlich. Immer noch gilt, dass wir durch Außergewöhnliches beeindruckt werden und gern manches übersehen oder vernachlässigen, was sehr viel aufschlussreicher wäre.

Wenn wir die frühere eschatologische Zeit als Leitbild nehmen, so ist deutlich, wie falsch die Erwartung des Untergangs war. Der Tag des Zorns ist nicht über die Welt gekommen. Ebenso falsch war die nahe Erwartung des Gottesreiches auf Erden. Trotz verständlicher christlicher Gegenstimmen bleiben wir dabei, dass keine göttliche Inkarnation begleitet von Engeln und Wundern stattgefunden hat. Die Aufzeichnungen hierüber sind weitgehend auf menschliche Überzeichnungen und Übertreibungen der Wirklichkeit zurückzuführen. Diese war nicht weniger verpflichtend, doch wäre sie jener Zeit wohl zu langfristig und zu prosaisch erschienen. Es ist aber auch deutlich, dass ohne dieses Überborden und dieses Verzeichnen zur Überlebensgroße entscheidende Dinge nicht dem Plan entsprechend eingetreten wären. Es mußten viele, auch scheinbar unbedeutende Umstände Zusammenkommen als Vorbereitung für das Evangelium, um dessen entscheidende Träger und Ideen hervorheben zu können.

Sicher spielte sich ein weitreichender Veränderungsprozess ab, der die Zukunft beherrschte. Die apokalyptische Vorstellungskraft erfasste dies richtig, malte aber ein überzeichnetes Bild. Die beiden Prinzipien des Imperialismus und des Messianismus gerieten in Konflikt. Der Imperialismus schien zu siegen, und deshalb musste als Gegenkraft ein Messias erscheinen und den Geist der Befreiung verkörpern. Nur durch ein Beispiel der Liebe und des Dienens konnte der Geist des Menschen von der Dienstbarkeit gegenüber der Macht befreit werden.

Die kurze unauffällige Laufbahn eines unbekannten jüdischen Dorfzimmermanns, der den Machthabern unbequem war und deshalb hingerichtet wurde, war kein welterschütterndes Ereignis. Sie wurde es aber, weil dieser Zimmermann im Brennpunkt eines alten Traums von Weltfrieden und Harmonie stand und als David, der den gepanzerten Goliath Rom überwinden würde, erschienen war. Nur so war es möglich, dass sein Name

Absturz oder Aufstieg?

und seine aufrüttelnden Worte zu allen Völkern des Weltreichs gelangen konnten, denen er als ihr vorbestimmter Erlöser offenbart wurde. Die Macht Roms schien nicht ernsthaft gefährdet. Rom konnte die Anhänger dieses Mannes und die Juden, deren Ideale und Einsichten ihn hervorgebracht hatten, vernichten. Jerusalem, die Heimat des Messianismus, konnte man zerstören, nicht aber seinen geistigen . Der Imperialismus blieb unbesiegt, solange die Menschen lieber weiter Götzen anbeteten; jetzt aber gab es ein Mittel, den Stolz und die Arroganz des Cäsaren zu entlarven, und die Garantie dafür, dass eines Tages, früher oder später, freie Menschen ihn verlachen würden.

Was war dieses Mittel? Es bestand nicht darin, Jesus auf den Thron des Cäsaren zu setzen als menschgewordener Gott. Die Volker der Welt konnten nur durch ein Volk gerettet werden, das Gebietsansprüche ablehnte, der Gewalt abschwor und die messianischen Prinzipien der Liebe und des Dienstes gemeinschaftlich verkörperte. Schon vor langem waren die Hebräer mit dieser Aufgabe betraut worden. Das Kommen Jesu belebte sie neu und erweiterte sie. Dies war der Kern der Sache, die neue Enthüllung, die verkündigte, dass das Zeitalter des Imperialismus zu Ende ging und das messianische Zeitalter angebrochen war, wenn auch jahrhundertelang die Geschehnisse dies zu widerlegen schienen. Mit dieser Erkenntnis knüpfen wir an den Inhalt des ersten Teils an. Wenn in biblischen Zeiten ein göttlicher Plan für die Menschheit begonnen wurde, so muss er auch heute weiter wirken. Und da wir in einer zweiten, für die Menschheit entscheidenden Periode leben, die gefährlicher und komplexer ist als der Beginn des christlichen Zeitalters, so muss sich der Messianismus in unserer Zeit entsprechend manifestieren. Er muss seinem Wesen nach derselbe sein, aber erweitert und aufgeklärter wirksam werden.

Angesichts der früheren eschatologischen Periode können wir als sicher annehmen, dass wir keinesfalls am Abgrund einer verheerenden Katastrophe, weder durch Krieg noch durch Naturereignisse, stehen. Dies heißt nicht, dass es keine großen Kriege, Naturkatastrophen und Leidenszeiten mehr geben wird, aber die schwärzesten Voraussagen der Pessimisten und Wahrsager werden sich auch heute nicht erfüllen. Seltsame Ereignisse werden den geistig Aufgeschlossenen aufmerken lassen, aber die Weissagungen werden anders erfüllt werden, als wir es uns vorstellen, genau wie damals. Wir werden die Wiederkunft Christi erleben, aber in anderer Gestalt, so wie die Umstände seines ersten Kommens anders waren, als die Kenner der Weissagungen erwartet hatten. Worauf wir warten sollten, ist besseres, fundiertes Verständnis des wirklichen Jesus und seiner messianischen Botschaft, so dass wir ihn wieder so sehen, wie er nahezu zweitausend Jahre lang nicht gesehen werden konnte, und dass wir danach auch richtig zu handeln vermögen. Diesmal weisen möglicherweise gekränkte Christen die Offenbarung zurück und Juden heißen sie willkommen und nehmen sie an. Aber Anhänger aller Religionen und Überzeugungen sind zur Mitwirkung an der Politik Gottes aufgerufen, die—neu offenbart—der Menschheit zu Hilfe kommt.

Wenn wir das Wohl der Menschheit im Auge haben, so müssen wir uns davor hüten, nüchterne Urteilskraft über Bord zu werfen. Das Außergewöhnliche zieht uns natürlich an, und die Neigung dazu ist umso großer in einer Zeit, in der scheinbar nur höhere Hilfe die Situation retten kann. Dieses Empfinden ist nicht falsch, aber wahr ist auch, dass die Hilfe nicht zu uns kommen wird sondern durch uns. Wir selbst sind aufgerufen, in selbstloser Weise das zu tun, was getan werden muss. Dies ist das Gesetz unseres Seins, und die Freiheit, die uns gegeben ist. Wir können die Aufgabe nicht weitergeben an einen Übermenschen oder an ein übermenschliches Wesen. Erwarten dürfen wir geistige Hilfe, Führung und Stärkung für die Aufgaben, die nur wir ausführen können. Der große Irrtum der früheren eschatologischen Zeit war, dass die Menschen unverwandt zum Himmel blickten oder nach übernatürlichen Führern Ausschau hielten, anstatt die Hilfsquellen auszuschöpfen, die ihren Entschluss erhellen und stärken könnten. Glaube ohne Taten ist nicht Glaube sondern Aberglaube. Glaube ist, was einen Menschen dazu veranlasst zu sagen, ich will mich öffnen, damit durch mich Taten geschehen können. Die Errettung der Menschheit wird kommen, wenn ein Teil der Menschheit dies aus voller Überzeugung zum Wohle aller getan hat.

Ich habe einmal versucht, dies in einer Formel auszudrücken: Ich bin für die Menschheit da. Diese Worte drücken aus, was ich unter Weltbürgerschaft verstehe.

Absturz oder Aufstieg?

Ich möchte hier einige weitere Überlegungen einschieben, bevor ich meine Erkenntnisse über den göttlichen Plan darlege. Ich habe schon viel Vorarbeit geleistet, und der Leser ahnt vielleicht schon, wohin der Weg führt. Im zweiten Teil müssen wir noch eine Sache näher betrachten, nämlich wie die beschriebenen Umstände im Licht der Vorbereitung für ein Evangelium erscheinen. Zuvor ist es aber notwendig – falls möglich – eine weitere gedankliche Annäherung herbeizuführen, denn bei so wichtigen und folgenschweren Dingen muss man sich Auge in Auge blicken. Ich habe versucht, des Nachdenkens und des Meditierens wertes Material vorzulegen; vielleicht kann ich aber noch klarer aufzeigen, was hinter der Aktion steht, der ich verpflichtet bin.

Wenn wir von der Gottheit reden, die im Universum und in unserer planetarischen Geschichte wirksam ist, so muss dies – jedenfalls für mein Empfinden – auf der Grundlage der bisherigen Erfahrung und des wissenschaftlich Gesicherten bleiben. Mir ging es insbesondere darum, Vorstellungen zu überwinden, die Gott in der Schöpfung gefangenhalten wollen und die mit unseren begrenzten Möglichkeiten nur nach seiner Existenz und seinem Wesen fragen. Wir sollten uns völlig von der Vorstellung befreien, Gott auf irgendeine Art durch Raum und Zeit begrenzt zu denken.

Wir dürfen Gott nicht zu billig feilhalten, was in Diskussion so leicht geschieht. Ein göttlicher Plan für die Menschheit bedeutet nicht, dass Gott sich in irgendeiner Sphäre oder Dimension auf einem Kurs parallel dem unseren durch die Zeit bewegt und sich mit Tagesgeschäften, wie unseren Gebeten, Eingaben und Problemen, abgibt, Entscheidungen trifft für sein Vorgehen, für die Entwicklung der Dinge hier. Was wir als Interventionen Gottes in unsere Angelegenheiten empfinden, könnte auf Faktoren zurückzuführen sein, die im Aufbau und der Struktur des Universums zu suchen sein dürften und – falls erforderlich – als Stimulans oder Korrektiv wirken. Wir wissen, dass wir auf gewisse innere Hilfsquellen in uns selbst zurückgreifen können und dass andere auf uns einwirken. Es ist keinesfalls ausgemacht, dass wir in einem rein materiellen Universum leben, und wir müssen mit der Möglichkeit rechnen, dass uns auch ein unsichtbares oder ätherisches Universum umgibt. Es ist eine sehr alte Lehre,

dass jede Materie ja Personen, Nationen und sogar Orte ihr Gegenstück im Geistigen haben.[148]
Viele seelischen Erfahrungen deuten darauf hin, dass dieser Lehrsatz wahr ist. Was als Himmel bezeichnet wird, ist möglicherweise ganz einfach das ätherische Universum, das mit dem materiellen Universum eng verbunden ist und es durchdringt. Die Wissenschaft versucht beispielsweise immer noch zu enträtseln, was den Geist vom Gehirn unterscheidet. Deshalb habe ich es vorgezogen, von Gott nur als von dem Teil zu sprechen, der als Gottheit auf uns einwirkt, wodurch wir sowohl die Planung als auch die für die Verwirklichung notwendigen Möglichkeiten erkennen.

Es wäre unsinnig, die Funktion der Gottheit auf die Schaffung eines materiellen Universums zu beschränken. Aber selbst darin sind offensichtlich Sicherungen zur Erhaltung des Geschaffenen vorgesehen. Je mehr wir über die Bausteine und die Mechanik des Universums wissen, desto mehr staunen wir über die umfassenden Vorkehrungen, die z.b. auch die Fähigkeit zur evolutionären Entwicklung enthalten. Man kann die Auffassung vertreten, dass darin eine Form des Geistes zielstrebig wirkt, dass also eine geistige Triebkraft erkennbar wird, die über das Materielle hinausgeht. Wir sind uns bewusst, dass sich dies mit unserem ganzen Selbst vollzieht, und dass beim Menschen ein Stadium der Entwicklung erreicht ist, in dem das Nichtmaterielle in wachsendem Umfang zum Einsatz kommen kann, in Ideen und Bildern, um das Materielle zu beeinflussen. Wir sind darauf programmiert, um Ziele zu ringen und irgend etwas sagt uns, ob sie richtig sind oder falsch, edel oder verwerflich. Mir scheint die Verleugnung geistiger Triebkräfte und Kräfte der Gnade genau so irrational und unintelligent wie die Annahme irgendeines theologischen Systems.

„Kräfte der Gnade" ist ein wertvoller Begriff des göttlichen Planes. Gnade zeichnet den Geber aus und gleichzeitig durch ein Verströmen von Wohlwollen auch den Empfänger, der von sich aus wenig Anziehendes haben mag. Man sagt, dass Schönheit im Auge des Betrachters wohne. Die Empfindung des Guten wird hier geistig vermittelt. Gnade meint, dass wir mehr Einsicht haben und dass diese Einsicht etwas Spezifisches verlangt und das Erfasste der Liebe wert macht.

Durch Gnade wird Wertvolles erkannt und erhalten. Das Thema Gnade riß den Apostel Paulus hin. Er zeigte daran, dass wir, die wir nach seiner Auffassung einem gerechten Gott unserer Sünden wegen ein Gräuel wären, durch die Sündlosigkeit Christi in Gottes Augen entsühnt seien. Dadurch seien wir angenommen in dem Geliebten und seiner Gnade und Barmherzigkeit teilhaftig. In ähnlicher Weise empfahl das jüdische Denken, um Gnade in Gottes Augen zu finden, sich auf die Verdienste der Patriarchen zu berufen und sogar Gottes unendlich heiligen Namen als Garant für sein Gnadeversprechen anzurufen. Die Idee der Gnade geht in der Bibel zurück bis zur Schöpfung, wo im ersten Kapitel der Genesis gesagt wird: Gott sah, dass alles, was er gemacht hatte, gut war. Professor Mollegen hat es so ausgelegt: „Schöpfung und Erlösung, beides geschieht durch Gnade. Jede mögliche Existenz wird getragen durch die Gnade Gottes. Wir bewegen uns und leben im wörtlichen Sinne in Gottes Gnade." Oder: „Der von Gnade erfüllte Mensch ist der freie Mensch, der das tut, was er will, und will, was er tut, weil er den Willen Gottes und die Ziele Gottes zu seinen Zielen gemacht hat."[149] Der Wille Gottes für den Menschen ist das, was Gott für ihn in seiner Gnade geplant hat, dadurch dass Gott den Menschen nicht nur als das sieht, was er ist, sondern auch als das, was er sein sollte durch die Gottheit in sich, die den Menschen über seine Unvollkommenheit hinaushebt. Es ist wie wenn wir sagen: „Was auch immer du tust, ich liebe dich."

Die Gnade muss also auch unsere Beziehung zu unserem Mitmenschen einschließen. Keiner darf feindselig oder als minderwertig behandelt werden. Das Gesetz, das in der angewandten Form imperialistisch ist, muss der Gnade, die messianistisch ist, weichen. Das meinte Olaf Stapledon, als er forderte, dass wir die Identität des Geistes in allen Menschen empfinden müssen, „wobei diese Identität dem vielfältigen, liebenswerten, besonderen, persönlichen Empfinden jedes Mannes und jeder Frau zugrundelegt."[150]

Durch den Geist Gottes muss die ganze Schöpfung Gnade in unseren Augen finden, denn der Geist ist mehr als wir und in uns allen. Unausweichlich sind wir alle ein Teil von ihm. Der Orientale bestätigt dies, wenn er uns mit zusammengelegten Händen und mit einer Verbeugung vor dem Gott in uns grüßt. Wir haben alle Teil an Gott. Diese Bindung bildet eine unzerstörbare Grundlage der Bruderschaft. Letztlich können wir nur darauf andere, komplexere Beziehungen aufbauen. Nur dies gibt uns das Recht und den Antrieb dazu. Was immer der Geist lebendig erhält und uns seiner bewusst werden lässt, es ist eine unentbehrliche Quelle für die richtige Haltung gegenüber unseren Mitmenschen. Anbetung Gottes ist noch immer der Beginn der Weisheit, denn wir lernen dabei, alles Leben zu achten.

Aus Gnade kommt Zielstrebigkeit: Sie muss uns einbeziehen in eine offene Gemeinschaft, die gemeinsam für die Gemeinschaft plant. Die Gnade Gottes versichert uns, dass wir erhalten werden, und dass uns geholfen werden wird, dass wir Erleuchtung aus den vorhandenen Quellen erfahren werden, wenn wir sie brauchen. Um aber die Gnade voll auszuschöpfen, müssen wir selbst gegenüber Gott und den Menschen barmherzig sein. Gottes Wille wird so unser Wille und seine Ziele werden unsere Ziele, wenn wir ihn von ganzem Herzen, von ganzer Seele und von ganzem Gemüte lieben und unseren Nächsten lieben wie uns selbst.

Diese Gedanken stehen in unmittelbarer Beziehung zu unseren heutigen Problemen. Durch Gnade werden wir fähig, aus unserer Vorstellung von Politik und Handeln all das auszuscheiden, was dem Anderssein von Einzelnen, von kleinen oder großen Gruppen keinen Raum lässt. Wir werden mehr und mehr gegen jede Einschränkung der menschlichen Gemeinschaft Einspruch erheben. Alles was eng und sektiererisch in unserem Programm ist, verweisen wir auf den zweiten Platz — wir sind bis jetzt noch zu sehr davon durchdrungen, um ganz davon loszukommen — und alles Umfassende und Universale muss an die erste Stelle treten. Dies bedeutet natürlich nicht Verzicht auf das Recht zu Kritik und Beurteilung, aber es bedeutet, immer weitere Grenzen für das Andersartige abzustecken.

Wenn wir, wenn auch zögernd, auf diesem Weg voranschreiten, so muss dies eine sichtbare Veränderung unserer Weltanschauung und unserer Beziehungen zur Umwelt mit sich bringen, dazu ein Wachsen an Empfindsamkeit, Bewußtsein, Toleranz und Bereitschaft zum Dienst. Wir müssen Rückschau halten und manches, was wir für richtig und fördernswert gehalten haben, revidieren. Wir werden nicht blind werden dem Bösen gegenüber, aber wir müssen es entschlossen durch das Gute überwinden. Wir können mit bösen Mitteln keine guten Ziele erreichen.

Absturz oder Aufstieg? 175

Trotz vielem Bösen ist doch die gegensätzliche Macht des Imperialismus, die das Recht zur Herrschaft auf Grund angeblicher Überlegenheit oder eigennütziger Motive beansprucht, ein Instrument des göttlichen Planes. Immer wieder musste sie auftreten, um die Gleichgültigkeit zu verjagen, aus der Selbstzufriedenheit aufzuwecken und schöpferische Initiative hervorzurufen, sobald der Mensch sich seiner Verantwortung zu entziehen drohte, sich in seinen Ketten wohlzufühlen begann, die Erniedrigung akzeptierte und sich mit dem „Unvermeidlichen" abfand. Dies ist eine der heilsamen Einrichtungen der Natur. In der menschlichen Geschichte wurde dies immer dann deutlich, wenn ein neuer Schritt nach vom notwendig war. Man kann daraus sicherlich lernen, dass der freie Geist im Menschen, auch wenn er zeitweise unterdrückt wird, immer wieder ausbrechen wird. Deshalb beginnt die Geschichte des Gottesvolkes mit dem Auszug aus Ägypten. So war es zu allen Zeiten, und deshalb können wir gewiss sein, dass der große Ausbruch imperialistischer Bestrebungen und unmenschlichen Verhaltens in unserer Zeit ein Vorzeichen für ein neues Erwachen und einen neuen Aufschwung des Messianismus ist.

Diese Erkenntnis ist wichtig, damit wir nicht in Verwirrung und Verzagtheit fallen. Es ist falsches imperialistisches Denken, Weltfrieden unter einem Weltrecht, das durch Gewalt getragen wird, aufrichten zu wollen oder gar durch die kommunistische Diktatur im Namen des Proletariats. Diese gegensätzlichen Ideologien stammen in Wirklichkeit beide aus demselben Lager. Der Messianismus verkündet im Gegensatz dazu, dass die Menschheit nur zum Frieden kommen kann durch Gnade, die offenbar wird in gegenseitiger Liebe und gegenseitigem Dienst.

Wir können erkennen, dass wir in einer zweiten Übergangszeit sind, weil der Imperialismus ausgeprägter ist als je. In vielen politischen, sozialen und wirtschaftlichen Bereichen ist das Streben zur Herrschaft rücksichtslos geworden. Viele sind besessen vom Hunger nach Macht und Prestige. Das zeigt sich im Rassismus, Nationalismus, Antisemitismus, bei totalitären Regimen und militärischen Diktaturen, bei ideologischem und industriellem Imperialismus, in der Parteipolitik und im Klassenkampf. Man will beherrschen, gleichviel ob es dabei um Märkte oder Bodenschätze oder um Leib und Seele von Menschen geht.

In diesem aggressiven Zeitalter wird das alte englische Kin-

derspiel mit vollen Ernst gespielt:
„Ich bin Herr im Haus,
hinaus, du Schuft, hinaus."
Wieder wird geprahlt: „Das ist das große Babel, das ich erbaut habe zum königlichen Hause durch meine große Macht, zu Ehren meiner Herrlichkeit."[151] Aber wiederum kündet der Geist Gottes prophetisch an: „Sie ist gefallen, sie ist gefallen, Babylon, die große."[152] Der Imperialismus gleich welcher Prägung hat keine Zukunft. Seine Ausdrucksformen gehören zu einer überlebten Ordnung. Der evolutionäre Prozeß, der göttliche Plan, der verlangt, dass das Leben freier und reicher sein soll, verdammt ihn unweigerlich zum Untergang. Die Zukunft gehört denen, die aus dem Geist geboren sind, der aber weht, wo er will. Er wird durch keine Grenzen eingeengt, durch keine Mauern und eiserne Vorhänge eingesperrt, auch nicht durch Arbeits- und Konzentrationslager, defensive Bewaffnung oder Einschränkung der Bewegungsfreiheit, der Redefreiheit, der Versammlungsfreiheit.

Die neue Zeit deutet sich auf einer niederen Ebene des Bewusstseins an durch die Betonung der individuellen und nationalen Unabhängigkeit, durch den Aufstand gegen Autorität und Disziplin, durch exzentrische Kleidung und Verhalten, durch Demonstrationen und Widerstandsbewegungen. Auf einer höheren Ebene finden wir das Suchen nach einem neuen geistigen Verständnis und umfassenderer Gemeinschaft, nach dem Verzicht auf Gewaltanwendung, nach Frieden und harmonischen Beziehungen, dem Einsatz im Dienst für die Bedürftigen, Leidenden, Unterprivilegierten und Unterdrückten, nach dem Wachstum des Geistes der Gemeinschaft, der die ganze Menschheit umfassen will. Stringfellow Barr sagte: „Wir wollen Mitglied der Menschheit werden."

Es ist klar erkennbar, dass das, was entstehen will, das erste weltumfassende Zeitalter ist, die erste Ära, in der die Menschen vereint werden können, die erste Verwirklichung der Weltbürgerschaft. Dies war nicht möglich ohne die Entwicklung der letzten zweihundert und mehr Jahre. Erst damals begann die Befreiung. Unser Planet war noch nicht ausreichend geographisch erforscht und die Weltgeschichte noch nicht genug im Zusammenhang gesehen. Die Kommunikation und das Reisen waren erschwert. Es fehlte das Wissen, die Einrichtungen, die

Absturz oder Aufstieg?

Hilfsmittel, um die ganze Erde einzubeziehen und sie zu nutzen, um Nahrungsmittel, Güter und Dienstleistungen weltweit verfügbar zu machen. Die Menschen waren nicht genügend ausgebildet, die Lebensbedingungen mußten verbessert werden. Wir waren noch nicht durch Massenvernichtungswaffen und die Eroberung des Weltraums dazu gezwungen, die Organisation einer globalen Einigung in Angriff zu nehmen.

Wir haben noch einen weiten Weg mit vielen Hindernissen materieller und geistiger Natur vor uns, aber nur ein sehr dumpfer Mensch wird die Zeichen übersehen und nicht erkennen, dass sie die Vorbereitung für ein Evangelium sind. Es ist klar, dass dieses Evangelium sich mit der Einheit der Welt befaßt und dass seine Weisungen uns zeigen werden, wie diese Einheit verwirklicht werden kann. Auf der Grundlage eines göttlichen Planes muss eine zweite Offenbarung des Messianismus in einer Weise erscheinen, die zwar aus alten Formen erwächst, aber unserer Zeit entspricht. Wir stehen nicht vor dem Abgrund sondern am Beginn einer Erneuerung.

5

Die Zeit der Prüfung

Als die Seher vor zweitausend Jahren das Nahen des messianischen Gerichtes verkündeten, beschrieben sie es als eine Zeit der Prüfung, die über die Welt kommen sollte.[153] Auch wir befinden uns heute in einer solchen Zeit. Überlieferte Überzeugungen, Werte und Dogmen geraten ins Wanken. Alles wird bezweifelt und auf seinen Wert und seine Wahrheit hin überprüft. Die Bereitschaft, Dinge unbesehen zu übernehmen, schwindet, und was als feststehend und gesichert galt, wird heute erbarmungslos zerlegt, untersucht und vielfach abgelehnt. Wer klar sieht, sei es auf Grund seiner Intelligenz oder eines Instinktes, weiß, dass wir uns vielen Veränderungen werden anpassen müssen. Wir müssen uns deshalb von jeder engherzigen Einstellung freimachen und alle Richtungen neu überdenken. Es gibt nichts mehr, was heilig und unantastbar wäre.

Die Anhänger der Tradition schrecken davor freilich zurück und verurteilen die Freiheit, die man sich ihren verehrten Idealen gegenüber erlaubt. Sie prophezeien denen, die das Joch abwerfen, nichts Gutes. Beharrlich wehren sie sich gegen neue Wege und neues Denken und versuchen, die Kräfte des Konservatismus und des Konformismus um sich zu sammeln. Die Gemäßigten sehen zwar ein, dass die Entwicklung unaufhaltsam ist, aber sie bestehen auf langsamem und vorsichtigem Vorgehen: der Weg soll mit sorgfältiger Überlegung ertastet werden. Sie sind vielleicht einmal am schlimmsten dran, von den Entschlosseneren überrollt und von den Konservativen zu Verrätern gestempelt.

Aber aus dieser Zeit der Prüfung gibt es kein Entfliehen. Aus ihr werden neue Wege und Strukturen entstehen, die das Schicksal der Menschen in der kommenden Ära bestimmen werden.

Wir wollen uns aber nicht darüber täuschen, dass die unmittelbare Erfahrung so positiv sein wird. Eine so ungewisse Zeit ist immer voll emotioneller Störungen. Aus der Überreizung der Nerven und der Erregung der Gemüter erwachsen enorme Spannungen. Wenn die ganze Welt auseinanderzufallen droht und schreckliche Ereignisse sich ankünden, wenn die Menschen Zweifel, Schrecken und Entsetzen packt, sucht man gern die Schuld bei anderen. Man fühlt unbestimmt, dass es nie soweit hätte kommen dürfen und sucht die Fehler beim „System" und bei jeder Art von Autorität und beschuldigt sie, starr und unversöhnlich bei der Ausübung ihrer Verantwortung versagt zu haben. Die Jagd auf Sündenböcke beginnt.

In der ersten messianischen Zeit war es nicht anders. Tacitus schreibt über die Regierungszeit des Tiberius: „Unter den Trübsalen jener dunklen Zeit war der degenerierte Geist das größte Übel; die führenden Männer im Senat ließen sich zu gemeinen Informanten herab, teils am helllichten Tag und ohne zu erröten, teils heimlich und mit List. Es war wie eine Epidemie. Nahe Verwandte, Freunde und Bekannte wie auch Fremde sahen sich ohne Unterschied von diesen Gefahren bedroht. Soeben begangene Taten und aufgewärmte Gerüchte führten gleichermaßen zur Vernichtung. Worte, auf dem Forum oder bei den Freuden des Mahles geäußert, genügten schon. Die Informanten verfolgten sich wie in einem Rennen: wer würde als erster seinen Gegner vernichten und dadurch sich selber retten? Fast jeder war von der allgemeinen Korruption dieser Zeit angesteckt."[154] Auch in Palästina gab es, wie wir wissen, viele Spione und Informanten, die auf ein kritisches Wort über die geistlichen oder weltlichen Machthaber lauerten. Kritiksucht und Hexenjagd blühten. Rabbinische Überlieferungen berichten, dass diese Generation „ihre Richter richtete"[155]. Auch Jesus zielte auf diese Situation mit den Worten:

„Richtet nicht, auf dass ihr nicht gerichtet werdet,
Denn mit welcherlei Gericht ihr richtet,
werdet ihr gerichtet werden; und mit welcherlei
Maß ihr messet, wird auch ihr gemessen werden."[156]

Er zitierte dazu das volkstümliche Sprichwort vom Splitter in des Bruders Auge und dem Balken im eigenen Auge. Aber auch er griff die Unzulänglichkeiten seiner Mitstreiter an. Es ist nie leicht, zwischen gesunder und ungesunder Kritik zu unterscheiden, und wer sich im Recht wähnt, gibt ungern einen Irrtum zu. Nichts verletzt den Stolz mehr, als wenn ein Außenseiter professionelle Irrtümer und Unstimmigkeiten bloßlegt, selbst wenn die Kritik nicht ganz für voll genommen wird. Bei aller Berechtigung der Kritik ist sie doch schwer zu schlucken und noch schwerer ist es, einen Irrtum zuzugeben. Alles hat seine zwei Seiten, und es braucht ein Stück Barmherzigkeit, trotz leidenschaftlichem Engagement auch die Tugenden der anderen Seite zu sehen. Dies gilt insbesondere, wenn Ordnungen in Konflikt geraten, von denen die eine am Verschwinden, die andere im Entstehen ist. Hier entsteht die Neigung, extreme Positionen einzunehmen mit allen Folgeerscheinungen, wie Vergiftung der Beziehungen, Feindseligkeit und gegenseitigen Beschuldigungen.

Ich gehe auf diese Dinge ein, nicht nur weil sie zu den Problemen unserer Zeit gehören, sondern auch wegen dem, was ich ganz im Zusammenhang mit der bevorstehenden neuen Phase des göttlichen Planes zu sagen habe. Dies geht Juden und Christen als den Treuhändern des Planes von der dienenden Nation an. Ein neuer Faktor wird im Weltgeschehen auftreten, der dem zeitgenössischen politischen Denken weitgehend fremd ist. So vieles wird sich ändern und überholt werden, dass ich auf gewisse Reaktionen sehr wohl gefasst bin. Der „Ärger", von dem Jesus sprach, ist nicht zu vermeiden, aber wiederum sind die gesegnet, die sich nicht ärgern. Das Ziel liegt nicht darin zu zerstören, sondern zu erfüllen. Vielleicht erkennen wir eine neue, bisher nicht in Erwägung gezogene Notwendigkeit oder eine Struktur, für die es kein Präzedenz gibt, aber jedes Neue sollte in natürlicher Weise aus dem alten herauswachsen und mit dem Geist der Zeit im Einklang stehen als ein logischer Schritt auf dem Weg der Entwicklung. Neuheiten sollten wir nicht fürchten, aber das Neue sollte nur das zur Anwendung bringen, was offenbart ist. Die Versuchung, eine völlig neue Idee, welche die historische Entwicklung unberücksichtigt lässt, zu propagieren, ist groß, aber eine solche radikale Abkehr hatte wenig Aussicht auf Verwirklichung.

In mancher Hinsicht muss man die Welt als Organismus betrachten, denn es geht nicht um bessere Organisation allein. Im Menschlichen ist ein Weltgewissen wichtigster Teil einer Weltordnung; die moderne Suche nach einer neutralen internationalen Autorität ist in Wirklichkeit die Suche nach dem Weltgewissen. Wir haben festgestellt, dass sich dies nicht in irgendeiner ideologischen Machtstruktur manifestieren kann, auch nicht in einer künstlichen, synthetischen Organisation wie die Vereinten Nationen. Es muss eine natürliche Organisation sein, wie sie in der Tat im Plan des Gottesvolkes, der Heiligen Nation verheißen ist. Die Bausteine der Weltgesellschaft sind die Nationen, und davon muss man wohl auch für die kommenden Jahrhunderte ausgehen. Wir können noch nicht wissen, welche Form die Weltgemeinschaft einmal haben wird, wir können aber bis zu einer kooperierenden Vereinigung der Nationen vorausschauen, die nicht durch irgendein Herrenvolk beherrscht, sondern von einer Nation als ihrem Gewissen, als etwas Freies, sie Durchdringendes, Standortloses, wie die Seele eines Körpers, geleitet wird.

Die allgemeine Meinung ist sich darin einig, dass der geistige Aspekt der Weltprobleme der entscheidende Faktor überhaupt ist, denn wenn Aktion nicht aus zwingender innerer Überzeugung erwächst, so ergeben sich zwangsläufig katastrophale Folgen. Bei der Suche nach Lösungen haben wir vielleicht bei den falschen Adressen gesucht, bei Politikern und Prälaten. Unser gewohntes Machtdenken hat uns dorthin geführt, aber vielleicht bewahrheitet sich wieder einmal die alte Geschichte von den weisen Männern, die zu dem symbolischen Gasthaus an der Landstraße geführt werden, wo die Obdachlosen wohnen. Wie der Menschensohn so wird auch das „Menschenvolk" kaum je einen sicheren und dauerhaften Ruheplatz haben. Die priesterliche Nation der uralten prophetischen Vision war nicht als Staat gedacht. Wir können deshalb nicht hoffen, durch einen Zusammenschluss von Staaten oder Religionen unsere Probleme zu lösen. Es gibt aber hoffnungsvolle Anzeichen in dem ständigen Wachsen einer weltorientierten Minderheit, die die Schranken von Rasse, Glaube und Staatsgebiet überwunden hat. Diese Minderheit, die die Tradition des auserwählten Restvolkes wieder aufgenommen hat, trägt alle Anzeichen dafür, als Weltgewissen wirksam werden zu können.

Die Zeit der Prüfung

In gewisser Weise ist der Staat für die Nation, was die Maschine für den Menschen ist. Die Maschine kann viele menschliche Fähigkeiten nachahmen und sie sogar erweitern, trotzdem ist sie künstlich und seelenlos. Es ist eine der unglückseligen Seiten unserer modernen Zivilisation, dass wir vom technischen Fortschritt besessen sind, die Maschine über den Menschen setzen und sogar den Menschen mit mechanischer Terminologie beschreiben. Damit machen wir den Menschen zum Objekt, das austauschbar und beliebig manipulierbar ist. Menschen werden dadurch zu Robotern, wie sie der klarsichtige tschechische Dramatiker Karel Capek in seinem Stück R.U.R. beschrieben hat.

Ähnlich verhält es sich auf der Ebene Staat und Nation. Die Nation ist ein natürliches Produkt der Evolution, ein Zusammenschluss Gleichgesinnter als Nachfolger der älteren Stammesgruppierungen. Der Staat dagegen ist eine künstliche Struktur, ein Treibhaus, in das die Menschen gezwungen werden. Staaten haben Grenzen, Nationen nicht; deshalb ist es so schwierig, nach Völkern Grenzlinien zu ziehen. Grenzen ändern sich durch politische Umstände. Einige Nationen sind heute durch Staatsgrenzen geteilt, während andere Staaten mehrere Nationen oder Nationalitätenteile innerhalb ihrer Grenzen umfassen.

Es ist wichtig, sich den Unterschied zwischen Nation und Staat klarzumachen. Der Staat kann viele Züge einer Nation nachahmen, wie eine Maschine den Menschen nachahmt, aber dadurch wird er nicht zur Nation. Es ist das gleiche Machtdenken, das den Staat verherrlicht und von der Nation in der Terminologie des Staates spricht. Der Begriff Nationalstaat ist daher dem Massenmenschen vergleichbar: die Nation wird zum Roboter. Die meisten Nationen besitzen Land, wie viele Menschen Häuser haben, aber es gehört nicht zu ihrem Wesen. Nationen können wie Menschen frei und ungebunden sein. Es gibt immer noch Nationen, die kein eigenes Gebiet besitzen. So ist die Idee einer Nation als Weltgewissen, die durch alle Nationen geht und nicht mit einem Staat identifiziert ist, keinesfalls weit hergeholt. Die Worte Jesu, dass der Menschensohn „nicht hat, da er sein Haupt hinlege", weist vielleicht auf eine Wahrheit für die Errettung der Nationen hin. Die Lösung der Nation von den Banden des Staates und des Staatsgebietes durch die freiwillige Aktivität einer Christusnation könnte der erste Schritt sein hin zur letztlich zu erreichenden Weltgemeinschaft.

Dies stimmt genau mit dem göttlichen Plan überein. Wir sind diesem Plan in seinen früheren Stufen nachgegangen. Demgemäß haben die Juden nie ihren Status als Nation verloren, auch wenn sie heute Bürger vieler Staaten und nur ein Fünftel von ihnen Bürger des Staates Israel sind. Ähnlich haben christliche Denker wie Armstrong und May, wie wir gesehen haben, den Status der christlichen Nation wiederentdeckt. Der Bischof von Plymouth, Howard Masterman, hat erklärt: „Nur durch die Idee der dienenden Nation kann das Christentum in einer Welt von Nationen bestehen."[157]

Das Evangelium unserer Zeit muss messianisch sein, wenn die Menschheit die größte Krise ihrer Geschichte überwinden soll, und dies erfordert, den Begriff Nation neu mit geistigen Qualitäten zu füllen, ihn von der Machtstruktur des Staates loszulösen und auf den Dienst an der Menschheit auszurichten. Eine solche Nation muss aber wirklich existieren, so bestimmt und sichtbar wie alle anderen. Nur so kann sie wirksam nehmen auf das Weltgeschehen und die internationalen Beziehungen. Die Rolle des priesterlichen Volks war vor langer Zeit den Hebräern, von denen die Juden abstammen, offenbart worden. Die Idee wurde im Rahmen der messianischen Arbeit Jesu ausgeweitet, um viele Nichtjuden aufnehmen zu können. Beide Male wurde die Aufgabe der dienenden Nation verfehlt, das erste Mal durch den Versuch, einen souveränen Staat zu gründen, und das zweite Mal durch den Versuch, eine souveräne Religion zu gründen. Juden und Christen haben beide versagt, weil sie versucht haben, gleichzeitig Imperialismus und Messianismus zu verwirklichen. Diese Gefahr muss in der jetzigen dritten Entwicklungsstufe vermieden werden, wenn die dienende Nation wieder erstehen und ausgeweitet werden soll. Die Lektion der Vergangenheit ist so zu lernen, dass weder ein Staat noch eine Religion entsteht.

Die Vergangenheit lehrt auch, dass der Mensch weder beim Staat noch bei der Religion Hilfe suchen soll, denn beide können sie nicht leisten. Die Hoffnung auf Vereinigte Staaten der Welt oder Vereinigte Religionen der Welt ist deshalb vergeblich, so wie auch der Staat Israel nicht die Juden retten kann, so wenig wie die ökumenische Bewegung die Christenheit rettet. Dass irgendeine imperialistische Machtstruktur, ob politisch oder reli-

Die Zeit der Prüfung

giös geprägt, zum Erfolg führen kann, können wir ausschließen, denn es kann nicht im Interesse der Menschheit liegen, eine Politik, die schon einmal versagt hat, nochmals zu verfolgen. Es ist schwer, den Menschen das Vertrauen in die Macht abzugewöhnen. Das Machtstreben hat sich vervielfacht durch die heute zur Verfügung stehenden neuen Machtmittel. Man kann aber kaum behaupten, dass sie den Frieden fördern. Im Gegenteil, die Konflikte sind dadurch eher zugespitzt worden. Die Meinung, dass neue Machtkonzentrationen dem Wohle aller dienen könnten, ist völlig irrational. Es ist, als würde sich der Imperialismus mit seiner ganzen Anmaßung in einem letzten verzweifelten Einsatz der weiteren Evolution entgegenstellen.

Was ist es, was all die Machthaber fürchten? Die Antwort hierauf zeigt uns den richtigen Weg zu einer Lösung unserer Probleme. Tatsächlich haben gerade die uneinsichtigsten Machtgruppen diese Frage beantwortet. Sie haben erkennen lassen, wovor sie die meiste Angst haben, nämlich vor dem, was man Weltbürgertum nennt, als dessen Hauptträger ihnen die Juden gelten. Die Juden, als ganzes gesehen, sind liberal, undogmatisch und vom Klassendenken frei. Sie denken zu universal, um auf dem Altar irgendeiner menschlichen Macht zu opfern. Sie verstehen unter den verschiedensten Lebensbedingungen zu leben, sie lieben den Frieden zu sehr, um aggressiv Partei zu ergreifen, sie sind zu sehr Idealisten, um Schaden zu stiften. Sie gehen durchs Leben mit wohlwollender Sympathie und schätzen doch ihre unabhängige Einheit, die aus einem Wissen kommt, dem gegenüber sich die Welt im ganzen verschlossen hat.

Dieses Weltbürgertum ist also die Antwort auf die Frage nach dem, was wir suchen. Eine Machtgruppe entwickelt sich, wenn sie ihre Feinde festlegt. Sie ist jedoch innerlich schwach und muss geräuschvoll und eindrucksvoll auftreten, um Halt zu finden. Sie muss ständig auf ihre Verdienste, ihre Errungenschaften und Leistungen verweisen und im Ausbau von Verteidigungsmaßnahmen Sicherheit suchen. Weltbürgertum beugt sich nicht vor solchem chauvinistischem Patriotismus, es kann sich nicht einseitig für die Interessen einer kleinen Gruppe einsetzen, es wird nie Vertreter einer Rasse, einer Klasse oder eines Glaubensbekenntnisses bekämpfen. Ein Weltbürger ist nie ein manipulierbarer Bürger irgendeines staatlichen oder religiösen Systems. Man kann nicht damit rechnen, dass er gegen irgendeine Partei oder kirchliche Gruppe auftreten wird. Seine Aufgeschlossenheit, seine Sympathie und sein Verständnis sind dazu zu groß. Die Juden wurden zum Ziel des Angriffs gemacht, weil sie die allen Machtgruppen unerträgliche Toleranz verkörpern.

Wir haben die paradoxe Situation, dass Staaten und Religionen samt ihren Ideologien den Weltfrieden anstreben, ihre Politik ihn aber beständig verhindert. Man weiß zwar, dass der Frieden das Wesen der Weltgesellschaft verändern würde. Es gäbe keinen Buhmann mehr, mit dem man das Volk durch Angst zum Gehorsam zwingen könnte, keine Gegner, weder rassischer, sozialer, religiöser noch politischer Art, durch deren Gegnerschaft sich die Machthungrigen an der Macht halten könnten. Jeder Anlass für jede Art von Imperialismus wäre aufgehoben, und damit würde jedes Machtgebäude, das auf Autorität und Unterdrückung beruht, Zusammenstürzen.

Wie der Apostel Paulus sagt, hat der Friedensfürst den Zaun, die Trennmauer niedergerissen, nämlich das Gesetz, das in den Geboten gestellt war, und hat die Feindschaft weggenommen, damit er aus zweien einen neuen Menschen schüfe.[158] Der jüdische Messias, der Menschensohn, offenbart sich als Prototyp und Vorläufer des modernen Weltbürgertums, des Neuen Menschen, der sich jetzt ankündigt. Er ist heute wie einst der wahre Vertreter des Volkes Gottes.

Was die Machthaber wollen, ist nicht die Weltgemeinschaft, sondern die Aufrechterhaltung der Feindseligkeiten, die sie an der Macht hält, solange der gegenseitige Kampf nicht in allgemeine Vernichtung ausartet. Dies nennt man dann „brinkmanship". Wahrend man vor der Welt gegeneinander auftritt, falsche und übelwollende Propaganda verbreitet und jeder gegen den anderen arbeitet, um jeden Vorteil wahrzunehmen, ist man sich privat darüber einig, dass für die Machthaber ein totaler Sieg so bedrohlich wäre wie ein totaler Frieden. Euphemistisch spricht man dann von friedlicher Koexistenz. Dasselbe gilt auch für die Parteipolitik, die Beziehungen zwischen den Religionen und für alle sozialen und rassischen Machtstrukturen. All dies wäre in Frage gestellt, wenn den Machthabern die Daseinsberechtigung durch das Verschwinden der Opposition entzogen würde. Es ist Machtdenken und nichts Geistiges, was den Menschen aus der Furcht vor dem Teufel an Gott bindet, und was die Alternativen Erlösung oder Verdammung schafft.

Kampf gehört zur Natur. Aber wir sollten so weit wachsen, dass wir Hindernisse mehr und mehr als Herausforderungen ansehen, die uns Gelegenheit bieten, unser Bestes zu geben, und nicht Feindbilder daraus entwickeln, die das Schlechte in uns wachrufen. Wir dürfen nicht mehr glauben, dass der Zweck die Mittel heiligt. Der Punkt ist erreicht, an dem wir Weltfrieden und Weltgemeinschaft nicht mehr von irgendeiner Machtstruktur erhoffen dürfen. Diese Illusion hat bisher jeden wirklichen Fortschritt blockiert. Es liegt keine Zukunft in der Vorstellung von der Diktatur des Proletariats oder von einer bewaffneten Weltautorität. Imperialismus auf universaler Basis ist keine Lösung des Kriegsproblems.

Der richtige Weg ist der uneigennützige Dienst an der Welt; deshalb erscheint der Weltbürger als Dienender auf der Bühne der Geschichte. Er verfügt über ein neues geistiges, weltumfassendes und offenes Gewissen und beginnt, sich von allen einschränkenden Bindungen, die andere verletzen, zu befreien. Er beteiligt sich nicht mehr am Krieg gegen andere oder an irgendwelchen parteipolitischen Auseinandersetzungen. Er liebt seine Feinde nicht nur, er sieht in keinem einzelnen und in keiner Gruppe einen Feind. Was sich nun in einer Minorität ereignet, ist eine Art von Mutation, die sich für die Völker der Welt ankündigt und die Grundzüge des kommenden Zeitalters sichtbar werden lässt. Dieser Weltbürger ist die Verkörperung, die Verwirklichung der Politik Gottes, der neue Mensch.

H. G. Wells hat in seiner realistischen Vision etwas von dem Geschehen vorausgeahnt. In vielen Büchern hat er das Heraufkommen einer neuen Elite postuliert, die sich in einer „offenen Verschwörung" für das Wohl der Menschheit einsetzen würde. Ihre Vertreter stammten aus allen Teilen der Welt und würden durch ihr gemeinsames Ziel und ihre gemeinsamen Überzeugungen zusammenfinden. Er betonte, dass diese Elite einen kristallklaren Geist braucht. „Der Geist des Menschen muss befreit werden, bevor er die Idee von der Befreiung des Menschen fassen kann."[159] Diese „offenen Verschwörer" dürfen nichts Unklares an sich haben. Wells wählte einmal die Arche Noah als Gleichnis; sein moderner Noah sagte: „Wir müssen eine bisher nicht erreichte Hingabe entwickeln, weil offensichtlich die Hingabe der Besten der Vergangenheit nicht groß genug war, Katastrophen zu verhindern. Diese Hingabe braucht aber einen klaren Kopf. Hier liegt der kritische Punkt. Wir müssen uns ganz hingeben, mit Geist, Leib und Seele.... Die Menschen der neuen Arche müssen den klarsten Kopf haben, sie müssen eines Geistes sein.... Das neue Zeitalter muss ein Zeitalter liberalen, nicht aber bindungslosen Denkens sein."[160]

Wir sollten uns davor hüten, uns wie H. G. Wells vorzustellen, dass dieser Zustand schnell erreichbar ist. Die ersten Weltbürger werden unansehnlich sein, wie nackte junge Vogel, nicht nachahmenswert erscheinend, unsicher in ihren Bewegungen. Sie werden nur langsam, Zug um Zug, besondere Qualitäten entwickeln. Die erste Generation von Weltbürgern wird viele Fehler machen, sich selbst und die Menschheit oft enttäuschen, und wenn sie dies nicht erkennt und versteht, wird sie oft verzweifeln. Die neue Straße ist nicht leichter zu gehen, als es früher die alten Straßen waren.

Die Möglichkeiten des Schöpferischen haben sich dem Menschen aufgetan. Jede höhere Manifestation des Lebens in unserer Welt muss aus unserer Welt sein und den Stempel unseres Erbes tragen. Sie kann jeweils geringfügig von dem abweichen, was ihr vorausging und sie entstehen ließ.

Trotzdem besteht die Tendenz, jede Manifestation dieser Art, die ihren Zeitgenossen seltsam oder außergewöhnlich erscheint, anzugreifen, zu verfolgen, zu vertreiben oder zu zerstören. Wenn sie aber echt ist und keine Scheinblüte, so wird sie ihren Platz in einer feindlichen Umwelt finden müssen. Sie muss sich empfehlen als die Erfüllung einer alten Sehnsucht und nicht als Versuch, die bestehende Ordnung zu zerstören. Der Weltbürger muss für sich werben durch Dienst und Beispiel, so dass ihn andere in wachsendem Maß als Inspiration und Ansporn akzeptieren und versuchen, es ihm gleichzutun. Seine innere Verwandtschaft muss über sein Anderssein triumphieren.

All dies sollte für spirituelle Denker offenkundig sein. Die ersten Christen waren zum Beispiel der Auffassung, dass sich aus der Menschheit ein neuer Menschentyp in Christus entwickeln würde, beispielhaft für eine höhere Ordnung des Menschseins.

Der Maßstab war gesetzt, aber nach neunzehn Jahrhunderten ist diese Veredelung des Einzelmenschen noch immer eine Seltenheit. Wir müssen erkennen, dass die schöpferische Energie in jeder neuen Phase der Entwicklung plötzlich aufblüht und sich als Krönung der Leistung der vergangenen Phase manifestiert, die sich dann aber nicht schnell vervielfacht.

Die früheren Bestrebungen, eine messianische Nation zu schaffen, sind gescheitert aus Gründen, die wir betrachtet haben. Die Betroffenen passten sich den vorherrschenden Strukturen an. Der Wunsch, wie die anderen zu sein, war zu groß, weshalb sie teilweise aber nicht vollständig resignierten. Ihre verkümmerten Reste sind uns geblieben. Die Nation von dienenden Weltbürgern, die heute Gestalt annimmt, wird sich bewähren müssen. Es wäre ein tödlicher Fehler, aus den Schwächen der Vergangenheit nicht zu lernen. Die „gens sapiens" wie der „homo sapiens" können nur vollständige Selbsterfüllung erreichen durch die Identifikation mit der ewigen „sapienta". „Die Weisheit aber von obenher ist aufs erste keusch, danach friedsam, gelinde, lässt sich sagen, voll Barmherzigkeit und guter Früchte, unparteiisch, ohne Heuchelei."[161]

Wir können daran erkennen, auf welcher Basis sich die neue Weltordnung entwickeln wird. In unserer verworrenen anarchischen Situation ergeht der Ruf nach einer Christ-Nation, welche imstande wäre, den Fluch des Ungehorsams und des Missbrauchs unseres nationalen Ichs wirkungslos zu machen und die Liebe eines Volkes zu Gott und zu seinen Geschöpfen vorzuleben.

Die utopischen Träume der politischen Denker sind nicht mehr als ein prophetisches Artikulieren einer Sehnsucht nach einem solchen Ideal einer Nation. Mit jeder schweren Krise werden sie immer drängender. Was diese Vision zu erfassen sucht, ist wirklich eine heilige Nation, die Ankunft eines messianischen Volkes, das Diener und Erlöser der Völkerwelt sein will.

Wenn wir eine Nation heilig nennen wollen, so müssen wir zunächst den in Verruf geratenen Begriff neu bestimmen. Heiligkeit bedeutet nicht Überlegenheit oder Erhabenheit, sondern die bewusste Ausrichtung unserer Kräfte und Fähigkeiten auf die Erfüllung unserer eigentlichen Aufgaben. Eine Maschine kann niemals heilig sein, denn sie erfüllt ihre Aufgaben ohne bewusste Kontrolle. Eine heilige Nation ist deshalb eine Nation, die nicht nur die innere Zusammengehörigkeit durch die Entwicklung eines Gruppengeistes fördert, sondern darüber hinaus ihr ganzes Sein und Handeln bewusst auf ihre wahren Ziele ausrichtet.

Viele unserer Zeitgenossen haben die Hoffnung auf die Errettung dieser Welt aufgegeben, resigniert und ihre Hoffnungen auf die Herrlichkeit des Himmels gesetzt. Solcher Defätismus hat jedes Verständnis für Jesus als den Messias und für die Verheißung eines erlösenden Volkes verloren. Es liegt im göttlichen Plan beschlossen, dass ein solches Volk heranwächst und einen völlig unerwarteten Faktor in das Weltgeschehen hereinbringt. Es ist ein Volk der Zukunft, zunächst noch ein Volk von wenigen, die aus allen Völkern, Rassen und Ländern zusammenfinden, verbunden durch ihre Liebe für die Menschheit. Die Vision von diesem Volk wurde in ihrer langen Geschichte teilweise erfüllt; jetzt ist die Zeit gekommen, sie voll zu verwirklichen.

Für ihre besondere Aufgabe muss die messianische Nation auf Gebietsansprüche verzichten, weil die ganze Erde ihre Heimat ist. Ihre Bürger müssen alle zweitrangigen Treuepflichten zurückstellen, um sich allen Nationen frei zuordnen zu können und so ein Kollektiv von „Menschensöhnen" zu werden. Das Konzept einer solchen freien Nation, frei im Geist, aber auch frei von einengenden Einflüssen, vereinigt sich hier mit dem Konzept der Weltbürgerschaft und schafft so einen Mikrokosmos zum Nutzen aller und als Nachweis dafür, dass die Bruderschaft aller Menschen Wirklichkeit werden kann und muss.

Wenn das Konzept immer noch etwas nebelhaft erscheint, so können wir aus den Reden des Präsidenten Woodrow Wilson Klarheit erhalten. Er sah nämlich die Vereinigten Staaten als eine solche Nation. Er konnte allerdings nicht erkennen, dass die Vereinigten Staaten wegen ihrer territorialen und wirtschaftlichen Interessen jene Anforderungen nicht erfüllen konnten. Wie der reiche junge Mann im Evangelium versagten sie in dieser Frage, weil ihr Herz an ihren großen Besitzungen hing. Aber die messianische Vision von Wilson war richtig, und ich kann dieses Kapitel nicht besser abschließen als durch Zitate aus seinen Reden.

„Wir sind die Nation der Vermittlung und des Ausgleichs. Wir sind entstanden aus den Nationen der Welt, aus ihrem Blut, ihren Traditionen, ihren Gefühlen, ihrem Geschmack, ihren Leidenschaften. Wir stellen die Summe dieser Dinge dar. Wir sollten deshalb in der Lage sein, alle Nationen zu verstehen. Wir sollten fähig sein, sie in ihrer Gesamtheit zu verstehen, nicht von ihnen losgelöst, sondern mit ihnen vereint, da wir sie verstehen und begreifen und sie alle verkörpern.

Dies bedeutet, dass sich das Bewußtsein der Amerikaner von dem Bewußtsein jeder anderen Nation der Welt unterscheidet. Ich meine dies nicht im kritischen Sinn, aber Sie wissen, wie es mit einer Familie ist. Eine Familie richtet sich auf sich selbst aus, wenn sie an ihren Nachbarn weniger interessiert ist als an ihren eigenen Mitgliedern. In derselben Weise besteht für eine Nation, die sich nicht ständig aus neuen Quellen erneuert, die Gefahr, wie eine Familie engherzig und voller Vorurteile zu sein. Für Amerika darf dies nicht zutreffen, weil wir ständig und auf allen Ebenen mit allen Nationen der Menschheit in Berührung kommen. Amerika muss ein Beispiel sein, ein Beispiel des Friedens, weil nur Frieden und nicht Streit die Welt heilen und erheben kann. Es gibt Menschen, die zu stolz sind um zu kämpfen. Es gibt so etwas wie eine Nation, die so gerecht ist, dass sie es nicht nötig hat, andere durch Gewalt davon zu überzeugen, dass sie gerecht ist." – „Ich danke Gott", sagte Wilson, „dass wer an Amerika glaubt und versucht, seinem Volk zu dienen, wahrscheinlich auch zum Diener an der Menschheit wird, wie es von Anfang an die Hoffnung und die Bedeutung Amerikas war."[162]

Die Amerikaner haben ihren Propheten verworfen, und die europäischen Staatsmänner haben ihn verraten, aber sein Geist lebt weiter. Es gibt nur noch wenige, die sich an diese Worte erinnern oder sie gelesen haben, aber sie enthielten etwas, was tiefer ging als die schalen und platten Formulierungen der meisten Politiker.

6

Die dritte Phase

Dieses Buch vertritt die Auffassung, dass der Messianismus der Ausdruck der Politik Gottes ist. Es kann keinen ernsthaften Juden oder Christen geben, der diese Auffassung nicht teilt. Es geht deshalb jetzt darum, das Trennende zu überwinden und ernsthaft nachzudenken in der gemeinsamen Überzeugung, dass eine Zeit kommen wird, in welcher der Messianismus seine krönende Erfüllung findet. Beide sind sich einig, dass ein auserwähltes Volk eine wichtige Rolle bei dieser Erfüllung spielen soll und dass eine Beziehung besteht in Form eines Bundes zwischen Gott und seinem Volk, um dieses Ziel zu erreichen.

Aber Juden und Christen haben durch ihren Eigensinn den Vertrag gebrochen. Als Folge davon wurde der Plan, der aktive menschliche Mitarbeit erfordert, nicht verwirklicht. Einer der Irrtümer der Beauftragten war die Erwartung massiver göttlicher Intervention, um durch übernatürliche Ereignisse das zu erreichen, was eigentlich die Aufgabe der damit beauftragten Menschen ist. Diese Denkweise lieferte eine hinreichende Entschuldigung für die Unfähigkeit der Beauftragten zu bedingungslosem Einsatz. Sie dachten, Gott kann alles tun, und deshalb sollte er alles tun. Juden und Christen beruhigen sich noch immer damit, Gott alles zu überlassen. Er würde schon zur rechten, von ihm gewählten Zeit entscheidend eingreifen. Natürlich wird er eingreifen, weil sein Wille erfüllt werden muss, aber nur auf dem Weg, den er offenbart hat, durch eine Dienende Nation, die sich seinen Willen zu eigen gemacht hat. Das Versagen des jüdischen und christlichen Israel erscheint im Licht der Geschichte nunmehr als Akt der Vorsehung, denn die gefährdete Situation der Menschheit ist nun so viel kritischer geworden, dass eine weitere Offenlegung des göttlichen Planes in zeitgemäßer Formulierung zwingend notwendig wird. Dies verringert oder beschönigt allerdings das Versagen jener nicht, denen die Verantwortung für den Plan übertragen worden war. Beide haben ihre messianischen Verpflichtungen vernachlässigt und sich abgewandt, um ihren eigenen Wünschen nachzugeben. Natürlich müssen bei dem Urteil mildernde Umstände berücksichtigt werden. Ohne Zweifel gibt es im jüdischen und christlichen Leben und Glauben viel Positives. Ware dies nicht der Fall, so hätten diese Religionen kaum so lange überlebt. Sie erhielten sich aber am Leben und können deshalb als die beiden Zeugen und als Beweis für den göttlichen Plan gelten. Moderne Erkenntnisse zwingen Judaismus und Christentum, ihre Lehren neu zu überdenken, insbesondere in jenen Punkten, die zur Trennung führten und Feindschaft zwischen ihnen säten. Es ist offenbar geworden, dass Trugschlüsse auf beiden Seiten die Trennung aufrecht erhalten haben. Eines der hoffnungsvollsten Zeichen der Zeit ist die bessere Beziehung, die sie heute zueinander haben.

Es bleibt aber dabei, dass der Messianismus, das gemeinsame Band, neu bestätigt werden muss, und dass die jüdischen und christlichen Standpunkte deshalb neu fixiert werden müssen. Nur so können die Fehler der Vergangenheit verbessert werden. Die Aufgaben des Gottesreichs drängen; sie müssen angepackt werden. Die Menschen haben sich in großer Zahl von Kirche und Synagoge abgewandt, weil ihre antiquierten Formulierungen der Lehrsätze nicht länger glaubwürdig sind, und weil es nicht den Anschein hat, als seien die Religionen fähig, die Bedürfnisse des modernen Menschen zu erfüllen. Die Überlieferungen müssen bewahrt werden als lehrreiche Relikte einer frühen Entwicklungsphase der Menschheit, aber die Fehler der Zeit der Unreife dürfen nicht fortgesetzt werden. Das meint Paulus, wenn er schreibt: „Da ich ein Kind war, da redete ich wie ein Kind und war klug wie ein Kind und hatte kindische Anschläge, aber da ich ein Mann ward, tat ich ab, was kindisch war."[163]

Wie unsere Untersuchungen gezeigt haben, hat sich das Verständnis des göttlichen Planes langwierig entwickelt. Im Kern hat sich nichts verändert, aber die Einsicht ist gewachsen, weil sie sich der allgemeinen Entwicklung entsprechend vollzog und immer vom zeitgenössischen Denken geprägt war und ist. Es kommt immer darauf an, was als Forderung der jeweiligen Zeit erkennbar wird, und dass man zu dem steht, was man erkannt hat. Erkenntnis kann nur auf das angewandt werden, was gegenwärtig bedeutsam ist. Für die fernere Zukunft kann die Erkenntnis nur eine ungenügende Ausdrucksweise gegenwärtigen Denkens und Vorstellungs- Vermögens verwenden. Unsere Vorausschau kann mit der Wirklichkeit in gewissem Umfang übereinstimmen, und bis zu einem gewissen Grad kamt sie die Zukunft beeinflussen, wie die Kindheit das Mannesalter prägt, aber sie kann nie der Realität entsprechen, denn was zum Geist und zu den Leistungen der Zukunft gehört, kann sich in unserem eigenen Bewußtsein nur unklar abzeichnen.

Es ist deshalb sinnlos, den alten Propheten die Fähigkeit der exakten Zukunftsprognose über Hunderte und Tausende von Jahren hinweg zuzusprechen. Ihre Vision konnte keine Einzelheiten erkennen, und es wäre naiv, etwas anderes zu glauben. Wir sind in keiner Weise an frühere Voraussagen über das messianische Zeitalter gebunden, wie es früher die Menschen waren, und wie es viele heute noch sind. Doch sollten wir der Einsicht Raum geben, dass das Wirken der Politik Gottes im menschlichen Geschehen damals erkannt wurde, und dass die Offenbarungen der alten Propheten die Triebkraft für die Entwicklung in der richtigen Richtung lieferten. Es ist immer möglich gewesen, von da an weiterzugehen, wo der vorhergegangene Einsatz endete, aber es bedarf einer Zeit großer Krisen, um genügend Kraft freizusetzen, uns aufnahmebereit zu machen. All die Zeit her war alles bereit und wartete nur darauf, von uns aufgegriffen zu werden, sobald die Umstände uns veranlassen würden, uns zu öffnen, um es aufzunehmen. Auf diese Weise „gibt die Not des Menschen Gott eine Chance".

Wenn wir aber Erleuchtung suchen, so müssen wir alle Hypotheken abwerfen, weil sie die Erkenntnis blockieren. Wir schränken unsere Vorstellungskraft zum eigenen Nachteil ein, wenn wir an unseren vorgefaßten Meinungen und Auffassungen festhalten. Aus diesem Grund warnte H. G. Wells mit Recht vor einem vernebelten Kopf. Weil wir mit der organisierten Religion unzufrieden sind, sollte uns dies nicht veranlassen, uns irgendwelchen Pseudokulten hinzugeben.

Der göttliche Plan fördert keine Fluchtgedanken, weil er auf die Verbesserung der menschlichen Bedingungen drängt. Mit einem kleinen Schock bringt er uns zurück zur Erde und vertreibt alle hirnverbrannten Phantasien. Er fordert von uns, eine sehr konkrete, zusammenhängende Aufgabe zu übernehmen, die all unsere Fähigkeiten beansprucht und uns zu durchdringender, klarsichtiger Verantwortlichkeit erzieht. Wir müssen aufhören, von der Neuen Zeit und dem Kommenden Gottesreich zu träumen und uns daran machen, es vom Fundament her aufzubauen.

Das Versagen der Religionen liegt darin, dass sie die Sicherheit eines Elfenbeinturms geboten haben und der Verlockung erlegen sind, sich von der Last der Verantwortung zu drücken und das Leben mit fromm gefalteten Händen über sich ergehen zu lassen. Wir leben nicht in dieser Welt, um uns auf die nächste vorzubereiten. Wir leben in dieser Welt, um sie besser zu machen. Dadurch, dass sie den Forderungen des messianischen Zeitalters ausgewichen sind, haben die Bewahrer der messianischen Vision die Mannschaften vertrieben. Anstatt gute Hirten zu sein, haben sie es den verlorenen Schafen überlassen, ihren Weg zur Herde selbst zu finden, und was noch schlimmer ist, sie haben stillschweigend zugesehen, wie sie von den wilden Tieren verschlungen wurden. Der Zorn Gottes hat sich entzündet gegen den Hirten, ruft der Prophet.[164] Auf diese Weise musste die Offenlegung des göttlichen Planes in eine dritte Phase eintreten, denn der große Aufschrei der Not kann nicht ohne Antwort bleiben. Die Dienende Nation wird wieder entstehen durch eine empfindsame Minderheit, die bereit und willens ist, die Verantwortung als Weltbürger zum Wohle der ganzen Menschheit zu übernehmen. Juden und Christen sollten die ersten sein, sich für den Dienst einzuschreiben. Dieses Mal ist aber die Tür offen für Menschen aller Religionen, für Religionslose, für alle, die den Ruf hören und bereit sind, die Richtlinien zu befolgen, durch die das neue Volk bestimmt ist.[165] Natürlich muss die Aufgabe von einem geistigen Standpunkt aus angegangen werden, weil sich sonst der Geist der Liebe zur ganzen Menschheit nicht entwickeln kann, doch kann keine Religion zum Träger der Verwirklichung werden.

Es ist eine alte Frage – dieses Buch beginnt mit ihr – ob und in

Die dritte Phase

welchem Umfang sich die Religion in die Politik einmischen soll. Es war die Rede von den beiden Autoritäten, die die Herrschaft über den Menschen beanspruchen und sich darüber streiten. Die Frage ist immer noch lebendig, insbesondere für Christen – auch wenn sie die Anhänger aller Religionen beeinflusst – denn sie leben mit dem Problem der geteilten Treuepflicht. Wir müssen uns diesem Problem stellen, weil der göttliche Plan eine politische und eine geistige Komponente hat.

Das christliche Problem ist eine natürliche Folge der Irrtümer und Verwirrungen, denen das Christentum verfallen ist. Nehmen wir zuerst die Lage der römisch-katholischen Kirche, weil der Papst den Anspruch erhebt, Stellvertreter Christi auf Erden zu sein. Im Mittelalter konnte Papst Bonifatius VIII in grandioser Weise in einer wohlbekannten Bulle versichern, „alle Könige, Kaiser und andere Herrscher, wer immer sie auch sein mögen, können für jede Art von Vergehen wie alle anderen Menschen vor den apostolischen Gerichtshof gerufen werden, denn wir, durch die Gnade Gottes, befehlen dem ganzen Universum".[166] Dieser Anspruch mag heute lächerlich erscheinen, aber die römisch-katholische Kirche beschäftigt sich bis heute mit der Frage, wie weit die Autorität des Papstes geht.

Die Situation wurde noch komplizierter, als durch die Unterzeichnung des Lateran-Vertrags von 1929 der Papst wieder zu einem weltlichen Souverän wurde. In dem Vertrag heißt es: In Bezug auf seine Souveränität in internationalen Angelegenheiten erklärt seine Heiligkeit, dass sie außerhalb aller weltlichen Rivalitäten zwischen anderen Staaten und internationalen Begegnungen, die deshalb abgehalten werden, bleiben will, es sei denn, die streitenden Parteien bitten gemeinsam um eine Mission des Friedens; sie behält sich indessen in jedem Fall das Recht vor, ihre moralische und geistige Macht einzusetzen. Der Vatikanstaat wird deshalb in allen Fällen als neutrales und unverletzliches Gebiet angesehen.

Die Aktivität des jetzigen Papstes, Paul VI, der vor den Vereinten Nationen gesprochen und jeden Kontinent besucht hat, scheint darauf ausgerichtet, die päpstliche Macht neu zu bestätigen und einen geistigen Imperialismus im Gewand des Messianismus, aber im Gegensatz zu seiner wahren geistigen Natur, neu zu beleben. Auf der anderen Seite versucht der Protestantismus und auch die russisch-orthodoxe Kirche aufs Ganze gesehen durch eine hinhaltende Einstellung Zeit zu gewinnen. Viele sozial oder politisch eingestellte Pfarrer sind jedoch darüber nicht sehr glücklich. Es gibt nicht nur den Weltkirchenrat, sondern auch eine Reihe von aufrührerischen Pfarrern, nicht immer von der besten Art, die glaubt, sich auflehnen zu müssen. Diese Art von Unzufriedenheit kommt immer stärker zum Ausdruck. Zwei Aussagen mögen diesen Trend bestätigen: „Die christliche Gemeinschaft ist verantwortlich für den Bereich der Wirtschaft. Sie erfüllt ihre Aufgabe, wenn sie die Wirklichkeit und Wirksamkeit jener Politik überprüft, welche die materielle Lage des Menschen kontrolliert. Es ist notwendig, dass sie die menschlichen Beziehungen steuert, um so die Prinzipien Christi im Leben in dieser Welt zu verwirklichen."[167] „Denen, die sich davor fürchten, das Gottesreich über die politische Ordnung durchzusetzen, halten wir vor, dass es keinen anderen Weg gibt. Wenn wir das politische Leben nicht durch ein Gottesreich-Programm kontrollieren, dann wird entweder der Kommunismus oder der Faschismus die Macht übernehmen."[168] Keiner der Schreiber ist Messianist im Geist, denn sie sprechen von „steuern" und „kontrollieren", und das sind imperialistische Begriffe.

Das christliche Dilemma liegt darin, dass die Christen zwar glauben, sie seien Anhänger einer Religion, dass sie aber trotzdem imperialistischem Denken verhaftet sind, und dass sie dementsprechend handeln innerhalb ihrer Staaten, die wiederum ganz andere Methoden und Ziele als der Messianismus haben. „Für einen Christen kann die Pflicht seiner Nation gegenüber niemals seine Treuepflicht vorrangig beanspruchen", erklärte ein britischer Bischof.[169] Genau hier aber liegt das Problem des Christentums, denn die Nation des Christen ist in Wirklichkeit nicht der Staat, in dem er lebt, er hatte vielmehr ursprünglich eine messianische Nationalität, die ihm allerdings die Kirche entzogen hat, als sie zu einer Religion wurde.

Aus diesem Grunde hatte Cyril Armstrong in prophetischer Weise recht, als er vor nahezu fünfzig Jahren verkündete:

„Die Zeit ist reif für uns Christen, die Zugehörigkeit zum heiligen Volk neu zu erfassen, das Gott gegründet hat, als er Abraham aus Chaldäa rief. Das Christenvolk muss politisch und wirtschaftlich völlige Unabhängigkeit anstreben. Das ist wichtig, einmal weil die Forderungen der weltlichen Regierungen mit den Forderungen Christi kollidieren, zum anderen aber

Die dritte Phase 199

auch, weil die militärische und wirtschaftliche Struktur der weltlichen Gesellschaft den Christen, der seinem Gewissen folgen und gerecht und brüderlich handeln will, bei jedem Schritt behindert."[170]

Die Nation Gottes ist nicht eine Macht, die andere Nationen beherrscht und kontrolliert, sondern eine Nation unter den Nationen, die ihnen dient und ihnen ein nationales Beispiel gibt. Sie ist das, was ich als eine Christ-Nation bezeichnet habe. Dabei müssen wir den Gedanken aufgeben, dass die Politik Gottes mit Zwang arbeitet, weder im religiösen noch im weltlichen Bereich. Wir finden viele Beweise – eine Anzahl davon ist hier zitiert – dass eine Bewusstseinsveränderung im Gang ist, die danach fragt, was unsere Zeit erfordert und die darauf abzielt, es dann zu verwirklichen. Wir sind aber so eingehüllt in den Nebel unserer eigenen Schöpfungen, dass die Lösungen verzerrt werden durch unseren Hunger nach Macht, und deshalb sind wir unfähig zu erkennen, dass es eine Antwort geben könnte, welche die Idee der Herrschaft aufgibt.

Wir erkennen die Nationalstaaten als Machtgebilde. Und so glauben wir, dass der Weltfrieden möglich sei durch die Bildung immer größerer Einheiten, durch die Schaffung von Machtblöcken, Vereinten Nationen, bis hinauf zu einer Weltregierung. Und doch lässt sich unser Ziel auf diese Weise nicht verwirklichen. Auf welchem Weg es erreichbar ist, würde uns auf natürliche Weise nie aufgehen, wenn aber die Offenbarung es uns aufzeigt, dann besteht unsere natürliche Reaktion darin, darüber zu spotten. Wir würden dieselben Fragen stellen, die an den Messias gerichtet wurden: Wo ist deine Autorität? Wer von Bedeutung hat dich anerkannt? Welche Hilfsquellen stehen dir zur Verfügung? Wieviele Anhänger hast du? Wenn dann die Antworten für unser Machtdenken wenig eindrucksvoll sind, so werden wir als praktisch denkende Menschen unseren Kopf schütteln und uns abwenden: „Er ist völlig verrückt. Das Ganze ist unmöglich."

Können wir aber heute noch so sicher sein mit unserer Ablehnung, wenn wir bedenken, in welche Schwierigkeiten uns all die Realisten gebracht haben? Weshalb müssen wir nach Abhilfe Ausschau halten, weshalb müssen wir in Angst leben, wenn all die bestehenden Mächte alle Antworten wissen? Fast jedes Wort und jede Bewegung der Großen in der Politik wird wiedergegeben und interpretiert von Presse, Radio und Fernsehen, aber die Stimme der Vernunft wird nicht immer bereitwillig angehört. Der Hauptgrund, weshalb über den obskuren Dorfzimmermann aus Galiläa so viel gesprochen wurde, war ein Machtgrund, weil ihm im Aberglauben Wunder zugeschrieben wurden. Keine Wunder, kein Messias! Das ist das Urteil der Menschen. Ware es nicht weiser, dieses Urteil zu revidieren, damit wir nicht noch mehr unsinnige Fehler machen, die wir uns nicht leisten können? Die Christ-Nation, das Dienende Volk, wird keine Wunder wirken. Ihre Arbeit wird langwierig und mühsam sein und weitgehend unauffällig, wenig attraktiv und überzeugend für die, die es eilig haben, und die fortfahren, sich wie bisher mit dem, was in trügerischer Weise autoritär erscheint, zu beschäftigen. Nichtsdestoweniger werden jene von uns, die eine tiefere Einsicht haben, damit beginnen, dieses neue Volk zu bauen. Wir werden aber nicht einen neuen Staat gründen, nicht eine Zusammenballung von Macht. Wir werden nicht in einem besonderen Land wohnen, das wir gegen unsere Mitmenschen verteidigen müssen, wir werden aber unsere eigenständige Politik haben. All unsere Leute werden Weltbürger sein, und sie werden wirkliche Bürger unserer Republik oder unseres Gemeinwesens sein mit einem Status, der sich mit den Interessen der ganzen Menschheit identifiziert. Sie werden aus allen Ländern kommen, aus allen Lebensstellungen, mit unterschiedlichen Berufen und Neigungen, sie sehen ihre Treuepflicht zuallererst gegenüber der ganzen Menschheit und sind bereit, ihr zu dienen. Sie bleiben zwar Bürger ihrer Heimatstaaten, doch betrachten sie diese Bürgerschaft als zweitrangig. Sie werden zum Wohle und Nutzen der Menschen ihrer Umwelt wie der ganzen Welt arbeiten. Dabei weigern sie sich aber, sich Staatsgesetzen und Verordnungen zu unterwerfen, die im Gegensatz stehen zu ihren eigenen veröffentlichten Grundsätzen. Sie werden sich nicht am Krieg beteiligen, noch an der Vorbereitung von Kriegen, noch an irgendeiner Tätigkeit, die umstürzlerisch ist oder irgendwelche Parteien unterstützt zum Schaden oder zum Nachteil anderer. Sie werden sich regelmäßig in Gemeinschaftsgruppen treffen um festzulegen, welche Arbeit des Dienstes auf allen Ebenen zu tun ist, und um die Gestaltung und Abwicklung ihrer allgemeinen Angelegenheiten mit der gesamten Körperschaft der Dienenden Nation festzulegen. Sie werden versu-

Die dritte Phase

chen, durch ihre Tätigkeit und ihre Lebensweise ihre Mitmenschen zu überzeugen.

All dies wird schwierig sein, aber nicht unrealisierbar. Jeder Gesichtspunkt des Unternehmens ist schon eingehend untersucht worden. Die Dienende Nation von heute spiegelt in vieler Hinsicht die Lage der Juden und Christen der vergangenen messianischen Periode wieder. Viele der offiziellen römischen Edikte jener Zeit sind überliefert. Sie geben Auskunft über das Maß der inneren Autonomie, die den jüdischen Gemeinschaften innerhalb des Weltreichs gewährt wurde. Diese Gemeinschaften wurden vom Kriegsdienst und von der Arbeit am Sabbath freigestellt, sie hatten ein Versammlungsrecht, ihren eigenen Gerichtshöfe. Sie durften Geldmittel ins Ausland überweisen usw.[171] Die Gemeinschaften wurden zusammengehalten durch kulturelle, religiöse und nationale Bindungen und waren untereinander verbunden durch reisende Apostel. Sie hatten selbstgewählteBeamte, die als ihre Vertreter auftraten. Die christlichen Gemeinschaften waren auf ähnlichen Grundlagen organisiert. Ihre Beziehungen zu den Dienststellen des Staates und der Gemeinden sind in gewissen Abschnitten des neuen Testaments beschrieben.

An dieser Stelle ist es vielleicht sachdienlich, die *Epistel an Diognetus* zu zitieren, wo es von den Christen heißt „aber obwohl sie in den Städten der Griechen und der Barbaren wohnen und auch dieselben Sitten im Essen, in der Kleidung und andere Lebensgewohnheiten haben, so ist doch die Verfassung ihrer Bürgerschaft, die sie ausgearbeitet haben, wunderbar und widerspricht zugegebenermaßen den Erwartungen. Sie wohnen in ihren Ländern, aber nur wie Durchreisende, sie übernehmen ihren Anteil an allem als Bürger und tragen alle Härten des Lebens eines Fremdlings. Jedes fremde Land ist Vaterland für sie, und jedes Vaterland ist fremd."

„Es ist eindeutig", so schreibt Eusebius, ein christlicher Historikers des vierten Jahrhunderts, „dass kurz nachdem das Erscheinen unseres Erlösers Jesus Christus allen Menschen bekannt geworden war, plötzlich eine neue Nation ins Leben trat, eine Nation, die weder klein noch schwach noch weit entfernt war in einem Winkel der Erde, sondern die zahlreichste und frömmste von allen, unzerstörbar und unbesiegbar, weil sie von der Macht Gottes getragen wird. Diese Nation, erschienen zu ihrer Zeit, bestimmt von einer unerforschlichen Weisheit, ist das, was unter uns allen mit dem Namen Christi geehrt wird."[172] Wir haben also in der jüdischen und christlichen Form des Gemeinschaftslebens einen Prototyp der Dienenden Nation von heute. Wir brauchen keine Genehmigung, um eine solche Nation zu bauen. Wer seine Aufgabe klar sieht, wird mannhaft tun, was er tun muss, und nichts wird ihn davon abhalten. Und was er tut, wird für jeden Staat wirklich von Vorteil sein. Die Bedingungen sind tatsächlich heute sehr viel günstiger als damals, teils weil die meisten Staaten ernsthaft Wege der internationalen Zusammenarbeit suchen und auch den Krieg abschaffen wollen, teils weil gewisse Präzedenzfälle vorhanden sind.

Präzedenzfälle finden sich in vielerlei Beziehung. Darunter sind Fälle mit einem gewissen Grad von innerer Autonomie, die bestimmten rassischen und religiösen Minderheiten zugebilligt wird. Andere bestehen darin, dass im Rahmen größerer staatlicher Einheiten Kleinstaaten oder Prinzipalitäten wie Andorra, Monaco, Liechtenstein, San Marino, der Vatikan geduldet werden. So hat auch der Malteserorden souveränen Status. Dann gibt es die Konventionen zum Schutz von neutralen Personen, die zum Roten Kreuz gehören, weiter diplomatische Immunität und Privilegien, die gewissen Kategorien von Beamten der Vereinten Nationen und deren Organisationen nach Artikel 105 ihrer Charta zugestanden werden. In denselben Bereich gehört die Neutralisation des Generalsekretärs der UNO und seines Stabes nach Artikel 100 der Charta. Mit Genehmigung des Gaststaates kann die Regierung irgendeiner fremden Macht souveräne Funktionen auf dessen Gebiet ausüben und auch Recht sprechen über die Staatsbürger dieser Macht, die in dem betreffenden Land ansässig sind. Jedes Gebäude oder Grundstück kann zeitweilig oder ständig internationalisiert oder exterritorialisiert werden, nicht etwa nur Botschaften oder Legationen. Es gibt in der Tat keine Hindernisse im internationalen Recht, Brauch oder Gewohnheitsrecht für die Tätigkeit und Existenz eines Weltvolks, wie es die Dienende Nation sein will.

Auch die Bürgerschaft ist keinesfalls mehr ein Fixstern am politischen Firmament. Bürgerschaft wird heute weltweit anerkannt als ein Naturrecht, das automatisch durch Geburt erworben wird und erhalten bleibt bis zum Tod, es sei denn, es wird freiwillig aufgegeben zugunsten einer anderen Bürgerschaft

Die dritte Phase

durch Naturalisation. In einigen Ländern kann ein Mensch seine Bürgerschaft oder seine Bürgerrechte durch Entzug verlieren, und wir sind heute leider wohl vertraut mit der schrecklichen Situation der Staatenlosigkeit.

Es gibt auch kein weltweites Einverständnis, dass eine Änderung der Staatszugehörigkeit zugestanden werden muss. In manchen Fällen haben Staaten es verweigert, Staatsbürgerschaften aufzuheben, obwohl die Betroffenen schon andere Staatsbürgerschaften in gültiger Form erworben hatten. Andererseits gibt es die Möglichkeit, zwei Staatsbürgerschaften und damit zwei verschiedene Pässe zu besitzen. Das Beispiel der Bürgerschaft in Großbritannien und im Britischen Commonwealth zeigt, dass auch zwei Arten von Staatsbürgerschaft anerkannt sein können. Die Voraussetzung für eine Staatsbürgerschaft ist also das, was der jeweilige Staat daraus macht, und es steht durchaus im Rahmen der Kompetenz jedes Staates, einem Bürger zuzugestehen, dass er zusätzlich eine Weltbürgerschaft in Anspruch nimmt. Das wäre in der Tat die Regel, wenn es eine Weltföderation aller Staaten gäbe.

Die Dienende Nation stellt in gewisser Hinsicht eine Ausnahme dar, denn sie ist nicht ein Staat im technischen Sinn und seine Glieder werden über die ganze Welt verstreut sein. Auch wenn sie Autonomie haben muss, so ist sie doch nicht eine fremde Macht. Sie soll ein Querschnitt der gesamten Menschheit sein, die Stimme jedermanns, bislang ungehört und nicht vertreten in den Gremien der Nationen. Sie stellt für jeden den Teil seines Bildes dar, der ihn brüderlich mit der ganzen Menschheit vereint. Weltbürger müssen sich nicht von ihrer Herkunft und ihren normalen bürgerlichen Verpflichtungen lossagen. Es gilt nur, dass in ihrem Fall ihre Verantwortung gegenüber ihrem Staat auf die Pflichten beschränkt ist, die nicht im Gegensatz stehen zu ihren Verpflichtungen der Welt gegenüber. Der Bereich des Gehorsams dem Staat gegenüber erstreckt sich auf alles, was der guten Nachbarschaft förderlich ist, und man sollte erkennen, dass solche Menschen die besten Staatsbürger sind. Sie leisten einen positiven Beitrag zum Wohle der Gemeinschaft. Sie tragen dazu bei, friedliche internationale Beziehungen und wirtschaftliches Wohlergehen zu fördern, wodurch sie die Sicherheit des Staates gegen Aggression von außen und Subversion von innen erhöhen helfen. Auch ohne eine besondere höher stehende Bürgerschaft ist es in den meisten Staaten üblich, Einschränkung©! der Bürgerpflichten anzuerkennen, wenn es um besondere Berufe geht, wie beispielsweise bei Pfarrern, Priestern und Medizinern. Dasselbe gilt für Staatsbürger, die für Aufgaben bei den Vereinten Nationen freigestellt werden.

Die Existenz der Dienenden Nation führt nicht zu einem Problem der Treuepflichten im Widerstreit, denn die Treuepflichten sind nicht die gleichen. Die Treuepflicht gegenüber der Menschheit ist vorrangig, und die dem Staat gegenüber zweitrangig. Diese Treuepflichten sollten nicht als gegensätzlich angesehen werden, denn das Wohl aller ist auch das Wohl des Teils. In allen Staaten mit föderalistischem Charakter wird dies so verstanden. Die Dienende Nation selbst ist in gewissem Sinne eine Föderation, nicht von Staaten sondern von einzelnen Menschen und Menschengruppen. Ihre Weltbürger sollten als Diener der Menschheit geachtet werden. Kein Staat hat zu befürchten, dass ein großer Prozentsatz seiner Bürger zu Weltbürgern wird, jedenfalls nicht, um sich dadurch Bürgerpflichten entziehen zu können. Wer ein leichtes Leben sucht, wird nicht die mühevolle Aufgabe übernehmen wollen, Diener der Welt zu werden. Dies wird klar erkennbar an der vergleichsweise geringen Zahl freiwilliger Mitarbeiter in Hilfs- und Wohlfahrtsorganisationen.

Die Entstehung der Dienenden Nation sollte von großem Vorteil für die Menschheit sein. Einige der Gründe sind offenkundig. Der Staatsapparat ist überall ziemlich schwerfällig und langsam. Der menschliche Geist läuft ihm unweigerlich voraus; er muss es geradezu, wenn es Fortschritt und Verbesserung geben soll. Wenn der Apparat stark beschleunigt wird, so läuft er Gefahr, auszufallen oder auseinanderzubrechen. Dann gibt es Krieg oder blutige Revolution im Staat. Eine neue Maschine muss dann in aller Eile gebaut oder aus Teilen anderer Maschinen improvisiert werden. Nach der Konferenz von Den Haag entstand der Völkerbund als Kind des ersten Weltkriegs. Die Vereinten Nationen sind ein Kind des zweiten Weltkriegs. Brauchen wir einen dritten Weltkrieg, um dadurch die Welteinheit zu erreichen?

Dies ist nicht notwendig. Da der Staatsapparat nicht schnell genug arbeiten kann, um mit der beschleunigten Veränderung der menschlichen Bedürfnisse und Lebensbedingungen Schritt zu halten, kann ein leichter gebauter, beweglicher Apparat konstruiert werden, der nicht in den Beton des Staatsgebiets eingebettet ist, der schnell vorankommt, untersucht, erprobt, erforscht und dann berichtet. Wir können ein Gemeinwesen, das nicht ein Staat ist und doch ausreichend staatsähnlich, beauftragen, um mit Welteinheit und neuen Formen des sozialen, wirtschaftlichen und politischen Lebens zu experimentieren. Auf diese Weise wird dem unausweichlichen Fortschritt der Schrecken des Neuen genommen, denn er wird zuerst erprobt auf dem vergleichsweise risikolosen Prüffeld der Dienenden Nation.[173]

Die Dienende Nation kann noch andere wichtige und notwendige Aufgaben übernehmen. Während der Weltkriege wurden Neutrale gebraucht als Vermittler und Schutzmächte, Staaten wie Schweden und die Schweiz. Die Gefahr eines Weltkriegs, in den alle Staaten verwickelt sein könnten, lässt uns erkennen, wie wichtig eine Gruppe von absolut und unwandelbar neutralen Menschen wäre. Auch bei der heutigen Situation mit ihren internationalen und ideologischen Konflikten sind die unparteiischen Vermittlungsdienste von allseits anerkannten permanent Neutralen dringend erforderlich. Wir haben heute keine solchen Neutralen, nur sogenannte blockfreie Länder. Wir geben vor, die Vereinten Nationen seien eine solche neutrale Stelle, und doch ist uns klar, dass sie es nicht sind. Sie heben sich nicht von den streitenden Staaten und Staatsgruppen ab, weil sie sich aus ihnen zusammensetzen. Mit der Dienenden Nation haben wir jedoch ein Gemeinwesen, das in gleicher Weise allen Menschen dient, ohne Eigeninteressen und ohne eigenes Territorium, das es zu verteidigen gilt, ein Gemeinwesen, das sich in keiner Auseinandersetzung auf eine Seite schlägt und deshalb ein annehmbarer Vermittler sein kann.

Immer wieder wird der Wunsch vorgebracht nach einem solchen Gemeinwesen, das den Vorsitz übernehmen könnte bei internationalen Konferenzen, beispielsweise für die Abrüstung oder für Entwicklungshilfe, nach einem Gemeinwesen, das Dienstleistungen bieten könnte ohne versteckte Klauseln und ohne den Empfänger einseitig zu verpflichten. Ein solches Gemeinwesen wird auch gebraucht, um Maßnahmen zur Förderung des Gemeinwohls aller Menschen in den Bereichen von Land, Wasser, Luft- und Weltraum voranzutreiben. Es wäre wünschenswert, dass die Abteilungen der Vereinten Nationen ausschließlich durch Weltbürger besetzt würden, und dass bei der Dienenden Nation internationale Abkommen und Verträge hinterlegt würden. Die Dienende Nation könnte auch als Treuhänder zum Schutz der Menschenrechte und der Rechte von Minderheiten auftreten und zu einer Art Ombudsmann für die Menschheit werden. Für einen Staat wäre es fast ausgeschlossen, eine solche Körperschaft selbst zu bilden, doch könnten alle Staaten ihre guten Dienste auf vielerlei Art in Anspruch nehmen, wenn sie einmal voll funktionsfähig ist.

Über die jetzigen Probleme hinaus könnte die Dienende Nation alle Nationen inspirieren und ermutigen, die Erfüllung der höchsten Ideale ihrer Verfassung im Inneren und auch in ihren außenpolitischen Beziehungen anzustreben. Da sie ein Modell für eine friedlich vereinte Gemeinschaft aller Völker darstellen soll, wird sie versuchen vorzuleben, was eine Nation im besten Sinn sein kann, und Maßnahmen zur Verstärkung der Zusammenarbeit und Integration untersuchen und erproben, bis sich abzeichnet, welche Formen der planetarischen Gesellschaft anzustreben sind, nicht als Machtstrukturen sondern als ein System freundschaftlichen, brüderlichen Zusammenwirkens. Gerade wegen ihrer weltweiten Ausrichtung kann die Dienende Nation in dieser Hinsicht als Arbeitsmodell und Experimentierfeld betrachtet werden.

Bei der Härte und Unversöhnlichkeit der heutigen Welt muss sich die Dienende Nation entwickeln „als ein grüner Trieb aus trockenem Grund". Wir sollten wirklich sagen können:

„Geworden ist dies von IHM her,
ein Wunder ist das vor unseren Augen.
Dieser ist der Tag, den ER aufgetan hat.
Jauchzen wir und freuen uns ein!"[174]

Wir erleben ständig Überraschungen, atemberaubend positive und erschreckend negative. Es gibt aber eine Überraschung, auf die in dieser Krisenzeit des Menschen jeder von uns im Innersten wartet, und nach der er sich sehnt, ob er oder sie nun Staatsmann, Philosoph oder einfacher Arbeiter ist. Wir können dieser Sehnsucht keinen Namen und keine Gestalt geben, denn wir wissen nicht, wie und woher sie Erfüllung finden würde. Unsere Hoffnung lässt sich auch nicht verstandesmäßig rechtfertigen. Aber wir fühlen instinktiv, dass sich etwas Wunderbares herausschälen musste, um die traurige, schmutzige und blutrünstige Seite der menschlichen Gesellschaft zu verwandeln.

Jetzt, da sich diese Überraschung offenbart, bekommt unsere Hoffnung Substanz.

7

Der Plan macht Fortschritte

Niemand kann Gott vollkommen dienen, es sei denn ein Volk. Denn der Dienst Gottes heißt Gerechtigkeit, und alle Gerechtigkeit der Einzelnen kann nur Steine zum Bau liefern, aber ein Volk kann Gerechtigkeit erbauen. Das ist es, was Jesaja meint: Verflechtet nicht euer Los mit der Ungerechtigkeit der Mächtigen, sondern baut mit eurem eigenen Leben die Gerechtigkeit auf, und die Liebe der Volker wird euch zufliegen, und ihr werdet ein Segen sein auf Erden.
Martin Buber in „Zwischen Zeit und Ewigkeit"

Die Ankündigung der Dienenden Nation vollzog sich am Montag, 26.9.1938, in einer Vision des Autors. Vom menschlichen Standpunkt aus konnte die Nachricht von der Notwendigkeit der Entstehung eines Volks des Friedens zu keinem günstigeren Zeitpunkt übermittelt werden. Bei der unstillbaren Gier Hitlers, die damals auf die Tschechoslowakei gerichtet war, wusste niemand, was der nächste Tag bringen würde. Die Welt stand vor dem Abgrund des zweiten Weltkriegs; denn das Münchner Abkommen brachte nur eine kurze, ungesicherte Zeit der Ruhe. Die bösartige Doktrin der Herrschaft über Geist, Leib und Seele des Menschen wurde stärker und stärker und zeigte ihr wahres Gesicht. Die erschreckende Grausamkeit und der erbarmungslose Gebrauch der Massenpsychologie in den machttrunkenen Systemen jener Zeit zerstörten nicht nur den Frieden sondern führten auch zur geistigen Verwirrung. Es war, als schreite ein böser Geist über die Erde und streue Bazillen einer gräßlichen politischen Seuche aus. Der Völkerbund war machtlos, und alle demokratischen Völker fürchteten sich. Es war eine so erschreckende Krankheit, dass es den Anschein hatte, als sei sie nur auf geistigem Wege heilbar, also mit Mitteln, die im diametralem Gegensatz zu ihren Symptomen standen.

Nach den Jahren des Leidens und der Zerstörung ging die unmittelbare Gefahr vorüber, aber der Geist, der sie gebar, war noch nicht ausgelöscht, nur zeitweise unterdrückt. Die Offenbarung hatte sich als richtig erwiesen, nach der das Böse nicht vernichtet werden kann durch die Zusammenballung von Macht, um der Macht zu begegnen, durch Anwendung von Gewalt, um die Gewalt zu bekämpfen, sondern nur durch die viel stärkeren unbewaffneten und verachteten schwachen Dinge der Welt, durch Liebe, Mitleid und selbstlosen Dienst.

Die Dienende Nation musste aber erst noch Gestalt gewinnen und unter Schwierigkeiten und Schmerzen heranwachsen. Sie hat über dreißig Jahre dazu gebraucht, um so weit zu kommen, ihre Aufgabe anzugehen. Dieser Zeitpunkt ist erst jetzt erreicht, und deshalb wurde dieses Buch geschrieben.

Die ganze Geschichte der Entwicklungsjahre wird vielleicht nie geschrieben werden, weil nur noch wenige von denen leben, die mit den Einzelheiten vertraut sind. Es ist aber notwendig, den Ablauf der Dinge in groben Zügen für den Leser nachzuzeichnen, damit alle, die sich der Dienenden Nation anschließen, erfahren, was hinter dieser seltsamen Unternehmung zum Wohl der Menschheit steht.

Wenn ich von mir selbst als dem Hauptinitiator rede, so muss ich zum Ausdruck bringen, wie sehr ich von Herzen und in Demut der kleinen Gruppe von Männern und Frauen dankbar bin, die ihr Leben auf dieses Abenteuer ausgerichtet haben, ohne viel über die Ursprünge zu wissen, und die durch ihren Mut, ihre Treue und ihre beschränkten Mittel das Unternehmen am Leben erhalten haben, wenn die Hindernisse unüberwindlich erschienen und die Erfolgschancen klein blieben. Sie waren von Sinn und Richtigkeit der Sache überzeugt und unterstützten sie nach Kräften, auch wenn sie manches nicht ganz erfassen konnten.

Für mich waren die Dinge verhältnismäßig einfach, denn ich lebte von einer Vision und war sicher, dass sie erfüllt würde. Trotzdem machte das ganze Projekt auf den ersten Blick den Eindruck einer verrückten Idee. Ich wusste im Innern, dass ich

Der Plan macht Fortschritte 211

meiner Offenbarung treu bleiben musste, und dass sie sich verwirklichen würde trotz aller Rückschläge und trotz allem, was getan würde, um die Entwicklung zu bremsen. Ich kann nicht behaupten, dass alles, was wir erlebten, angenehm zu tragen war. Es hat Zeiten gegeben, in denen der Schmerz des 'Widerspruchs und der aktiven Opposition fast unerträglich war, aber ich war nie im Zweifel über den Ausgang. Zu Zeiten sah alles nach einer Niederlage aus, doch waren wir immer wieder imstande, uns aufzuraffen und weiterzumachen. Den Umständen nach glich unser Weg dem Zug des auserwählten Volks durch die Wüste.

Die Aufgabe schien von Anfang an unlösbar, und erfahrene Vorkämpfer der Friedensbewegung und einer Weltregierung zögerten nicht, dies auszurechnen, wenn sie um ihr Urteil gefragt wurden. Ich war mir meiner eigenen Unzulänglichkeit sehr wohl bewusst und fragte mich, wie eine Aufgabe zu bewältigen war, bei der es darum ging, eine Nation zu schaffen, die nach Art und Zusammenhang völlig neuartig war. Ich war so gut wie unbekannt und hatte nie in irgendeiner Sache die Führung übernommen. Meine Kenntnisse der politischen Wissenschaften und des internationalen Gesetzes waren gering. Die meisten Menschen beschäftigten sich mit der unmittelbaren Drohung des Krieges. Ich musste meinen Lebensunterhalt verdienen und eine wachsende Familie ernähren. Die Umstände waren also alles andere als günstig.

Ich bin mir immer noch nicht sicher, wie es geschah. Irgend jemand muss von mir gesprochen haben. Eines Tages erhielt ich eine Einladung von Lady Madeleine Lees zu einer Ansprache vor einer internationalen spirituellen Friedenskonferenz in Lytchett Minster in Dorset. Ich erinnere mich, dass Sir Francis Younghusband, der Gründer des World Congress of Faiths, einer der anderen Redner war. Mein Vortragsthema war „Der göttliche Plan der Weltregierung". Ich hatte den Text vervielfältigen lassen und verteilte ihn nach dem Vortrag. Der Erfolg war sofort abzusehen. Sehr bald darauf traf sich eine kleine Gruppe in unserem Haus in London, um meine Vorstellung zu besprechen. Dies führte zur Bildung einer kleinen Gesellschaft zur Gründung einer Heiligen Nation. Die Mitglieder trafen sich an verschiedenen Stellen in Häusern, die wegen Stromausfall während des Krieges oft dunkel waren. Wir trafen uns oft während Luftangriffen, wobei wir unterwegs zu den Treffpunkten Schutz suchen mußten vor fallenden Bomben und dem Regen der Flaksplitter der Luftabwehr.

Es war mir möglich, vor verschiedenen Gruppen zu sprechen und eine Reihe von Artikeln zu schreiben, die Interessen aus den Provinzen und überraschenderweise sogar von Übersee brachten. Die Gesellschaft wurde zur Bewegung der Dienenden Nation, und von 1941 an begann die Zeitschrift „The World Citizen" regelmäßig zu erscheinen.

Im Jahre 1944 wurde eine Drucksache an die Alliierten und die neutralen Staaten versandt mit der Nachricht von unserer Absicht, eine neue Nation ins Leben zu rufen. In Zwischenzeit war viel Untersuchungs- und Forschungsarbeit geleistet worden, wodurch viele Punkte geklärt werden konnten.

Der nächste Tag von Bedeutung war der Waffenstillstand am 11.11.1950. Ich fühlte mich gedrängt, etwas zu unternehmen und versandte Einladungen zu einer Konferenz in einem Hotel im Westend. Die Dienende Nation nahm dabei den Namen „Commonwealth of World Citizens" an und gewann Gestalt.

Sie war ein schwächliches Kind und wog nicht mehr als vierzig Personen. Doch bot sich damals eine unerwartete Gelegenheit. In Europa war ein Plan entstanden, einen Kongress der Völker der Welt einzuberufen, um dadurch die Ungeduld über das Versagen der Vereinten Nationen, Fortschritte auf eine Weltregierung hin zu machen, zum Ausdruck zu bringen. Die Idee der Weltbürgerschaft hatte Verbreitung gefunden. Durch die Aktivitäten von Männern wie Gary Davis war in Paris eine Meldestelle für Weltbürger eingerichtet worden. Jedermann konnte eine Ausweiskarte erhalten, die ihn berechtigte, an den Wahlen des Völkerkongresses teilzunehmen. Im Dezember 1950 wurde in Genf eine Massenzusammenkunft abgehalten. Als Vertreter des Commonwealth of World Citizens nahmen zwei Delegierte teil. Dies war die erste Gelegenheit, rechtmäßig als Volk aufzutreten. Diese Tatsache erweckte großes Interesse, wurde kommentiert und brachte eine Anzahl von weiteren Anhängern.

Im folgenden Jahr war es zum ersten Mal möglich, eine Bürgerversammlung in Paris einzuberufen, und eine Kommission wurde beauftragt, mit der Vorbereitung einer Verfassung der Dienenden Nation zu beginnen. Ich war mit der Vorbereitungsarbeit sehr stark beschäftigt, denn die Verfassung musste den besonderen Anforderungen und Beziehungen des neuen Volkes,

Der Plan macht Fortschritte

das in den verschiedensten Ländern zerstreut lebte, gerecht werden. Ein erster Entwurf war fertig zur Vorlage bei der zweiten Versammlung, die im Jahre 1953 in London abgehalten wurde. Es wurde vereinbart, diesen Entwurf jedem Anhänger zum Studium und Kommentar zuzusenden. Auf der dritten Versammlung im September 1955 wurden die zum Ausdruck gebrachten Ansichten analysiert und darüber abgestimmt. Der abgeschlossene Text wurde einstimmig akzeptiert und an eine anschließend einberufene verfassungsgebende Versammlung weitergeleitet. Die dann verabschiedete Verfassung wurde jedoch als vorläufig bezeichnet, denn es war klar, dass die im Anschluss daran gemachten Erfahrungen in einer endgültigen Fassung Berücksichtigung finden müssen.

Während dieser Jahre der Vorbereitung wuchs die Zahl der Bürger ständig. Sie fanden sich ein hauptsächlich durch persönliche Kontakte und Korrespondenz und durch ein paar Pressenotizen. Dabei ging und geht es nicht darum, Mitglieder zu sammeln, um mit großen Zahlen Eindruck zu machen. Es galt vielmehr, Gleichgesinnte als Weltbürger und Träger des neuen Gemeinwesens zu finden. Dies ist eine ernsthafte Verpflichtung, die nicht in einer kurzlebigen Begeisterung für eine Idee eingegangen werden kann. Zu keiner Zeit wurde deshalb irgend jemand direkt gefragt, ob er beitreten wolle. Trotzdem gab es 1952 Bürger in 14 Ländern, 1954 in 25 Ländern und 1955 in 30 Ländern. Die verfassungsgebende Versammlung wurde für Ende August 1956 angesetzt. Als Treffpunkt wurde der Tempel des Friedens und der Gesundheit in Cardiff in Wales gewählt. Dieses großartige Gebäude hatte Lord Davies von Llandinam errichten lassen. Es war geplant als das erste Gebäude in Großbritannien, das ausdrücklich zur Förderung des Weltfriedens erstellt wurde.

Dies sollte die Konfirmation oder Barmitzva der Dienenden Nation werden, wobei das Commonwealth of World Citizens als „de facto" existierend proklamiert wurde. Die große Versammlungshalle war voll von Bürgern, die zum großen Teil Hunderte oder gar Tausende von Meilen angereist waren. Einige von ihnen waren sogar gezwungen, sich den Weg in Etappen zu erarbeiten. Viele Organisationen hatten Vertreter zur Beobachtung entsandt. Auch Vertreter von Staaten waren anwesend, so der Stellvertretende Hochkommissar von Ceylon und der Konsul der Vereinigten Staaten in Cardiff. Verschiedene Zeitungen hatten Reporter geschickt, und Radio und Fernsehen berichteten über die Hauptereignisse.

Die bloßen Fakten können keinen Eindruck vermitteln von den Empfindungen und der Atmosphäre bei dieser Versammlung. Alle Anwesenden waren sich der Bedeutung des Geschehens bewusst. Die entscheidende Stunde kam am Morgen des 29. August. Die handgeschriebene Verfassung wurde von einem Jungen und einem Mädchen auf einem Kissen hereingebracht und der Versammlung zur formellen Annahme vorgelegt. Alle hoben die rechte Hand zum Zeichen der Zustimmung, und unter Gebeten wurde die Flagge der Dienenden Nation auf dem Dach des Friedenstempels aufgezogen.

Schon vor der Versammlung war die Verfassung dem Generalsekretär der Vereinten Nationen und allen Regierungen übermittelt worden. Am Schluss wurde ein Ausschuss gewählt, der das erste experimentelle Parlament vorbereiten sollte. Alle, die vor Abfassung der Verfassung Bürger geworden waren, wurden gebeten, innerhalb von sechs Monaten ihre Bürgerschaft unter der Verfassung zu ratifizieren.

Das Problem, weltweite Wahlen zu organisieren, war nicht gerade einfach zu lösen, aber bei einem Treffen des Ausschusses in Paris im Jahre 1957 wurde die Wahlmethode verabschiedet. Wahlbezirke wurden festgelegt, nicht nach Landesgrenzen sondern nach Zonen, welche die Konzentration von Bürgern berücksichtigten. In jeder Zone wurden Kandidaten festgelegt, in einigen Fällen bis zu vier, und ihre Qualifikationen wurden auf den Wahlunterlagen der Zone bekanntgegeben. Wahlpropaganda durch die Kandidaten war verboten. Die Wähler nummerierten die Kandidaten in der Reihenfolge ihrer Wahl. Die Abstimmung erfolgte durch die Post an eine unabhängige Körperschaft, die *Proportional Repräsentation Society*, die alle Stimmen prüfte und die Resultate für alle Zonen bekanntgab.

Um jeden Verdacht der Parteinahme zu entkräften, schien es sinnvoll, die gewählte Abgeordnetenkammer in einem neutralen Land zusammentreten zu lassen. In Österreich waren Räumlichkeiten verfügbar und mit Genehmigung der Landesregierung trat das Parlament der Dienenden Nation im Mai 1959 in Wien zusammen. Hier wählte es die ersten Minister, und dem Initiator des Commonwealth wurde die Präsidenten-

Der Plan macht Fortschritte 215

schaft übertragen. Bei dieser Parlamentssitzung nahm das Commonwealth of World Citizens den Namen „La Mondcivitana Respublica" an, einen Namen, der durch Übersetzung in die internationale Sprache Esperanto entstand. Das politische Gemeinwesen nannte sich von da an Mondcivitaner Republik, ihre Bürger Mondcivitaner. Es wurde jedoch als unrealistisch abgelehnt, eine offizielle Sprache zu bestimmen.

Die Bildung einer Regierung war wichtig, weil sie die Kommunikation mit den Staatsregierungen erleichterte. Mondcivitaner Minister können mit ihren Partnern in verschiedenen Ländern entsprechend dem Protokoll korrespondieren. Es war in der Tat bemerkenswert, wie bereitwillig in vielen Fällen die Existenz der Mondcivitaner Republik anerkannt wurde. Wenn die Bürger sich schneller an ihren neuen Status gewöhnt hätten, so wäre die Wirkung sehr viel großer gewesen und sehr viel mehr hätte erreicht werden können. Gelegentlich gab es belustigende Zwischenfälle, wenn Beamte vergeblich die Landkarte studierten, um herauszufinden, in welchem Teil der Welt die Mondcivitaner Republik zu finden sei, und nicht selten erhielten wir Post, die an unseren Wirtschafts- oder Kulturattaché adressiert war.

Wahrend der Amtszeit des ersten Parlaments wurden verschiedene Schritte unternommen, um den Weltfrieden und das internationale Verständnis zu fördern, sowohl direkt als auch durch die Ausarbeitung von Resolutionen zur Unterstützung durch Staaten in der Generalversammlung der Vereinten Nationen. Es dürfte genügen, hier drei Beispiele zu bringen.

Die Dienende Nation brachte einen Vorschlag ein zur Einberufung einer Dritten Friedenskonferenz in Den Haag, um die ganze Weltlage unter Berücksichtigung aller Entwicklungen seit der zweiten Konferenz im Jahre 1907 zu überprüfen. Dieser Vorschlag wurde von einer Reihe von Körperschaften insbesondere auch von der International Arbitration League unterstützt. Die Unterstützung der IAL war deshalb bedeutungsvoll, weil sie von entscheidendem bei der Vorbereitung der ersten Konferenz im Jahre 1899 gewesen war.

Im Herbst 1961 übermittelte die Mondcivitaner Republik an alle Mitgliedstaaten der Nato und des Warschauer Paktes „einen dringenden Aufruf in der Sorge um die Menschheit". Der Aufruf bezog sich auf die Gefahren des radioaktiven

Fallouts als Folge der Atomwaffenversuche. Der Text wird nachstehend auszugsweise wiedergegeben.

„Die Mondcivitaner Republik vertritt die unwiderlegbare Tatsache, dass keine Regierung der Welt das Recht hat, über Leben und Tod von Menschen außerhalb ihrer Rechtsprechung zu entscheiden. Diese Tatsache schließt nicht nur alle Akte des Zwangs und der Aggression gegenüber Menschen anderer Länder aus, sondern in gleicher Weise auch Aktionen, wie das Testen von nuklearen oder anderen Waffen, die eine Gefahr für Leib und Leben dieser Menschen darstellen können."

Die Resolutionen, die die Generalversammlung der Vereinten Nationen im Oktober und November 1961 annahm, stimmten in ihrem Inhalt im wesentlichen mit diesem „dringenden Aufruf" überein. Später wurde diese Angelegenheit im Zusammenhang mit chemischen und bakteriologischen Waffen wieder aufgegriffen.

Im folgenden Jahr intervenierte die Mondcivitaner Republik bei der Kubakrise. Als Präsident der Republik schrieb ich am 25. Oktober persönlich an Kennedy und an Chruschtschow. Beide Briefe waren gleich abgefasst und enthielten folgenden Text:

„Die UdSSR und die USA in ihrer Macht und Wurde haben sich fest verpflichtet, für eine friedliche Welt zu arbeiten. Allen Völkern ist offenkundig, dass dies nur verwirklicht werden kann, wenn diese beiden großen Länder Zusammenarbeiten und ihre Bemühungen koordinieren.

Da diese beiden Mächte den höchsten und edelsten Aufgaben verpflichtet sind, weshalb die ganze Menschheit zu ihnen aufblickt, ist es unvorstellbar, dass sie sich durch unglückselige Umstände davon ablenken und sich dadurch in einen schrecklichen und tätlichen Konflikt treiben lassen.

Wenn Umstände wie die gegenwärtigen eintreten, so müssen sie ihre Aktivität intensivieren, um gegenseitiges Verständnis und Übereinstimmung zu erreichen und sich resolut zu weigern, irgendwelchen Einflüssen und Impulsen nachzugeben, die eine andere Haltung herbeiführen wollen, auch wenn diese nicht auf niedrige Motive zurückzuführen sind oder eine Antwort auf die als feindselig eingeschätzten Absichten des anderen darstellen.

Es darf kein Zweifel darüber bestehen, was bei der heutigen Lage als das Rechte zu tun ist, wenn diese klare Verantwortung

Der Plan macht Fortschritte 217

gegenüber der Menschheit, die nationale und sogar ideologische Verpflichtung übersteigt, erkannt wird." Wie einflussreich dieser Brief war, werden wir wohl nie genau wissen. Da die Angelegenheit heute abgeschlossen ist, steht seiner Veröffentlichung nichts im Wege. Es ist vielleicht bemerkenswert, dass der abschließende Brief Chruschtschows an Kennedy ähnliche Gedanken enthält.

In demselben Jahr entschloss sich die International Arbitration League, sich der Mondcivitaner Republik anzuschließen, weil sie die besten Voraussetzungen zu bieten schien, ihre Arbeit fortzusetzen. Diese Liga war 1870 von Sir William Randal Cremer, dem Friedensnobelpreisträger von 1903, gegründet worden.

Sir William Randal Cremer war auch maßgebend beteiligt, die Interparlamentarische Union zustande zu bringen. Es war eine Ehrung für ihn, als einer seiner Bewunderer, Sir Andrew Carnegie, die Mittel aufbrachte für den Bau eines Friedenspalastes in Den Haag als der Heimstätte des Ständigen Internationalen Schiedsgerichtshofs und später des Internationalen Gerichtshofs. Im nächsten Jahr trat das zweite Parlament der Dienenden Nation im Friedenstempel in Cardiff, also am Ort seiner verfassunggebenden Versammlung, zusammen. In Übereinstimmung mit der Verfassung wurde ein Oberster Rat als Präsidium gewählt, dessen fünf Mitglieder nacheinander jeweils für ein Jahr das Amt des Präsidenten ausüben sollten. Damals hatte die Mondcivitaner Republik Bürger in sechzig Ländern, war aber trotzdem nicht sehr zahlreich.

Es ist an der Zeit offenzulegen, auf welcher Basis die Dienende Nation international arbeitet. Die Verfassung legt eindeutig die Verpflichtung fest, sich für Vermittlung und Ausgleich einzusetzen (Artikel 5), strikte Unparteilichkeit in allen internationalen Streitigkeiten und Konflikten zu wahren (Artikel 13) und Regierungen und Machthaber ohne Vorurteil und ohne Feindseligkeit auf alle Verletzungen der fundamentalen Menschenrechte aufmerksam zu machen und gegen alle Maßnahmen anzugehen, die eine friedliche Weltordnung und gute internationale Beziehungen behindern oder gefährden (Artikel 14). Dabei ist eine genaue Kenntnis der Umstände aufgrund von Informationen aus erster Hand Voraussetzung für die Ausarbeitung von Vorschlägen für die Überwindung des Problems. Normalerweise wurden solche Vorschläge nicht veröffentlicht. Was bislang getan wurde, lässt erkennen, was erreichbar ist, wenn die Dienende Nation qualifizierte und engagierte Bürger findet und Vertrauen und Achtung der Nationen, denen sie dienen will, gewinnt.

Die Zeit ist gekommen, die Aufgabe der Dienenden Nation mit Nachdruck anzugehen. Deshalb müssen die Lehren der Entwicklungsjahre aufgezeigt und zu Herzen genommen werden zum Wohle der Menschheit und zum Wohle all jener, die bereit sind mitzumachen, aber der Führung bedürfen. Die Ursachen für die Verzögerung liegen nicht, wie viele glauben, außen, sondern innen. Die Bereitschaft, die Mondcivitaner Republik voll zu akzeptieren, ist bei den Regierungen großer als bei den eigenen Bürgern. Zum Teil ist dies darauf zurückzuführen, dass nur wenige schon im öffentlichen Leben gestanden haben oder überhaupt in Dingen der Politik und der Wirtschaft zu Hause sind und deshalb nicht viel dazu beitragen können, Politik zu planen und durchzuführen. Sehr viel mehr wäre schon erreicht worden, wenn die ersten Bürger besser qualifiziert und fähig gewesen wären, sich mit ihrer Aufgabe wirklich zu identifizieren.

Ein neues Volk dieser einzigartigen Form, das allen Bedürfnissen gerecht wird, wächst nicht von selbst. Es muss sich entwickeln, Verwandtschaften finden und sich seiner eigenen Lebensform bewusst werden. Dieser Prozeß braucht viel Zeit, sogar wenn die Betroffenen aus demselben Land kommen und dieselbe Sprache und Kultur haben. Wenn aber die Bürger unterschiedlicher Herkunft sind und in der ganzen Welt verstreut leben, so dauert dies zwangsläufig sehr viel länger. Es muss deshalb den ersten Bürgern hoch angerechnet werden, dass sie während der schwierigsten Jahre hoffend und vertrauend aushielten, ihre Zeit und spärlichen Mittel opferten. Sie hielten die Treue, weil die Weltbürgerschaft für sie real war, und weil sie an das Prinzip des Dienstes glaubten.

Diese Männer und Frauen hatten sich ihren Beitritt wohl überlegt. Sie gehörten zumeist zu verschiedenen Gesellschaften, die für gute Ziele arbeiteten: für Frieden, Weltregierung, internationale Freundschaft und Verständigung, Dienst an den Unterprivilegierten und Bedürftigen. Sie hatten trennende Mauern abgetragen, doch hielten sie häufig an ihren früheren Interessen fest. Sie sahen in der Dienenden Nation eine Kraft zur Förderung des Weltfriedens und der Welteinheit, gaben ihr aber in der Regel nicht die oberste Priorität. Manche waren parteiorientiert, von rechts bis nach links, manche waren Anarchisten. Manche versuchten, die Politik ihrer eigenen Staaten durch Öffentlichkeitsarbeit vor den Wahlen und durch Demonstration zu beeinflussen. Andere glaubten, die Bevölkerung weltweit in Bewegung bringen zu können, um auf diese Weise Druck auf alle Staaten auszuüben. Einige waren spirituell eingestellt, andere waren Humanisten oder Agnostiker. Da sie die verzweifelte Lage der Menschheit erkannten, standen alle unter Zeitdruck und fühlten sich gedrängt, kurzfristig Erfolge erzielen zu müssen, ehe es zu spät war. Sie waren deshalb ungeduldig gegenüber langsamen Fortschritten und verbündeten sich deshalb mit allem, was schnellen Erfolg versprach.

Die Dienende Nation wurde deshalb von den meisten als zweitrangig betrachtet, weniger als zentraler Schwerpunkt als lediglich zur Unterstützung anderer Bemühungen. Diese Einstellung war kein kleiner Hemmschuh bei der Aufgabe, die Dienende Nation zur vollen Wirksamkeit zu entwickeln. Man war sich einig darin, dass die ganze Welt das Arbeitsfeld war, doch sahen viele nicht ein, weshalb man mit vollem Einsatz eine Nation erbauen sollte, auch wenn es eine Dienende Nation war, wenn doch versucht werden muss, den Nationalismus überhaupt zu überwinden.

Dieser Mangel an Verständnis war bei weitem die größte Schwierigkeit, die es zu überwinden galt. Er hat die Entwicklung zeitweise fast völlig gelähmt. Nur eine Handvoll von Menschen war bereit und in der Lage, die organische Struktur der neuen Nation zu sehen und bei der Planung ihrer inneren Ordnung mitzuarbeiten. Bei all den anderen fehlte es nicht nur an Sachverstand und Einsicht sondern auch an der Überzeugung, ob das ganze Unternehmen überhaupt für das notwendig war, was sie als Ziel vor Augen hatten.

Es war, als ob ein Schiff den Anker lichtet und mit einer bunt zusammengewürfelten Mannschaft ohne seemännische Kenntnisse und Erfahrungen auf ein unbekanntes Meer hinaus steuert. Erstaunlicherweise ging das Schiff aller Schwierigkeiten zum Trotz nicht unter, überstand schwere Stürme und machte sogar Fahrt auf das Ziel zu, das noch kein menschliches Auge gesehen hat. Die Parlamente und die Ministerien waren keine Spielerei, wie manche sagen würden. Sie waren unentbehrlich bei dem Versuch, die Anerkennung der Entwicklung der Vermittlungs- und Dienstfunktionen der Mondcivitaner Republik im internationalen Raum zu erlangen. Sie waren auch Experimente, um praktische Erfahrungen mit der Autonomie zu sammeln und um Integration und Identifikation der Bürger zu fördern. Sie mögen den Eindruck von Hochstapelei erweckt haben, weil nicht viel mehr als tausend Menschen beteiligt waren. Aber diese Versuche brachten den Lernwilligen praktische Erkenntnisse und gaben Hinweise für das, was machbar ist, wenn einmal die Zeit reif ist für den Zustrom größerer Zahlen von Menschen, die von Beginn an Charakter und Notwendigkeit der Dienenden Nation klarer erkennen und mit Einsicht und Eifer ihre praktischen Fähigkeiten mit dem Ziel identifizieren, auch wenn es noch in weiter Ferne lag und deshalb utopisch anmutete. Es war für die Pioniere nicht leicht, ihre eigenen Vorbehalte und Zweifel zu überwinden und der Sache treu zu bleiben, aber sie haben durch ihre Ausdauer in der schweren Anfangszeit den Nachkommenden den Weg bereitet.

Ich habe mich bemüht, beide Seiten des Blattes ehrlich und offen darzustellen, um denen, die den Mut und die Einsicht haben, die Politik Gottes zu ihrer eigenen zu machen, die Möglichkeiten aufzuzeigen, und um die Ängstlichen und Unentschlossenen davor zu warnen, sich auf dieses Abenteuer einzulassen. Für die Letzteren ist es besser, die Dienstleistungen der Dienenden Nation in Anspruch zu nehmen, als durch Beitritt Verwirrung zu stiften.

Mondcivitaner zu sein bringt weder Vorteile noch Nutzen. Es lohnt sich nicht mitzumachen, weil es Glanz und Ruhm bringen könnte. Mondcivitaner sind weder vollkommener noch wertvoller als ihre Mitmenschen. Sie müssen aber ausgeglichen, zuverlässig und weltoffen sein.

Ich hatte verschiedentlich Gelegenheit, vor Mondcivitanern zu sprechen. Am Schluss dieses Buches möchte ich auf diese Reden zurückgreifen und sie noch einmal lebendig werden lassen:

Es ist nicht leicht, unsere Lage klar zu erkennen, da wir tief in die Dinge des täglichen Lebens verwickelt sind. Doch ist erkennbar, dass es darum geht, uns zu planetarischen Wesen mit harmonischen universalen Beziehungen zu entwickeln. Wir müssen aber feststellen, dass die Mehrzahl von uns vor einer solchen Erweiterung des Bewusstseins zurückschreckt. Sie hält sich ängstlich an die vertrauten Wege ihres Lebens und verteidigt sie mit aller Kraft, weil der Zwang zur Veränderung sie bedroht. Sicherheit ist ein Schlüsselwort unserer Zeit. Der edlen Idee des Patriotismus werden falsche Werte angehängt. Klassensolidarität, Rassensolidarität, ideologische Solidarität werden betont. Verteidigungsbündnisse und Machtblöcke sind das Thema unserer Tage.

Wer gibt uns unsere kleine Welt zurück, unseren kleinen, isolierten, abgetrennten Lebensraum, in dem wir uns sicher fühlen und den wir verstehen? Niemand! Zug um Zug werden die vertrauten Dinge verschwinden, die exklusiven Strukturen der Vergangenheit unseres Planeten untergehen. Es braucht großen Mut und kühne Einsicht, um sich dieser Erkenntnis zu stellen, und sich dieses Bild der Zukunft zu eigen zu machen, die Verwirklichung voranzutreiben und nicht mit Bedauern zurückzublicken. Bislang gibt es noch sehr wenige, die dazu fähig sind. Sogar unter diesen, die sich als Weltbürger für eine vereinte Welt einsetzen, würden viele das neue Haus am liebsten weitgehend mit alten Möbeln einrichten.

Natürlich wäre es unsinnig, alles Überkommene abzulehnen. Aber in Zukunft werden weniger die überkommenen Institutionen ihren Platz finden als all das, was wirklich lebendig ist und sich — wie wir selbst — weiterzuentwickeln imstande ist. Es gibt keine Abkürzungen für unseren langen, mühseligen Weg. Deshalb spreche ich von Evolution und nicht von Revolution. Es bringt nichts, die Namen zu ändern ohne die Natur der Dinge zu ändern, oder das System zu ändern ohne Verhaltensänderung. Es kann nicht unsere Sache sein, das Bestehende rücksichtslos umzustürzen; wir müssen uns vielmehr mit dem Eigentlichen des Lebens, der Liebe, identifizieren, so dass wir über die bestehenden Ordnungen hinauswachsen, blühen und Frucht bringen können überall auf der Welt.

Darin liegt der Weg der Dienenden Nation. Es ist nicht unsere Aufgabe, die Massen zu beeinflussen und Macht und Herrschaft auszuüben. Es ist nicht unsere Aufgabe, auf den Straßen zu schreien, die Regierenden zu verurteilen und anzuprangern. Unsere Aufgabe besteht vielmehr darin, Verständnis und Unparteilichkeit zu entwickeln, damit wir den anderen wirklich eine Hilfe sein können. Deshalb müssen wir so viel wie möglich über Geschichte und Erfahrungen und das eigentliche Wesen des Menschen wissen. Deshalb müssen wir selbst zum Experimentierfeld werden und versuchen, unserer Zeit voraus zu sein. Unser kann nur aus unserem Beispiel erwachsen und nur daraus, dass wir einen Weg gehen, der allen Menschen nachahmenswert erscheint. Eigennutz und Machthunger dürfen nicht unsere Triebkraft sein. Wir wollen deshalb nicht die Welt regieren sondern uns innerhalb der Welt regieren. Wir nehmen nur die auf, die freiwillig mit uns Verantwortung übernehmen wollen, die sich Sorgen machen um die Zukunft der Menschheit. Wir möchten aber mit unserem Beispiel allen Menschen Anregung und Ansporn sein, damit auch sie sich mehr und mehr darum bemühen, sich freundschaftlich zusammenzuschließen und brüderlich zusammenzuleben.

Die Möglichkeiten der uns gebotenen Gelegenheit, der Menschheit konkret zu helfen, sind gar nicht abzusehen. Alles strebt nach einer Weltgemeinschaft und sucht nach Lösungen der drängenden Probleme der Menschheit. Überall erwachen Männer und Frauen in der sich aufhellenden Dämmerung eines neuen, einzigartigen Tages. Wenn dieser Tag heraufgekommen ist, so wird der Weltfrieden nicht mehr gefährdet sein, und die Energie und Abenteuerlust der Jugend wird Aufgaben finden, die all ihren Wagemut erfordern, jedoch nicht von Blutschuld befleckt sind. Was für ein Programm liegt vor uns. Millionen Menschen auf allen Kontinenten muss geholfen werden, sich mehr und mehr aktiv am organisierten Leben der Weltgemeinschaft zu beteiligen. Alle Ressourcen des Planeten und später auch des Sonnensystems müssen erschlossen und gebändigt werden, um den wachsenden Bedürfnissen des Menschen gerecht zu werden. Der große Feind Verschwendung muss besiegt werden. Krieg ist Verschwendung. Not ist Verschwendung. Seuchen sind Verschwendung. Vernichtung von Gebrauchsgütern ist Verschwendung. Alle Hemmnisse freier Verständigung, freien Verkehrs und freier Gemeinschaftsbildung müssen verschwinden. Die Grundlagen für eine Weltgemeinschaft müssen erarbeitet werden. Sie darf nicht auf Herrschaft und Ausbeutung gründen; in Zusammenarbeit von Gleichberechtigten liegt die Lösung.

Die alten Mythen besagen alle, dass das Chaos überwunden

werden muss, bevor das Paradies erreichbar wird. Das Ende der Verkehrsstauungen, der Engpässe in Produktion und Verteilung und in allen Beziehungen des Menschen ist Grundvoraussetzung für all das, was auch nur annähernd als der Himmel auf Erden angesehen werden könnte. Die technische Entwicklung ist der moralischen weit davongelaufen. Deshalb muss sich nun auch die Seele erheben, wie eine Rakete von der Erde abhebt. Es liegt nun an der Dienenden Nation, als dem Volk Gottes und dem Volk der Menschen, die Möglichkeiten des Lebens zum Wohle und Nutzen aller zu erforschen und gemeinschaftlich zu verwirklichen. Nach dem Plan Gottes wird die Dienende Nation neu Leben und Gestalt annehmen für diese mühselige und schwere messianische Aufgabe. Bittet zu Gott, dass sie dieses Mal nicht versagt!

Nachwort

Nun habe ich meine Aufgabe so gut ich konnte erfüllt. Sie hat mir Glück und Qual gebracht. Ohne das Wissen um die göttliche Führung hätte ich wohl nicht durchgehalten. Ich bin gnädig geführt und getragen worden, und ich durfte alt genug werden, um die erzielten Fortschritte erleben zu können. Weil vieles davon vom menschlichen Standpunkt aus unwahrscheinlich ja unmöglich erscheinen musste, ist mein Herz mit großer Dankbarkeit erfüllt. Die Vision ist so klar und frisch wie je, und die Jahre der Entwicklung haben mir mehr und mehr bestätigt, dass sie in Theorie und Praxis richtig ist. Was ursprünglich eine erregende, aber nicht durch Erkenntnisse und Fakten abgesicherte Offenbarung war, wurde durch meine Forschungsergebnisse zu meiner großen Freude erfüllt, bestätigt und bestärkt.

Meine Sorge gilt heute all denen, die sich vielleicht auf schmerzliche Weise den Grundsätzen der Politik Gottes werden anpassen müssen. Dies betrifft zunächst Juden und Christen, die direkten Erben der Vision. Die hier übermittelte Botschaft bietet beiden eine Grundlage, auf der sie nach so langer Zeit der Trennung zusammenfinden können. Der in der Bibel dargestellte Plan Gottes für die Menschheit fordert ein hingebungsvolles priesterähnliches Volk, durch das alle Nationen gesegnet würden. Die Menschheit könnte von ihren Schwierigkeiten durch eine messianische Nation erlöst werden. Diese Vorstellung bedeutet für die Christen notwendigerweise eine Änderung des dogmatischen Schwerpunkts und verleiht der Aufgabe Jesu als dem persönlichen Messias ihre wahre Bedeutung. Die Funktion des persönlichen Messias stand im Zusammenhang mit der messianischen Nation. Er sollte ihr Diener und Beispiel sein, wie es die messianische Nation für die Menschheit werden soll. Deshalb erscheint das Konzept des Messias sowohl als Einzelmensch als auch als Kollektiv, und deshalb werden sowohl der König von Israel als auch das Volk Israel in der Bibel Sohn Gottes genannt. Wenn die Christen auch weiterhin nach alter heidnischer Art dem Menschen Jesus Christus (Christus gleich Messias) Göttlichkeit zuschreiben, so müßten sie konsequenterweise auch die messianische Nation auch für göttlich ausgeben, denn Israel wurde schon Hunderte von Jahren vor Jesus als Gottes geliebter Sohn bezeichnet. Vielleicht hilft ihnen dieser Zusammenhang, ihre Lehrsätze in Ordnung zu bringen und dabei die besonderen Umstände in der Frühkirche zu berücksichtigen, die ich in den beiden vorangegangenen Büchern beschrieben habe. Es ist heute schon abzusehen, dass im modernen christlichen Denken Jesus nur noch in dem Maße als göttlich angesehen wird, als der Mensch in einzigartiger Weise zum Ausdruck brachte, wie der Mensch nach dem Bilde Gottes sein sollte. In ähnlicher Weise sollten die Christen einräumen, dass es Aufgabe der Dienenden Nation ist, so zu werden, wie nach Gottes Willen eine Nation, ein Volk sein sollte.

Nach der Vorsehung Gottes bestand die Aufgabe Jesu darin, seinem Volk seine besondere Berufung, seinen besonderen Charakter erneut bewusst zu machen. Deshalb sagte er, dass er zu den verlorenen Schafen des Hauses Israel gesandt war. Die Christenheit öffnete die Dienende Nation für Nichtjuden, rückte dadurch die Verpflichtung Israels der Welt gegenüber wieder in den Vordergrund und korrigierte die Tendenz zu nationalem Egoismus, denn Israel sollte nicht für sich selbst sondern für die ganze Menschheit leben.

Genau das müssen nun die Juden erkennen, damit sie aufhören, sich abzukapseln und in die Defensive zu gehen. Sie haben weitgehend den Glauben an das Kommen eines persönlichen Messias aufgegeben und dabei ging auch ihr Glauben, das auserwählte Volk zu sein, verloren. In Gebet und Predigt werden immer noch Lippenbekenntnisse für dieses Konzept abgegeben, doch hat es keinen auf die Politik des Staates Israel oder der jüdischen Gemeinschaften. Natürlich wäre heute ein persönlicher Messias ein Anachronismus, weil niemand je den Anspruch erheben könnte, der Messias zu sein. Aber die Juden gehen fehl, wenn sie das aufgeben, was sie überleben ließ. Sie brauchen

Nachwort

jetzt ein neues Verständnis des wirklichen Jesus, frei von den Besonderheiten der christlichen Doktrin, damit sie erkennen können, wie sehr dieser jüdische Nachkomme Davids der fundamentalen Bedeutung der messianischen Aufgabe entsprach, und wie sein Beispiel nicht zu einer Veränderung der Religion sondern des Herzens führen soll, damit die Aufgabe der Dienenden Nation an der Welt mit neuer Dynamik aufgenommen werden kann.

Von Johannes dem Täufer ist die folgende Mahnung überliefert: „Denket nur nicht, dass ihr bei euch wollt sagen: Wir haben Abraham zum Vater. Ich sage euch: Gott vermag dem Abraham aus diesen Steinen Kinder zu erwecken." Wenn Juden und Christen, als das Volk Gottes, ihre gemeinsame Aufgabe für die Nationen verleugnen, so wird der Wille Gottes für die Menschheit doch getan werden. Er kann und wird die Diener-Nation von heute aufrichten, damit sie der Menschheit zu Hilfe kommt, und Juden und Christen, die den Willen Gottes tun wollen, werden hervortreten, um ihr Recht auf Bürgerschaft in Anspruch zu nehmen. Diese Bürgerschaft ist jedoch heute offen für alle, die die Botschaft hören und aufnehmen. Keine Religion, Rasse oder Sprache ist ausgeschlossen. Es ist dazu auch nicht notwendig, Jude oder Christ zu werden. Die Dienende Nation macht keine Unterschiede und bevorzugt niemand, aber sie verlangt Hingabe an ihre einzigartige Aufgabe.

Ich habe mich bemüht, mit den Begriffen Imperialismus und Messianismus die verschiedenen Ausgangspunkte für die Lösung der Weltprobleme darzulegen, und wie sich darin die Politik der Menschen und die Politik Gottes unterscheiden. Die erstere versklavt, die letztere dient. Die eine zwingt, die andere überzeugt. Die eine zerstört Menschenleben, die andere rettet sie.

In dem jetzt beginnenden Zeitalter oder – wenn der Dienst wiederum verweigert wird – zu einem späteren Zeitpunkt, wird der göttliche Plan erfüllt werden, denn er enthält in Anlage und Ziel die Grundsätze, die den Menschen zu einem Kind Gottes machen. Es liegt an jedem von uns zu entscheiden, ob er den Willen Gottes heute zu seinem eigenen machen will. Dabei muss sich aber jeder über seine Motive klar sein. So wie Ehrgeiz und Eigennutz ausgeschlossen sind, so findet auch die Laune des Augenblicks oder Fanatismus keinen Raum. Die Aufgabe fällt nicht Hausierern und Quacksalbern zu sondern denen, die fähig sind, im Licht einer neuen Identität alles neu zu sehen.

Der Erfolg der Dienenden Nation ist für die ganze Menschheit von entscheidender Bedeutung. Vom Ausgang dieser Bemühungen hängt die Lösung unserer heutigen Probleme ab. Wird die Mondcivitaner Republik den Test bestehen? Sie ist die ganze Weltgemeinschaft in einer Nußschale und muss Freundschaft und friedvolle Harmonie verwirklichen. Wenn dies in kleinem Maßstab mißlingt, wie soll es in großem Maßstab erreicht werden? Wenn dieses Volk nicht weise und kooperativ in der Welt leben kann, welche Chance hat dann eine friedsame und gerechte Weltregierung?

Das messianische neue Jerusalem sollte eine Weltstadt sein, zu der alle Nationen herbeiströmen, nicht eine imperialistische Megalopolis, die die Nationen durch nackte Gewalt versklavt. Gott hat uns offenbart, „Nicht durch Heer oder Kraft sondern durch meinen Geist". Wer lässt sich davon anrühren?

Anhang

Die Mondcivitaner Verfassung Präambel und Grundsätze

PRÄAMBEL

Wir glauben, dass sich zu gegebener Zeit die Völker der Welt zum Wohle aller vereinigen werden und dass auf der ganzen Erde Friede herrschen wird.

Wir sind Männer und Frauen von verschiedenen Ländern, Rassen und Völkern und erkennen die Notwendigkeit, dass ein Teil der Menschheit diese künftige Einheit verwirklicht als Beispiel und Ansporn für unsere Mitmenschen und als Mittel, wahre und universale menschliche Gemeinschaft zu entwickeln und zu fördern.

Aus diesem Grunde haben wir uns zusammengeschlossen, um durch uns und mit allen, die gleichen Sinnes sind, ein neues und unabhängiges Volk zu schaffen, dessen Treue und Dienst zuallererst der ganzen Menschheit gilt und das in seiner Wesensart die Bevölkerung der ganzen Welt repräsentiert.

Wir haben uns aus zwingenden Gründen auf diesen Weg begeben. Vor allem bewegt uns die Sorge um unsere Mitmenschen, deren innerer Friede genommen wurde durch Not, Konflikt und Unsicherheit in einer Zeit nie dagewesener Veränderung der Lebensbedingungen auf unserem Planeten. Wir sind uns der Anpassungsprobleme bei der Entwicklung einer demokratischen Weltordnung bewusst, doch halten wir sie nicht für unüberwindlich. Wir sehen, wie neue Ressourcen, Verkehrs- und Kommunikationsmittel, die der Menschheit von großem Nutzen sein können, durch Furcht und Mißtrauen verwandelt werden in schreckliche Instrumente des Hasses und der Massenvernichtung. Wir sehen, wie die Menschenwürde verletzt und Menschenleben zerstört werden, um sich in sinnlosen Auseinandersetzungen persönliche Vorteile oder die Herrschaft über bestimmte Gebiete zu sichern. Wir sehen aber auch in vielen Bereichen, im nationalen und internationalen Raum, ernsthafte Bemühungen, die Bedürfnisse der Menschen zu erfüllen, ihr Leid zu lindern und Frieden, Verständigung und Zusammenarbeit zu fördern.

Wir vertrauen darauf, dass sich der Mensch auf die Dauer keinem System, keiner Autorität und keinen Lebensbedingungen unterwerfen wird, die ihn dazu zwingen, sein innerstes Streben zu verleugnen und darauf zu verzichten, sich zu Gemeinschaften zusammenzuschließen, dass er vielmehr immer versuchen wird, sein Wissen von der kollektiven Existenz richtig anzuwenden. Wir haben daher den Mut, trotz aller Unzulänglichkeit den Versuch zu wagen, auf Regierungsebene innerhalb der Welt der Nationen ein Gemeinwesen zu schaffen, das universal in seinem Ausblick, unparteiisch und gerecht in seinen Beziehungen, ungesichert durch bewaffnete Streitkräfte, nur darauf abzielt, das Wohlergehen aller Volker ohne Unterschiede zu fördern.

Wir bitten deshalb um Wohlwollen für unser Unternehmen.

GRUNDSÄTZE DER MONDCIVITANER REPUBLIK

1. **Niemand gilt als Feind**, ist doch der Verzicht auf Feindbilder entscheidend für die Förderung der Verständigung zwischen Einzelnen, Gruppen und Nationen, während Diskriminierung und Verteuflung anderer Hass, Grausamkeit und Unmenschlichkeit zuläßt und fördert.
2. **Niemand gilt als Fremder** oder als Minderwertiger, weil alle Menschen gleichberechtigte Glieder der Menschheit sind. In der Mondcivitaner Republik als einer offenen Gesellschaft gelten auch Außenstehende als gleichberechtigt.
3. **Alle Maßnahmen zum Wohle der Menschheit** und zur Förderung der Verständigung werden nach Kräften unterstützt. Dies gilt insbesondere auch in der Frage der Hilfeleistung bei Situationen akuter Not gleich welcher Ursache.
4. **Eine Beteiligung an Kriegen, kriegerischen Auseinandersetzungen, Aggression, Unterdrückung und falscher Darstellung von Fakten ist ausgeschlossen.** Geheime oder offene Bündnisse, Vereinbarungen und vertragliche Verpflichtungen werden nicht abgeschlossen, wenn sie zur Folge haben, dass irgendwelche Gruppen, Parteien, Staaten oder irgendwelche Interessen zum Schaden oder Nachteil anderer gefördert werden.
5. **Unparteilichkeit in Urteil und Beziehungen** gilt als Voraussetzung für das Bemühen um Vermittlung und Aussöhnung bei Konflikten gleich welcher Art.
6. Grundlage für die innere Struktur ist **demokratisches und kooperatives Verhalten**. Im Geist der Bereitschaft zu Dienst und gegenseitiger Hochachtung darf die Würde aller Menschen weder öffentlich noch privat verletzt werden.
7. Für Gesellschafts- und Wirtschaftsordnung gelten die Grundsätze der **Gerechtigkeit und der Gleichberechtigung aller Menschen**.

Notes

1   Ich habe H. G. Wells erst 1939 persönlich kennengelernt, und ich half, seine *New Declaration of the Rights of Man* zu veröffentlichen. Bei seinem hundertsten Geburtstag wurde mir durch die H. G. Wells Society die Ehre zuteil, den Vorsitz des Komitees der Hundertjahrfeier zu übernehmen.
2   Diese Zeichnungen besitze ich heute noch. Die erste stellt einen Planeten im Raum dar, mit Linien, die sich auf ihn zu', an ihm vorbei und von ihm weg bewegen. Ich habe sie damals *Fiat Lux* bezeichnet, doch heute scheint sie eher eine Vorahnung des Weltraumzeitalters darzustellen.
3   Eine typisch evangelistische Reaktion kam von Dr. Billy Graham, der in einem Presseartikel seine Überzeugung zum Ausdruck brachte, dass mein Geist so verschlossen sei, dass nicht einmal Gott darin Zugang habe.
4   Vor vielen Jahren haben zwei Seher unabhängig voneinander vorausgesagt, was kommen würde. Der zweite von ihnen, ein Inder, betonte insbesondere die Zeit nach 1965 und beschrieb sie in einer Weise, die zu veröffentlichen ich außerstande bin.
5   Will Herberg, *Judaism and Modern Man*
6   Die Inkarnationsgeschichten aller Religionen sind Mythen, aber die christliche Version ist besonders eindrucksvoll. Doch ist es unvertretbar, sie dem Bereich realen und einzigartigen Geschehens zuzuordnen.
7   H. G. Wells, *The World of William Clissold*
8   Arthur Koestler, *Das Gespenst in der Maschine*
9   Exodus 33,20-23
10 Jesaja 55,9
11 Römer 11,33
12 John Macmurray, *The Clue to History*
13 Siehe Arthur Koestler, *The Act of Creation*
14 J. W. Dunne, *An Experiment with Time*
15 Pierre Teilhard de Chardin, *Der Mensch im Kosmos*
16 Sach. 4, 7
17 Markus 8, 35
18 Gerald Heard, *The Source of Civilization*
19 Vera Brittain, *Humiliation with Honour*
20 Jakobus 33,17-18
21 Lionel Curtis, *Civitas Dei*

22 Arthur Koestler, *Das Gespenst in der Maschine*
23 John Macmurray, *The Clue to History*
24 Arthur Cohen, *The Natural and the Supernatural Jew* eine Auseinandersetzung mit dem Denken von Abraham Josua Heschel in *God in Search of Man, Man ist not Alone* und *Between God and Man*.
25 Jesaja 63, 5
26 „Denn so ist Gott,... dass er den, der da viel Kinder zur Herrlichkeit geführt hat, als den Herzog ihrer Seligkeit, durch Leiden vollendete." Hebr. 2,10.

„Es war, als Joschua bei Jericho war:
er hob die Augen auf und sah,
da, ein Mann steht ihm gegenüber,
sein Schwert in seiner Hand gezückt,
Joschua ging auf ihn zu und sprach zu ihm:
Bist du von uns oder von unseren Gegnern?
Er sprach:
Nein,
sondern als ein Obrer SEINES Heers bin ich jetzt gekommen."
Josua 5,13-14 (nach Martin Buber)
27 Mao Tse Tung, *Problems of War and Strategy*
28 Sach. 4, 6
29 *International Conciliation*, veröffentlicht von Carnegie Endowment for International Peace, No. 363, October 1940
30 Dies war nicht das letzte Wort von H. G. Wells, aber der Titel des letzten Buches, das zu seinen Lebzeiten veröffentlicht wurde. Er entstand aus der Sorge des Autors, der Mensch könne sich als seinen Aufgaben nicht gewachsen erweisen.
31 Siehe Norman Mailer, *The Armies of the Night* (New York, 1966)
32 N. Berdjajew, *The Meaning of History*
33 Will Herberg, *Judaism and Modern Man*
34 Joseph Jacobs, *Jewish Ideals*
35 H. Pereira Mendes, amerikanischer Rabbi, nach *A Book of Jewish Thoughts*
36 Deutero-Jesaja 154,25 und 157,13
37 Lev Gillet, *Communion in the Messiah*

38 *The Bible*, Gedicht von David Levi (aus dem letzten Vers)
39 Siehe Einführung in das Alte Testament von Prof. H. H. Rowley in *A Companion to the Bible* herausgegeben von Dr. T. W. Manson (1950)
40 Aus dem Artikel „The Doctrine of Facism" von Benito Mussolini in der *Enciclopedia Italiana*
41 Kittel, *Die Judenfrage*. Auch der Kommunismus vermag sich in derselben Weise auszudrücken und im jüdischen Universalismus ein Hindernis zu sehen.
42 Siehe Holton, *The Political Philosophy of Modern Shinto*. Er zitiert aus *Taisho Nichi-Nichi Shimbun*, Osaka, 1920
43 Siehe Micha 4,1-5, Jesaja 2,1-4 und Sacharja 8, 20-23
44 Genesis 12, 3, Kapitel 22,18 und 26, 4
45 Exodus 19,6
46 Siehe Exodus 23, 9, Leviticus 19, 34
47 Exodus 28, 40-43
48 Deut. 10, 8, siehe Exodus 4,22 und 13, 2 und 12-13, Num 1, 48-50 und 3,6-9, Hosea 11,1
49 Num. 1, 52 und 3, 31
50 Num. 23,9
51 1. Sam. 8,19-20
52 2. Chron. 36,15-16
53 Hab. 2, 3
54 Siehe Jesaja 40-53
55 T. W. Manson, *The Teachings of Jesus, Studies of its Form and Content*
56 Zitiert aus *A Book of Jewish Thoughts*, ausgewählt und geordnet von Oberrabbiner Dr. J. Hertz
57 Plutarch, *Moralia*
58 Siehe 1. Makk. 1,51-64
59 Siehe Schonfield, *Unerhört diese Christen*, Seite 45 ff sowie Seite 60
60 Daniel 7. Erst viel später wurde der Menschensohn mit dem Messias, als dem vollkommenen Israeliten gleichgesetzt.
61 *Assumptions of Moses*, 4,2-6
62 *Sibyllinische Orakel*, B. 3
63 *Psalmen Salomos*, 17
64 Jesaja 11,1-4

65 Psalm 89, 20-29
66 Jeremia 31,31-34 und 33,15
67 Psalmen Salomos, 17
68 siehe vorhergehendes Kapitel und Deut. 32, 8
69 Mal. 4,4-6
70 Lukas 1, 31-33
71 Matthäus 10, 5-6 und 15, 24
72 Lukas 1,16-17
73 Strabo, von Josephus zitiert in Antiq. XIV, 7, 2
74 Siehe Matthäus 8,11-12 und 21, 43
75 Siehe Schonfield, *Unerhört diese Christen*, Kapitel 2 und 3
76 Josephus, *Der jüdische Krieg VI*, 5, 3
77 Hosea 1,10 und 2, 23
78 Genesis 15, 5-6 und siehe Römer 9 bis 11
79 Siehe Galater 3 und Römer 4
80 1. Korinther 10
81 Siehe Septuaginta Deut 31,30, Psalm 22,22, 1. Könige 8, 14 usw. und Apostelgeschichte 8, 38, Hebräer 2,12
82 Apostelgeschichte 15,16-17
83 1. Petrus 2,9-10
84 Galater 4, 27
85 Justinus der Märtyrer, *Apol.* 53
86 Nikolaus Berdjajew, *Christianity and Antisemitism:* „Es muss bedauerlicherweise eingestanden werden, dass die Christen die Höhen ihrer Offenbarungen nicht erreicht hab
87 Johannes 18, 36. Diese Worte bedeuten nicht notwendigerweise, dass das Reich Christi außerhalb dieser Welt sei. Berdjajew bemerkt in dem erwähnten Werk: „Die Worte Christi können bedeuten, dass das Gottesreich nicht den irdischen Reichen gleicht, dass seine Fundamente anders sind, dass seine Gerechtigkeit dem irdischen Gesetz diametral entgegensteht. In diesem Fall wären die Christen falsch daran, sich dem Fürsten dieser Welt zu unterwerfen, sich ihrer Aufgabe, die Welt zu verwandeln, zu entziehen und sich nicht für die Gerechtigkeit des Gottesreiches einzusetzen." So könnte die Aussage Jesu nach Johannes bedeuten, dass sein Reich eine andere Verhaltensweise fordert als sie die Herrscher der Welt erkennen lassen. Seine Art zu regieren gleicht also der ihren nicht.

88　Johannes 14,2-3, Philipper 3,20
89　Offenbarung 21, 2-3 und 24
90　John Toland, *Nazarenus*, 1718
91　Lord Bryce, *The Holy Roman Empire*
92　Römer 11,20-22
93　Prof. Karl Adam, *The Spirit of Catholicism*
94　*The Triumph of Christianity*, B. IV von *A History of the Early Church* von Jules Lebreton, S. J. und Jacques Zeiller
95　2. Kor. 6,14-17
96　*The Calling of the Jews* von Canon H. Goudge in den gesammelten Essays über *Judaism and Christianity*. In gleicher Weise spricht Dr. C. H. Dodd von der Kirche. Er glaubt, sie könne aus engeren Beziehungen zu den Juden nur Nutzen ziehen, weil diese „in lebendiger Tradition Elemente des prophetischen Ideals, das ursprünglich zum Christentum gehörte, erhalten haben, während diese Elemente beim Christentum von griechischer Metaphysik und römischem Gesetz überlagert wurden, was eine echte Verarmung an ethischen Idealen zur Folge hatte (The Epistle of Paul to the Romans).
97　Die Kirche muss ihre Entwicklung zurückverfolgen, um den prophetischen Geist der revolutionären Führer des alten Israel wieder zu finden. Sie muss bereit sein, vieles aufzugeben, was durch die lange Geschichte verehrungswürdig oder durch Privilegien wertvoll wurde. „Zurück zur Kirche des ersten Jahrhunderts!" muss ihr Wahlspruch sein – was praktisch bedeutet: „Zurück zum jüdischen Christentum," (Olga Levertoff in *The Jews in a Christian Social Order*)
98　Die Juden wurden konfrontiert mit dem christlichen Antisemitismus und konnten nur folgern, dass er auf Jesus zurückzuführen sei.
99　Lukas 21,24
100　H. W. Longfellow, *The Jewish Cemetery at Newport*
101　„Nach langen Überlegungen in der Frage der Integrationsform des „Leib Christi" in der jetzigen Stufe der historischen Entwicklung kam ich zur Überzeugung, dass nur die Form einer Nation stark genug ist, den Rahmen für seine historische Aufgabe bei der Erlösung durch Gott abzu-

geben." (Alexander May, in *The Healing Nation*, 1946)
102 Matthäus 21, 43
103 Siehe *The Hibbert Journal*, Juli 1944
104 Amos 7,14-15
105 Hesekiel 36, 20-22
106 Vergleiche das Konzept von Beliar in den *Jewish Pseudepigrapha* und die Doktrin der beiden Geister in den Schriftrollen vom Toten Meer. Gleichzeitig liegt uns die Darstellung von zwei messianischen Persönlichkeiten aus Levi und Juda mit Betonung des kommenden Gerichts vor. Eine moderne Interpretation des kosmischen Dramas, der Schlacht zwischen Eros (der Lebenskraft) und Thanatos (der Todeskraft) wird von Herbert Marcuse geboten. Siehe *Eros und Civilization* (Boston 1966).
107 Siehe Schonfield, *Unerhört diese Christen*, Kapitel 2 und 3
108 Siehe Kropotkin, *Mutual Aid*
109 Siehe George B. Davis, *The Elements of International Law*
110 Grotius, *The Law of War and Peace* nach einer auszugsweisen Übertragung ins Englische von W. S. M. Knight in Peace Classics Series.
111 Winwood Reade, *The Martyrdom of Man*
112 Siehe das Kommunistische Manifest (1848)
113 Jesaja 30,15
114 G. K. A. Bell, Bischof von Chichester, *Christianity and World Order*. Siehe auch C. H. Adler, *Der verwaltete Mensch*
115 *Preliminary Report of the Commission to Study the Organization of Peace* (International Conciliation, No. 369)
116 Zum Beispiel die Pugwash Konferenzen
117 Leslie Stubbings in *The World Citizen*, December 1941
118 John Macmurray, *Challenge to the Churches*
119 Siehe Konrad Lorenz, *Das sogenannte Böse*
120 Macmurray, op. cit.
121 Matthäus 18,3
122 Gandhi, Satyagraha
123 Walter Griffith, *Pacifism for To-day and To-morrow*
124 Vera Brittain, *Humiliation with Honour*
125 Woodrow Wilson, Ansprache bei einer öffentlichen Versammlung in New York bei der Eröffnung des *Fourth Liberty Loan*, am 27. 9. 1918.

126 Woodrow Wilson, Ansprache in Mount Vernon, am 4. Juli 1918
127 Die Moskau-Erklärung vom Oktober 1943 der Regierungen der USA und der Sowjetunion, von Großbritannien und China.
128 Stewart Boal, Präsident der *Conference upon Research and Education in World Government* (CURE) in *Preface to Freedom in a Federal World* by Everett Lee Millard, 1959. Dieses Argument wird widerlegt von Sir Herbert Read, „Alle Pläne für eine Weltregierung, die ich bisher gesehen habe, sehen eine internationale Polizeimacht vor, die beauftragt wird, die Entscheidungen des internationalen (oder supernationalen) Tribunals durchzusetzen. Gewalt wird nicht dadurch sanktioniert, dass sie de-nationalisiert wird — es ist im Gegenteil zu befürchten, dass solch eine wurzellose (und rücksichtslose) universale Macht die Zurückhaltung einer nationalen Macht aufgeben würde. Nationen (und Rassen) sind organisch; eine Weltregierung oder eine internationale Polizeimacht, ist ein unmenschliches Produkt." (Siehe *Gandalfs Garden*, Ausgabe 6, 1969.)
129 Konrad Lorenz, *Das sogenannte Böse*, 1966
130 1. Korinther 8. Die Zeilen über den Dienst entstanden für ein Memorandum des Autors, das 1941 veröffentlicht wurde.
131 Lorenz, op. cit.
132 *Preliminary Report of the Commission to Study the Organization of Peace* (International Conciliation No. 369)
133 Immanuel Kant, Essay über ewigen Frieden
134 W. B. Curry, *The Case for Federal Union* (Penguin Special)
135 H. G. Wells, *Phoenix*
136 Professor G. M. Stratton, *International Delusions*.
137 Karlin Capper-Johnson, *Looking Towards Peace*.
138 Professor Gerhard Kittel, *Die Judenfrage* (*The Jewish Question*), 1933.
139 Der Autor kennt Garry Davis seit vielen Jahren und hat ihm gelegentlich geholfen, als er wegen seiner Eskapaden in Schwierigkeiten mit den Behörden geriet.
140 Das Konzept der Weltbürgerschaft wurde für die Abschaffung der Sklaverei eingesetzt. Ein frühes Beispiel war ein

1776 veröffentlichtes Traktat von Granville Sharp, in dem er erklärte: "Unter der glorreichen Dispensation des Evangeliums sind wir absolut verpflichtet, uns als Weltbürger zu betrachten." Später förderten der englische Abolitionist Joseph Sturge und der Amerikaner Elihu Burritt um 1850 eine Reihe von internationalen Friedenskongressen; und letzterer gab in den 1850er Jahren eine Zeit lang eine Zeitschrift mit dem treffenden Titel *Burritt's Citizen of the World* heraus. Siehe Staughton Lynd, *Intellectual Origins of American Radicalism*, Kapitel 5 (Pantheon Books; Random House, 1968). Ich bin Herrn Carroll Richardson zu Dank verpflichtet, der mich auf dieses Werk aufmerksam gemacht hat.

141 Mein Wissen über Iskenders Bewegung stammt aus einer Broschüre und einem Rundschreiben, die er im September 1914 herausgab, und ich habe eine Kopie seines Weltbürgerpasses. Die Bewegung scheint den Krieg nicht überdauert zu haben.

142 Ich erhielt, ich glaube im Jahr 1943, eine Broschüre über den Vorschlag, aus der ich zitiert habe, sowie einen Plan der Internationalen Stadt mit einem detaillierten Leitfaden über ihre Merkmale.

143 Meine Informationen stammen aus einer Broschüre über Auroville, die von einer Organisation namens World Goodwill gesponsert wird. Das Zentrum der Aktivitäten ist ein Ashram in Pondicherry, dem eine französische Dame, die als "Die Mutter" bekannt ist, vorsteht. Ich bin auch mit einem anderen Vorschlag für eine internationale Stadtzone in Marokko in Kontakt gekommen.

144 Ich darf hier auf *The World in Union* von John S. Hoyland verweisen, in dem er sagt: „In der ersten christlichen Generation sahen die Menschen die Vision der himmlischen Stadt auf die Erde herabkommen. Wir brauchen die gleiche Vision, aber in Übereinstimmung mit den Problemen unserer Zeit... Es ist eine Vision der Souveränität, die durch die Verwirklichung einer Weltvereinigung verwirklicht wird, die die Kontrolle aller Beziehungen der Menschheit durch Gottes Methode der Freiheit und des guten Willens ermöglichen wird... Wir müssen lernen, schon jetzt in der Weltgemeinschaft der Zukunft zu leben.

In diesem Sinne sollen wir eine ‚Kolonie des Himmels' sein, Pioniere und Vorposten der Weltordnung, die wir aufzubauen versuchen." Siehe auch Robert Shaull in *Containment and Change:* „Das Wichtigste ist, dass diejenigen, die eine revolutionäre Position eingenommen haben, ein gewisses Maß an Gruppenidentität bewahren. So können sie das Risiko eingehen, ‚in', aber nicht ‚von' der Struktur zu sein, und als ‚Exilanten' innerhalb der Gesellschaft leben, der sie angehören."

145 Hesekiel 38
146 Matthäus 24
147 2. Petrus 3,10
148 Jesus spricht in der Bibel von den Engeln der Kinder, und das Buch Daniel schreibt von Schutzengeln der Völker (Daniel 10). Es wurde geglaubt, dass Jerusalem und das Heiligtum Gegenstücke im Himmel hatten. „So wie oben so auch unten", sagt ein alter Spruch, doch würden wir heute eher sagen: „So wie innen so auch außen."
149 Siehe Professor A. T. Mollegen in *A Handbook of Christian Theology* herausgegeben von Marvin Halverson and Arthur Cohen (Fontana Books).
150 Olaf Stapledon, *Beyond the 'Isms*
151 Daniel 4,30
152 Offenbarung 18, 2
153 Die Schriftrollen vom Toten Meer (Qumran) beziehen sich in den Kommentaren zu Psalm 2 und Psalm 37 auf die Zeit der Prüfung. Sie wird auch in Offenbarung 3,10 erwähnt: „Weil du bewahrt hast das Wort von meiner Geduld, will ich auch dich bewahren vor der Stunde der Versuchung, die kommen wird über den ganzen Weltkreis, zu versuchen, die da wohnen auf Erden."
154 Tacitus, *Annalen*, B. VI, 7
155 Talmud, *Baba Bathra*, fol. 15b
156 Matthäus 7,1-2, Lukas 6,37
157 Howard Masterman, Bischof von Plymouth, in dem Symposion *Christianity and the Crisis*
158 Siehe Epheser 2,13-15
159 H. G. Wells, *Phoenix*
160 H. G. Wells, *All Aboard for Ararat*

161 Jakobus 3,17
162 Die Zitate aus Wilson's Reden stammen aus Schonfield *This Man was Right*. Das Denken Wilsons stand unter dem Einfluß amerikanischer Vorstellungen vom tausendjährigen Reich, einem Erbe der nonkonformistischen Vergangenheit. Siehe *Redeemer Nation* von Ernest Tuveson (Chicago, 1968).
163 1. Korinther 13,11
164 Siehe Sacharja 11
165 Siehe Anhang
166 Siehe R. F. Wright, *Medieval Internationalism*
167 Rev. P. T. R. Kirk, *Christianity and the Crisis* (Symposium)
168 Rev. Stanley Jones, *Christ and Present World Issues*
169 Rev. Dr. Howard Masterman, Bischof von Plymouth, in *Christanity and the Crisis*
170 ausführlich zitiert im Teil 2, Kapitel 3
171 Siehe Josephus, *Antiq*. B. XIV, 10 und Radin, *The Jews among the Greeks and Romans*.
172 Eusebius, *Ecclesiastical History*, B. 1,4
173 Moderne Simulationstechniken können zum Vergleich herangezogen werden. Wenn zu erwartende Umstände unter kontrollierten Bedingungen reproduziert werden, können Fehler von vornherein vermieden werden, und alle denkbaren Abweichungen können experimentell untersucht werden.
174 Psalm 118,23-24. Dies ist der letzte Hallel Psalm, der bei den alten jüdischen Pilgerfesten gesungen wurde.

www.ingramcontent.com/pod-product-compliance
Lightning Source LLC
LaVergne TN
LVHW032004070526
838202LV00058B/6294